臺灣歷史與文化 研究輯刊

十五編

第 8 冊

十九世紀後期西方傳教士眼中的臺灣漢人社會

陳 東 昇 著

花木蘭文化事業有限公司

國家圖書館出版品預行編目資料

十九世紀後期西方傳教士眼中的臺灣漢人社會／陳東昇 著 —
初版 — 新北市：花木蘭文化事業有限公司，2019〔民 108〕
序 6+ 目 2+168 面；19×26 公分
（臺灣歷史與文化研究輯刊十五編：第 8 冊）
ISBN 978-986-485-610-7（精裝）
1. 臺灣社會 2. 傳教史 3. 文化交流
733.08   108000391

ISBN-978-986-485-610-7

臺灣歷史與文化研究輯刊
十五編　第八冊   ISBN：978-986-485-610-7

十九世紀後期西方傳教士眼中的臺灣漢人社會

作　　者　陳東昇
總 編 輯　杜潔祥
副總編輯　楊嘉樂
編　　輯　許郁翎、王筑　美術編輯　陳逸婷
出　　版　花木蘭文化事業有限公司
發 行 人　高小娟
聯絡地址　235 新北市中和區中安街七二號十三樓
　　　　　電話：02-2923-1455／傳眞：02-2923-1452
網　　址　http://www.huamulan.tw 信箱 hml810518@gmail.com
印　　刷　普羅文化出版廣告事業
初　　版　2019 年 3 月
全書字數　162019 字
定　　價　十五編 25 冊（精裝）台幣 60,000 元

十九世紀後期西方傳教士眼中的臺灣漢人社會

陳東昇 著

作者簡介

陳東昇，嘉義中埔人，國立臺北大學歷史學系學士，國立臺灣師範大學臺灣史研究所碩士，曾任中央研究院臺灣史研究所訪問學員，現職爲國立臺北商業大學校史館行政專員。主要研究領域爲臺灣長老教會史、十九世紀臺灣史、口述歷史。著有〈十九世紀後期長老教會傳教士對臺灣的書寫——以北臺灣風災爲例〉、〈日治時期臺北商業學校初探（1917～1945）〉等數篇論文。執行編輯《淬鍊與展翅——北商大一百年回顧》、《臺灣商業人才的搖籃——臺北商大口述史》、《臺灣商業人才的搖籃——臺北商大口述史第二輯》。

提　　要

　　西方傳教士在來到臺灣後，以看似嚴謹且詳細的寫作方式，翻譯臺灣漢人社會的異國度文化，但其實書寫內容是經過挑選的，是以其基督信仰的價值觀看與評價。傳教士們寫下親身經歷的感受，看似公正而客觀，不過評價的角度其實與傳教工作是否順利有關，當然無法排除主觀的意見。所以說，雖然傳教士以看似整齊、有秩序的方式排列臺灣社會的觀察情況，但是我們仍要清楚知道，在排列前的文本挑選狀態，實實在在是傳教士選擇後的材料，是「臺灣被傳教士論述」的過程。

　　書寫者爲了呈顯自身觀察的獨特之處，會將書寫重點置於西方所未見的文化特色，可能是女性、政治、文化層面，當然更包含了不同的宗教觀。傳教士用他們一神、天啓式的信仰價值來考察臺灣的多神信仰社會，自然產生許多格格不入的宗教觀察，特別是傳教工作受阻時更爲明顯。傳教士們認爲：「臺灣這個信仰混亂的社會，需要透過神的恩典才能得救」，所以漢人異教徒就和基督徒呈現對立的兩邊，只有入教才是眞正的答案。換言之，傳教士運用這樣的書寫方式，形成一套西方來臺傳教士對臺灣的知識系譜。

序

　　認識東昇，是在 2011 年臺師大臺史所的課堂上；當時的他，是個才入學的碩一研究生，看來斯文俊雅，給人有點靦腆但認真向學的印象。

　　開學一個多月後，如今已忘記是否在課堂上提過，但當我前往板橋參加在真武廟舉辦的「武勝灣文化歷史座談會」時，不但東昇、彥均出現在會場，連臺北大學歷史系的洪健榮老師也全程參加，這是我與東昇、洪老師第一次的時空交會。我還記得洪老師再三強調東昇是個好孩子，希望我能多關照他；而我卻是訝異，洪老師主動擴展臺灣史議題的積極性，而臺北大學歷史系畢業的東昇，在洪老師的影響下，也展現能夠積極作為的學習態度。果然，日後相處下來，尤其是成為東昇論文的指導老師後，我發現這個從生命困境中成長上來的年輕人，無論是打工、參與太陽花學運，特別是碩士論文的命題、收集資料、書寫，總能以他強韌的學習力與執行力，逐一完成，不曾留下任何讓人頭痛的尾巴。而帶過東昇的老師、服兵役時的長官，也無一不是對他極為肯定與賞識。我想，這是東昇克服成長橫逆所盛開的生命之花，強韌有力，後勢看漲。

　　東昇不是基督徒，當他決定以 19 世紀中葉西方宣教師留存的史料發展論文主軸時，我是有點擔心的。所幸，洪健榮老師答應與我聯合指導，以他對臺灣宗教民俗文化的熟稔，不但提供了主要的協助，也確實讓我減輕了不少壓力。而我最尊敬的學長吳學明老師，是國內少數兼長基督教史、客家族群史專家，願意讓東昇時時請教，更在為人處事上給東昇適時的建議，連我也一起受益。這都是東昇的論文，能資料豐碩、合於規範、書寫得體，並得出若干見解，最後並獲出版機會的大功臣。而東昇的論文，充分應用西方宣教

師的日記、書信與教會資料，以探討外來者與中國官員如何互相觀看，一神教信仰的西方人又是如何看待本地人的風土民情與宗教禮俗；雖說從宗教文本出發，但建構的卻是不同主體的多重觀點，豐富了臺灣歷史的多元認識，故成就本書最大的特色，非常值得學界參考。

　　儘管從知識建構的途程來說，碩論的出版，是漫漫長路的起步而已。但東昇經過碩論的書寫，接續在臺北商業大學校史館從事口述歷史的訪問與整稿、對一手史料的接觸與整理、辦理各項活動業務等，口語表達、論述見解與文字能力，都得到充分的發展與鍛鍊。而東昇性情雖然溫和，卻是個執著的年輕人，不會半途而廢，只知努力向前，終於逐漸走出一條輪廓微明的人生路；本書的出版，標誌了初入歷史學領域的學習成果，也展示他投身知識之海的志趣與決心。

　　猶記太陽花學運時，東昇夜半以即時通訊 line 為我報導現場情形與女同學的狀況，學生與白狼對峙時，也是他在現場以 line 告訴我雙方的對話；這些點點滴滴的互動，讓我們除了師生的情感，更像好友與親人。因此，我很高興在東昇大作出版的前夕，代表他的老師們，為他能留下生命美好的印記，寫下祝福的序言。

詹素娟

2018 年 9 月 30 日

自　序

　　本書係改寫自筆者於 2015 年完成之碩士論文〈十九世紀後期西方傳教士眼中的臺灣漢人社會〉，撰寫過程中曾獲中央研究院臺灣史研究所訪問學員獎助，完成後又獲得新臺灣和平基金會論文獎助，在此致謝。本書之撰寫，要先感謝吳學明老師〈臺灣基督長老教會入臺初期的一個文化面向——「靠番仔勢」〉，與洪健榮老師〈十九世紀後期來臺傳教士對風水民俗的態度〉2 篇文章給我的啓發，復有蔡淵絜老師的臺灣文化史課程，讓我得以藉由《馬偕日記》進入這個研究領域。

　　本文之部分內容，曾分別於 2014 年以〈馬偕（Mackay）眼中的清代臺灣官員〉發表於《臺北文獻》；後又因不可抗拒之因素，遲至 2017 年復於《臺灣文獻》發表〈十九世紀後期西方傳教士對臺灣漢人的看法〉。因爲學生時期對於文本分析還不熟稔，所以直到服役完畢、進入職場後，才又撰寫〈十九世紀後期長老教會傳教士對臺灣的書寫—以北臺灣風災爲例〉發表於《臺北文獻》，之後再將該文有關文本分析的書寫回饋至本書之中。隨著歲月增長，確實讓筆者體會到人生歷練對事物分析的幫助，箇中甘苦實在無法一言以蔽之。

　　還記得父親在我 9 歲時意外過世，留下母親獨自扶養 6 個小孩，我也在懵懵懂懂之中長大，只知道母親每天都辛勤工作，爲了就是求 6 個孩子的溫飽。雖然在物質層面逼著我早熟，知道要靠自己打工賺取生活費；但是不得不承認，在成長過程中少了父親的角色，確實對我影響很大。許多做人處事的道理，與朋友交往的態度，在成長的過程中都沒有人可以適時提點我，使我當時成爲一個現在看來相當自私的人。

　　不過我的貴人來得不算太晚，在臺北大學歷史系的最後一年，適逢洪健榮老師轉任，洪老師不但督促我努力進修，更教導我做人處事的道理。也因為洪老師的關懷，我有幸考取臺灣師範大學臺灣史研究所，才能再碰到另外一位貴人，也是指導老師之一的詹素娟老師。兩位老師讓我知道，寫論文不只是為了學位文憑而已，更是一種認識自己、訓練邏輯思維的功夫，讓自己能以簡白的文字表達想法，就是一篇好文章。雖然對洪老師來說只是基於緣分的舉手之勞，不過對於從小缺乏男性親人關心的我，卻是相當大的震撼；從來沒有想過會受到一個沒有血緣關係的人這麼多關照，某種程度上，也滿足了我對於父執輩的想像。

　　口試委員戴寶村老師與吳學明老師給我許多修改建議，補充我狹隘的視角，使論文更臻完善。碩士班修課期間得到蔡錦堂老師、范燕秋老師、張素玢老師、許佩賢老師、陳佳宏老師的指導，以及薇倫與維綸兩位助教的幫忙，都是我修課過程中的一大幫助。中研院臺史所為期 1 年的訪問期間，受用諸多學術資源，使我論文撰寫更為順利，特別是林文凱與曾品滄兩位老師的關懷與鼓勵，因為品滄老師的介紹，才有機會認識惠婷。臺北大學歷史系蔣義斌老師慈藹的笑容，李訓詳老師的鼓勵，蔡龍保老師溫柔的關懷，王美淑助教親切的協助，都點滴在心。

　　此外，在研究所生活中，受到啟明學長如兄長般的照顧與鼓勵，教會史議題的提點使我獲益良多。同儕中，于芩、彥均、騏嘉的陪伴與鼓勵，政儒時常與我討論研究方向；70218 寢的國豪、哲綸；還有同為訪問學員的蘇維新，時常與我討論研究課題，提供我不同的切入點，大家都是研究所生活不可或缺的一部分。畢業後經歷一年束縛且侷限的役期，多虧惠婷陪伴才能平穩度過。

　　從飛指部退伍後，我先進入許主冠老師所主持的「臺灣城鄉特色發展協會」擔任研究助理，在大溪度過數月的愉快生活，每天都騎著機車在大溪田野中往來，現在想起來還是很享受。後來我又轉任國立臺北商業大學校史館，除了份內的導覽、典藏工作外，在相當急促的時間內完成「口述歷史」及「百年校史」兩本專書的編輯與撰寫，隔年再度完成「口述歷史第二輯」。這些工作相當繁重，最要感謝的就是同辦公室的林祥昌專員，不時提點我的缺失，並樂於教導我如何精進本質學能，才能順利完成這些艱鉅的任務。

　　進入職場後，一路上得到許多人幫助，除了兩位指導老師持續關心，許雪姬老師、吳學明老師、張弘毅老師與許佩賢老師都給了許多幫助。特別是吳學明老師，不僅僅是我學術研究的學習目標，更是我人生品格的模範榜樣。還有持續保持聯絡的林政儒、徐國豪、蘇維新、蔡宗穎、李育軒等諸位同學，時常分享職場甘苦，也提醒我前進的方向，才能一路堅持向前。最後，感謝花木蘭文化事業有限公司的幫忙，讓這本書順利出版。

　　這一路過來，最默默也最堅定支持我的家人，雖然礙於經濟狀況無法提供更多的奧援，不過能答應讓我以自給自足的方式完成學業，就是最大的鼓舞了。我的母親即使歷經喪夫之痛，仍獨力扶養 6 個孤兒，哀傷的眼淚總往肚裡吞，不願讓我們看見，如果不是她堅強的臂膀，我早已不知流落何方。因為緣份，佩芬、佩娟、佩佳、佩怡、佩玟的手足之情，無法割捨，對我的支持也不曾間斷，即使大家都有缺點也能互相包容，盼望我們一起往幸福的道路前進。

　　如果我有任何的進步，那一定是受諸於大家的鼓勵。最後，謹將本書獻給那僅有 9 年緣份的父親，以及新婚短短數個月的吉田姊夫，雖然已記不起你們的聲音，不過我總是會在夜深人靜時，用力地描繪你們的模樣。

2018 年誌於國立臺北商業大學圖書館

目

次

序　詹素娟
自　序
第一章　緒　論 …………………………………… 1
　　第一節　研究動機與目的 ………………………… 1
　　第二節　文獻回顧 ………………………………… 4
　　第三節　研究概念、方法與章節架構 …………… 13
第二章　十九世紀後期進入臺灣的西方宗教 ……… 17
　　第一節　天主教在臺灣的教務發展 ……………… 17
　　第二節　基督在臺灣的教務發展 ………………… 25
　　第三節　西方宗教在臺的競爭關係 ……………… 41
第三章　基督教傳教士眼中的臺灣漢人社會 ……… 55
　　第一節　北部長老會傳教士對臺灣官紳的評價 … 57
　　第二節　南部長老會傳教士對臺灣官紳的評價 … 75
　　第三節　長老會傳教士對臺灣漢人的觀察 ……… 86
第四章　天主教傳教士眼中的臺灣漢人社會 ……… 101
　　第一節　道明會傳教士對臺灣官紳的評價 ……… 101
　　第二節　道明會傳教士對臺灣漢人的觀察 ……… 108
　　第三節　西方傳教士對漢人的傳教經驗 ………… 112

第五章　西方傳教士對「異教徒」的觀點⋯⋯⋯ 119

　第一節　西方傳教士的文本性質 ⋯⋯⋯⋯⋯⋯ 120

　第二節　排外與世俗性 ⋯⋯⋯⋯⋯⋯⋯⋯⋯⋯ 128

　第三節　「敗壞」的風俗 ⋯⋯⋯⋯⋯⋯⋯⋯⋯ 133

　第四節　「迷信」的評價 ⋯⋯⋯⋯⋯⋯⋯⋯⋯ 139

第六章　結　論 ⋯⋯⋯⋯⋯⋯⋯⋯⋯⋯⋯⋯⋯ 153

附　錄 ⋯⋯⋯⋯⋯⋯⋯⋯⋯⋯⋯⋯⋯⋯⋯⋯ 159

參考書目 ⋯⋯⋯⋯⋯⋯⋯⋯⋯⋯⋯⋯⋯⋯⋯ 163

第一章　緒　論

第一節　研究動機與目的

　　隨著大航海時代的開展，在大規模的發現及認識過程中，歐洲強權不斷擴展版圖，歐洲人也開始認知新世界的發現必將成爲征服、殖民與榨取財富的對象，並證明歐洲文明和基督教的優越性。因此，從十八世紀中葉起，爲了滿足對東方的好奇，歐洲人開始建立有關東方的系統性知識，且在海外殖民地的建立過程中不斷強化、散布，甚至透過眾多的小說家、詩人及翻譯家傳播開展。〔註1〕然而，東方知識體系的建立，其實是西方文明藉由優勢權力操作文字及語言，形塑出一個西方人想像中的他者，並在文化對比中取得詮釋權的結果。十九世紀中葉以後，由於知識生產的專業化與學科界限的建立，對海外殖民地人群與文化的認識，劃分出人種學、民族學和人類學等研究取徑。〔註2〕上述的發展脈絡，隨著西方人腳步的進入中國，特別是傳教士的宣教活動，對中國的人群文化產生重大影響。

〔註1〕 Edward W. Said、王志弘等譯，《東方主義》（新北：立緒文化，2012 年），頁55。其中，最著名與臺灣相關的作品是 G. Eorge Psalmanaazaar 著、薛絢譯，《福爾摩沙變形記》（臺北：大塊文化，2005 年）。

〔註2〕 Immanuel Wallerstein et al, *Opening the Social Science.* (Standford: Standford University Press, 1996), pp.1-32。相關研究可以參考陳偉智，〈自然史、人類學與臺灣近代「種族」知識的建構：一個全球概念的地方歷史分析〉，《臺灣史研究》16-4（2009 年 12 月），頁 1～35；胡家瑜，〈博物館、人類學與臺灣原住民展示——歷史過程中文化再現場域的轉型變化〉，《國立臺灣大學考古人類學刊》66（2006 年 12 月），頁 94～124。

　　十九世紀後期來華的西方人士之中，傳教士所留下的文本佔有相當分量，廣泛記載他們在中國宣教與遊歷的觀察，當中也不乏基於西方文化對中國的想像。過往的研究，往往將這些傳教士的文本當作「史實」來運用，藉以補充中文史料的不足或缺漏，甚或進行批判。然若仔細觀察，便可發現這些西方傳教士所遺留的文本，在生產過程中有相當大的侷限性，時常帶有高傲與偏見的看法。傳教士這些書寫內容是忽視當時臺灣漢人社會人性的一面，單純把自己在文本上的主導權當作漢人社會對於西方傳教士的回應，意即這些文本是傳教士將自己的觀察經過編排之後的再現。倘若只是片面引用傳教士文本，沒有多做比較與分析，就容易流於單純的文獻拼湊，甚至是偏頗的批判。

　　此外，不同屬性的史料在內容呈現也存在差異性，諸如日記、書信等私人文本，批判內容甚為露骨；相對地，回憶錄、新聞報紙等公開出版品，評論語調則平緩許多。而文本書寫者的背景也造就其記錄的視角不同，如商人背景的陶德（John Dodd）〔註3〕和外交官背景的李仙得（Charles W. Le Gendre）〔註4〕，觀察重點與政治、經濟層面相關；同樣地，以宣教為抱負而遠道來臺的傳教士，書寫的主題亦圍繞傳教工作為中心，這些都可以從他們的文本紀錄中清楚發現。即此，本文不僅探討核心西方傳教士文本內容，更希望透過分析西方文化與宗教的價值觀，瞭解文本在製造過程中的侷限性。同時，進一步瞭解在十九世紀後期東、西方文化交流頻繁之際，西方文化背景的傳教士如何看待他們想像中的臺灣社會。

　　1858、1860 年兩次英法聯軍，清廷被迫簽訂天津條約、北京條約，開放16 個港口，並允許西方人在中國傳教、經商和旅行。當此之時，臺灣西部的安平、打狗、淡水與雞籠四港，也成為條約開放港；〔註5〕西方傳教士紛紛前來臺灣島上建立據點，從事宣教工作。〔註6〕1859 年，西班牙天主教道明會士

〔註 3〕陶德為十九世紀後期來臺著名英國商人，成立寶順洋行、代理怡和洋行，與馬偕有深入的交往，清法戰爭時期也有詳盡的文字紀錄：《北臺封鎖記》。

〔註 4〕李仙得於 1866 年出任美國駐廈門領事，1867 年因羅發號事件首次來臺，後續更陸續來臺七次，其見聞都成為《臺灣紀行》的重要資料來源。

〔註 5〕戴寶村，《清季淡水開港之研究》（臺北：國立臺灣師範大學歷史研究所，1984年）；林滿紅，《茶、糖、樟腦業與臺灣之社會經濟變遷：1860～1895》（臺北：聯經出版公司，1997 年）。

〔註 6〕莊吉發，〈清代臺灣基督教的教堂分布及其活動〉，《清史論集（十四）》（臺北：文史哲出版社，2004 年），頁 267～301。

郭德剛（Fernando Sainz, 1832-1895）〔註7〕從菲律賓出發，經廈門轉往打狗（今高雄）從事佈教工作。〔註8〕1865 年，英國長老教會傳教士馬雅各（Jason L. Maxwell, 1836-1921）〔註9〕也經由廈門抵達打狗，以臺灣府城（今臺南）作為傳教據點。〔註10〕自十七世紀西班牙人、荷蘭人先後離開後，時隔兩百年，天主教與基督教不但重返臺灣，展開宣教新頁，也獲得豐碩的傳教成果，成為臺灣歷史重要的一環。

　　筆者在史料爬梳時，發現西方傳教士評價的觀點與宣教順利與否息息相關。雖然傳教士們以看似科學的紀錄，描寫他們在宣教過程中的觀察對象，然卻無法排除其主觀意識的帶入。〔註11〕亦即，傳教士往往透過其西方宗教、文化的背景知識，觀看臺灣異教社會，並以宣教順利與否作為評價的標準。因此，當我們回顧臺灣宣教歷史，傳教士因依條約來臺的背景，加諸東西方文化的誤解與衝突，甚或受國際情勢的影響，在宣教過程中發生多次教案，相關的討論一直是教會史研究的熱門議題。筆者在爬梳相關文獻後發現，在代表西方教會的傳教士與中國地方社會的民眾因宗教、文化差異產生衝突時，臺灣官紳扮演的角色顯得格外重要，甚至左右教案的發展。不過，傳教士如何理解或評價臺灣官紳的角色，卻向未獲得充分的注目，尤其我們已發現傳教士曾經在相關文獻中，對臺灣官員有相當清楚且深刻的描繪與評論。

〔註7〕郭德剛與洪保祿同於 1859 年來臺，後者於同年染病返回廈門，僅留郭德剛一人在臺。郭德剛在臺 10 年期間，曾任區會長，又輾轉駐任前金、萬金、溝仔墘、臺南等地，1869 年離開臺灣。郭氏來臺初期即經歷官紳、民眾的排外氛圍，信件中經常透露批判的語氣，相當值得引用與參考。

〔註8〕江傳德編纂，《天主教在臺灣》（臺南：聞道出版社，2008 年），頁 30～31。

〔註9〕馬雅各於 1836 年出生於蘇格蘭，為英國長老教會首位來臺傳教士。畢業於英國愛丁堡大學後，繼續到柏林和巴黎大學醫學院深造，歸國後受到海外宣道熱潮影響，決定獻身擔任海外醫療傳教士。1863 年受派為英國長老教會海外傳教士，同年 12 月抵達上海，翌年至廈門學習閩南語，作為來臺宣教的準備。來臺後選擇府城作為宣教地點，高明醫術的吸引大量人潮前來，引發本地漢醫焦慮，稍後便因流言中傷被迫遷居打狗。由於向漢人宣教的計畫受挫，馬雅各後來積極轉向平埔族傳教，先是藉由李麻牧師的協助，成功建立木柵、崗仔林、拔馬、柑仔林等南部教會，稍後也憑藉醫術，將福音傳播至中部的岸裏社部落。馬雅各來臺時期尚未發生樟腦事件，因此對傳教工作受阻礙的感受甚深，值得研究。

〔註10〕鄭連明，《臺灣基督長老教會百年史》（臺南：臺灣教會公報社，1984 年），頁 6～8。

〔註11〕陳東昇，〈馬偕眼中的清代臺灣官員〉，《臺北文獻》189（2014 年 9 月），頁 171～207。

其次，吳學明曾指出，傳教士認為漢人受傳統宗教信仰影響，形成種種迷信觀念與習俗，以及儒家傳統與基督教教理的扞格，使得傳教工作在漢人社會較難推展。〔註12〕有鑑於此，筆者便對西方傳教士如何看待臺灣漢人產生興趣，希望能瞭解西方傳教士對臺灣漢人的看法，是否亦與宣教順利與否有關。

而且，西方傳教士在來到臺灣後，以看似嚴謹且詳細的寫作方式，翻譯臺灣漢人社會的異國度文化，但其實書寫內容是經過挑選的，是以其基督信仰的價值觀看與評價。這些獨特的內容除了是傳教士所指派的，也順道挑選出臺灣漢人社會中令西方人無法理解的特性，這些內容都經由傳教士重新編排與再現，被書寫的臺灣漢人沒有抵抗的機會。而遠在歐、美地區的西方人，因為對於遙遠的臺灣感到陌生，所以便透過這些具有實際觀察經驗，有書寫權威性的傳教士們的紀錄，瞭解臺灣的面貌。只是閱讀者往往會忽略，這些文字都是傳教士們分配與整理過的內容，所見到的是西方人（特別是傳教士）視角中的臺灣，並不是真實的臺灣，也可以說只是片面的臺灣形象。

進一步整理十九世紀後期西方來臺傳教士留下的資料後，筆者發現傳教士在文本書寫的性質上也具有顯著差異，私人文本的日記與書信，內文批判直接而不隱諱；而公開出版的回憶錄與新聞報紙，在行文陳述上則委婉不少。有鑑於此，本研究嘗試運用十九世紀後期西方來臺傳教士與相關人士留下的紀錄，將研究的焦點放在傳教士與臺灣社會的互動與評價上，並透過西方宗教的角度重新考察十九世紀後期，西方傳教士眼中的臺灣社會文化，及其對臺灣漢人的看法。因此，本研究的主要目的與價值在於：

一、呈現西方宗教在臺灣發展的社會情境。

二、透過傳教士的紀錄瞭解臺灣社會及文化面貌，並從中分析史料在生成過程中的侷限性，與背後影響作者寫作的因素。

三、探究傳教士與臺灣官紳、漢人的互動，及傳教士眼中的官紳與漢人形象。

第二節　文獻回顧

本研究回顧主要分兩部分，分別是「十九世紀後期西方宗教傳入」與「客

〔註12〕吳學明，《從依賴到自立──終戰前臺灣南部基督長老教會研究》（臺南：人光出版社，2003 年），頁 43～44。

家稱謂與族群視野的帶入」，探討西方人士看待臺灣社會的觀點，以及客家稱
謂沿用和發展的脈絡。

一、先行研究

（一）中國教區

西方宗教傳入中國後，由於文化背景差異與教義認同問題，教案的發生
可以說是屢見不鮮。呂實強的《中國官紳反教的原因》一書，根據史料指出
中國反教主力是當時的官紳及知識分子，因爲西教內容觸及儒家傳統，以及
傳入過程摻進侵略性質；此外，官紳爲了維護自身尊嚴和利益，也是重要原
因。〔註13〕林文慧所著《清季福建教案之研究》，以地區分類將清季福建地區
的教案逐一敘述，並將個案做統一性整理，分析教案的特質、反教的動機，
與外交關係的角力。〔註14〕

（二）臺灣教區

楊嘉欽所撰《從歐洲到臺灣：道明會玫瑰省臺灣傳教研究》，針對天主教
道明會的特色、來臺發展做出清楚的整理。楊氏發揮其天主教徒之背景，將
道明會發展及傳播之脈絡釐清，也將其來臺後的發展歷史做出清楚的梳理，
使天主教自十九世紀重新返臺後的歷史源流，有了系統性的彙整。〔註15〕蔡
蔚群在《教案：清季臺灣的傳教與外交》書中，運用英國外交檔案探討臺灣
教案背景，與教案衍伸的外交衝突，分析觀點與史料運用在教案研究中有重
要貢獻。〔註16〕至於鄭淑蓮〈臺灣教案之試析（1859～1868）〉一文，認爲臺
灣官吏對教案的處理方式因祖護民情，導致英國有機可乘，也使得危機擴大
至軍事威脅，顯示英國傳教過程中所夾帶的侵略性質。〔註17〕

（三）傳教對中國社會的衝擊與影響

吳學明〈臺灣基督長老教會入臺初期的一個文化面向——「靠番仔勢」

〔註13〕呂實強，《中國官紳反教的原因（1860～1874）》（臺北：中央研究院近代史研
　　　　究所，1973年）。
〔註14〕林文慧，《清季福建教案之研究》（臺北：臺灣商務印書館，1989年）。
〔註15〕楊嘉欽，《從歐洲到臺灣：道明會玫瑰省臺灣傳教研究》（新北：花木蘭文化
　　　　出版社，2014年）。
〔註16〕蔡蔚群，《教案：清季臺灣的傳教與外交》（臺北：博揚文化，2000年）。
〔註17〕鄭淑蓮，〈臺灣教案之試析（1859～1868）〉，《弘光學報》31（1998年4月），
　　　　頁245～265。

一文，以教會相關資料探討清季傳教的阻礙，瞭解一般民眾無法分辨外國商人及傳教士的差別，希望透過基督教會獲得西方勢力的保護，使民眾對傳教士及長老教會的誤解更深。〔註18〕洪健榮在〈十九世紀後期來臺傳教士對風水民俗的態度〉文中，透過傳教士論著等文獻資料，從社會文化史與知識史角度，剖析傳教士看待風水民俗的態度及因應方式，藉此呈現外來宗教以及民間習俗的對比與價值觀差異。〔註19〕盧啓明的〈臺灣基督長老教會對「異教」的觀點與實踐〉，討論清代到日治時期長老教會信徒改宗歷程，逐漸形成對祖先崇拜等「異教」的批判觀點，分析本地人面對外來宗教的心理轉換機制。〔註20〕侯淇晨的碩士論文〈福音與滅鬼歌：從庶民文化分析民教衝突〉，指出中國上層社會提出儒家理論來反對基督教，下層社會則只能用習俗或直接攻擊的方式表達反教情緒，作者認爲透過這個角度可以瞭解百姓如何以自我宗教觀反對基督教，也可以看到他們對基督教的曲解。〔註21〕而王政文的〈天路歷程：臺灣第一代基督徒研究（1865～1895）〉，探討改宗信徒面臨的社會壓力、自我認同和價值觀的衝突，說明基督徒在轉變信仰過程中的迷惘及困難；作者亦系統性整理教會相關資料，對後繼研究者具有極大參考價值。〔註22〕

（四）主要的傳教士

十九世紀後期來臺傳教士的文本書寫，一直是教會史研究中相當熱門的議題，其中又因文本的豐富性差異，以馬偕（George Leslie Mackay, 1844-1901）〔註23〕爲主題的研究最爲常見。然此類研究大多集中在教案的探討，且多爲

〔註18〕吳學明，〈臺灣基督長老教會入臺初期的一個文化面向──「靠番仔勢」〉，《鄉土文化研究所學報》1（1999年12月），頁101～130。

〔註19〕洪健榮，〈十九世紀後期來臺傳教士對風水民俗的態度〉，《輔仁歷史學報》29（2012年9月），頁143～184。作者另有專文，探討清季淡水開港後，北臺灣因風水引起的教案：洪健榮，〈清季淡水開港後西教傳佈與傳統風水民俗的衝突〉，《臺北文獻》172（2010年6月），頁43～68。

〔註20〕盧啓明，〈臺灣基督長老教會對「異教」的觀點與實踐〉，《臺灣文獻》63：4（2012年12月），頁33～65。

〔註21〕侯淇晨，〈福音與滅鬼歌：從庶民文化分析民教衝突〉（臺北：東吳大學，2004年）。

〔註22〕王政文，〈天路歷程：臺灣第一代基督徒研究（1865～1895）〉（臺北：國立臺灣師範大學，2009年）。

〔註23〕馬偕生於1844年3月21日的加拿大安大略省（Ontario）牛津縣（Oxford）左拉村（Zorra），是蘇格蘭移居加拿大第二代。他在1870年自美國普林斯敦

信徒從事之研究，行文之中時常可見對傳教士的尊崇之意，無法有效突破信仰的侷限。〔註 24〕另一類則是教會與醫療、教育之討論，大抵仍與福音推廣有高度相關性。〔註 25〕為了突破史料運用的限制，筆者曾以《馬偕日記》為主體，探討西方文化、宗教背景的馬偕，如何透過自己的價值觀評斷清代臺灣官員，藉此突破傳教士文本的侷限。〔註 26〕

（五）外國人士對臺灣客家的書寫

黃學堂〈晚清外國觀點下的臺灣客家〉一文，運用清朝晚期西方來臺人士紀錄，以簡單的資料建構西方人對臺灣客家的觀點；可惜的是資料收集並不廣泛，欠缺原文資料的使用，因此尚有某些可突破的空間。〔註 27〕林正慧〈19 世紀西方人眼中的臺灣 Hakka〉，釐清西方人對 Hakka 的知識觀建立，並指出西方人對臺灣 Hakka 的認識係移植自中國華南地區；作者更進一步指出，雖然西方人對臺灣 Hakka 的認識，因來臺目的不同而有所侷限，不過仍可補充中文史料的缺憾。〔註 28〕陳俊安的〈日治時期日人對臺灣客家的社會印象之研究〉，指出日人以清代臺灣方志與西方臺灣文獻作為認識客家人的方式，分析日人官民對客家的印象主要來自兩大類：史料文獻與實際的客家經驗；而藉日人的客家印象可以觀察到，日人客家印象的工具性描述，反映出其殖

神學院（畢業後，立刻向加拿大長老會申請成為海外傳教士，由於該會從未接受海外傳教士的申請，因此沒有馬上通過。直到隔年才通知馬偕參加總會，派遣至中國宣教。面對當時強烈的排外氣圍，馬偕的傳教工作困難重重，加上臺灣社會對西方宗教的不瞭解，產生許多誤會。對此，馬偕藉由拔牙的醫療幫助，吸引民眾注意，藉此減低對傳教士的敵意。

〔註 24〕例如：林昌華，〈「焚而不燬」——清法戰爭時期的馬偕牧師與「耶穌聖教」〉，《臺灣風物》55：3（2005 年 9 月），頁 43〜79。陳俊宏，〈馬偕牧師的艋舺之役——從一塊禮拜堂的門匾說起〉，《臺北文獻》168（2009 年 6 月），頁 131〜157。古偉瀛，〈乙未之際的臺灣天主教——以傳教員張德潤為中心〉，《成大歷史學報》40（2011 年 6 月），頁 155〜174。

〔註 25〕例如：林昌華，〈「醫者」或「患者」馬偕：探討馬偕博士與疾病的糾結關係〉，《臺北文獻》180（2012 年 6 月），頁 209〜243。鄭仰恩，〈試論梅監務的臺灣宣教研究〉，《玉山神學院學報》14（2007 年 6 月），頁 13〜40。鄭仰恩，〈蘇格蘭啟蒙運動對早期臺灣基督教的影響：從馬偕的現代化教育理念談起〉，《臺灣文獻》63：4（2012 年 12 月），頁 137〜164。

〔註 26〕陳東昇，〈馬偕眼中的清代臺灣官員〉，頁 171〜207。

〔註 27〕黃學堂，〈晚清外國觀點下的臺灣客家〉，《竹塹文獻》44（2009 年 12 月），頁 143〜157。

〔註 28〕林正慧，〈19 世紀西方人眼中的臺灣 Hakka〉，《臺灣文獻》60：1（2015 年 3 月），頁 107〜159。

民主義的本質。〔註29〕

綜觀上述研究，西方傳教士的文本與教會史料，主要的運用係圍繞「教案」為中心。吳學明的「靠番仔勢」具有重要提示作用，讓我們可以從文化衝突的表層看見背後的國際關係。洪健榮以「風水」為主題，探討風水知識作為反教的「工具性」，則提醒我們不該只注意表層的文化衝突，還要深入分析隱藏的社會脈絡。本研究即欲透過兩位研究者的成果與切入點，進一步以傳教士文本與教會史料為依據，探究西方文化如何看待與評價臺灣社會文化，從中提出文本書寫的侷限性，並進一步藉由西方傳教士的「客家」書寫，瞭解書寫評斷與傳教事業的關聯性。

二、「客家」（Hakka）稱謂與族群視野的帶入

（一）「客家」稱謂的入臺

十九世紀後期來臺的西方傳教士，已將臺灣漢人（Chinese）區分為福佬、「客家」（Hakkas）兩類，並將「客家」區隔於漢人之外，而這些分類係基於中國宣教經驗、人群分類所形成的他稱書寫，不一定和臺灣的實際人群分類相關。〔註30〕而根據林正慧的考證，西方傳教士所使用的「客」（Hakkas）詞彙，係經過中國華南巴色會傳教士韓山文（Rev. Theodore Hamburg，又譯韓山明）〔註31〕於 1854 年完成的《太平天國起義記》（*The Visions of Hung-Siu-Tshuen and Origin of the Kwangsi Insurrection*）內，由韓山文的 Hakkas 對應到口述者洪仁玕所稱之「客家」，中西文對於客方言人群的定義，似乎已趨於統一。誠如林正慧所言，中國官方主要以籍貫分類統治的百姓，西方用語原本沿之；但臺灣開港後，西人對臺灣客方言人群的稱述，一律改成 Hakka 或 Hakkas，顯示西人對臺灣客方言人群的認知已明顯改變。〔註32〕然而，雖然「客家」

〔註29〕 陳俊安，〈日治時期日人對臺灣客家的社會印象之研究〉，《臺灣文獻》63：3（2012 年 9 月），頁 263～302。

〔註30〕 相較於西方傳教士以「福佬、客家」指稱臺灣的人群分類，當時臺灣內部的人群自稱與他稱應為「人、客人」。

〔註31〕 韓山明與黎力基（Rev. Rudolf Lechler, 1824-19080）同為巴色會首批來華傳教士，前者負責客語區，後者則是潮語區。可以參照：湯泳詩，《一個華南教會的研究──從巴色會到香港崇真會》（香港：基督教中國宗教文化研究社，2012），頁 16。

〔註32〕 林正慧，《臺灣客家的形塑歷程──清代至戰後的追索》（臺北：臺大出版中心，2015 年），頁 196。本書係作者之博士論文改寫而成：林正慧，〈臺灣客

的稱謂藉由西人引介進入臺灣，卻不如中國華南地區的發展，未能順利成爲臺灣客家人所接受的自稱與他稱，僅使用在傳教士的書寫之中。究其因，各自與道明、長老兩會的教務推廣不順有密切關聯，此外來概念無法落實於臺灣社會之中，直至日本殖民統治時期才獲得較佳的傳教環境。〔註33〕

（二）「客家」研究的脈絡

本研究既欲探究西方來臺傳教士眼中的臺灣客家人，則必先釐清這群客家人是在何種脈絡下被定義的群體，才不致郢書燕說，流於文獻的拼湊。施添福指出，自徐旭曾的〈豐湖雜記〉開始算起，兩百餘年的客家研究，使客家學的知識體系日益深廣和完善；客家自我認同意識也隨之高漲和擴展。然而，客家源流卻依舊疑雲重重，有待進一步釐清。〔註34〕

羅香林在 1933 年發表《客家研究導論》後，奠定其在客家研究領域的重要地位，此書也一直被後繼研究者奉爲圭臬。其主要貢獻有：一、將客家研究的脈絡進行爬梳整理；二、提出客家五次南遷說，強調客家不是南部固有民系；三、主張客家源於宋朝時期；四、強調客家族群在中國歷史發展中的重要性。〔註35〕隨著時間推移，客家研究興起，羅香林的論點亦陸續被重新討論與挑戰。房學嘉認爲，客家是古越族移民與南遷的漢人融合而成，他們爲了逃避賦役而居山入越，漢族人及漢化較早的荊楚人、吳越人等稱這些居山的越人、漢人爲「山客」。古時的「山客」便是現在客家的「客」，因此歷史上並不存在客家中原南遷史。〔註36〕陳運棟提醒我們，由客家人在客地的發展來探討客家的源流，是偏頗的分析方法；理論解釋體系的缺失也非常關鍵，客家人與非客家人的南遷過程是基本相同的，這就勢必造成他們在南遷

家的形塑歷程——清代至戰後的追索〉（臺北：國立臺灣大學歷史研究所，2013年）。作者另有專文探討十九世紀西方人對臺灣 Hakka 的形象，林正慧，〈19世紀西方人眼中的臺灣 Hakka〉，《臺灣文獻》60：1（2015 年 3 月），頁 107～159。

〔註33〕吳學明，〈終戰前在臺基督教派關係之研究〉，《臺灣文獻》63：4（2012 年 12月），頁 103～106。

〔註34〕施添福，〈從「客」到客家（一）：中國歷史上本貫主義戶籍制度下的「客家」〉，《全球客家研究》1（2013 年 11 月），頁 5。另外，有關客家研究的相關議題，可以參考：徐正光主編，《客家研究概論》（臺北：行政院客家委員會，2007 年）。

〔註35〕羅香林，《客家研究導論》（臺北：南天出版社，1992 年）。

〔註36〕房學嘉，《客家源流探奧》（臺北：武陵出版社，1996 年）。

的過程中，出現相互交錯與融合的情況。〔註37〕林正慧則清楚指出，「然這些表面上看起來像是本質性的論述依據，其實是經過挑選的文化元素，用以塑造客家人的集體認同，因此，羅香林的客家論述，其實可說是建構論的經典。」〔註38〕

　　綜觀上述，可見客家的源流一直是學界尚未取得共識的議題。誠如施添福所說：「在客家稱謂的含義，尚未建立基本共識前，轉而探究由稱謂延伸而出的論題，恐怕不免又將引起不少無謂的學術論爭。」〔註39〕張佑周於2007年，將各家關於客家含義的說法整理，歸納出七大類學說，足可驗證施氏之看法。〔註40〕事實上，客家形成的探討，一直是學界熱衷的議題。謝重光認為，客家人在南宋時期就已經有穩定的生活地域，形成相同的文化圈，因此，可以認為在南宋時期就已經構成客家民系。〔註41〕王東則主張客家的形成是動態的歷史過程，以南遷運動結束為起點，由客家居住地遷出的居民，能維持語言文化特色為特徵。〔註42〕梁肇庭則借鏡 Fredrik Barth 的「族群邊界理論」，認為客家是在大規模的移民過程中，不斷與「他族」接觸，使得「我族」的意識越來越清楚，客家族群便因此誕生。〔註43〕林正慧稱上述研究為「文化共性」的探討。她進一步指出：「綜此，我們很難接受所謂文化共性形成，即可認定客家民系形成的說法。在文化共性形成的階段之後，必有第二階段的客方言群意識覺醒期，之後才可確定客家方言人群之形成。」〔註44〕

　　為了釐清「客家」的形塑歷程，施添福與林正慧均認為應該從「客家」在華南的發展開始談起。〔註45〕施添福更指出，如果區分客家與非客家所採

〔註37〕陳運棟，〈源流篇〉，《臺灣客家源流概論》（臺北：行政院客家委員會，2007年），頁22。

〔註38〕林正慧，《臺灣客家的形塑歷程——清代至戰後的追索》，頁133。

〔註39〕施添福，〈從「客家」到客家（一）：中國歷史上本貫主義戶籍制度下的「客家」〉，頁5。

〔註40〕張佑周，〈「客家」稱謂源自「客話」〉，收錄於周雪香編《多學科視野中的客家文化》（福建：福建人民出版社，2007年），頁322～340。

〔註41〕謝重光，《客家形成發展史綱》（廣州：華南理工大學出版社，2001年）。

〔註42〕王東，《客家學導論》（上海：上海人民出版社，1996年）。

〔註43〕Sow-Theng, Leong, Migration and Ethnicity in Chinese History: Hakkas, Pengmin, and Their Neighbors, pp. 19-21.引自王東，〈客家研究的新視野——讀《中國歷史上的移民與族群性》〉，《客家文化研究通訊》7（2005年4月），頁169～183。

〔註44〕林正慧，《臺灣客家的形塑歷程——清代至戰後的追索》，頁34。

〔註45〕施添福從分類學、發生學和地域社會的角度，全面探討從「客家」到客家的歷史演變過程，釐清客家名稱的歷史性和地域性。參閱：施添福，〈從「客家」

取的是戶籍制度的籍貫概念，在本貫主義下所產生的各種客稱，必然是通稱，而非專稱，因此也就不存在所謂客家民系的「客家」，並認爲「只有從這個基本居住地向外遷徙者，才有可能成爲『客家』」。其次，若劃分的指標是依據鄉音方言概念，「在方言主義下所產生的各種客稱，必然是專稱，而非通稱」。最後，「從總體歷史的演變來看，基本上是從本貫主義的『客家』向方言主義的客家轉移。然而，這個轉移的過程卻相當緩慢，至今可說尚未完全取代」。〔註46〕同時，經由施添福與林正慧的研究，終於釐清「客家」一詞的形塑歷程，如此便能清楚的解讀西方傳教士文本中的「客家」。

三、研究史料

本文主要運用西方來臺傳教士的回憶錄與相關著作。在基督新教方面有馬偕（George Leslie Mackay）的《馬偕日記》（*Mackay Dairy*），與回憶錄《福爾摩沙紀事》（*From Far Formosa*）。〔註47〕甘爲霖（William Campbell, 1841-1921）〔註48〕的《素描福爾摩沙》（*Sketch From Formosa*）與《福爾摩沙佈教之成功》（*An Account of Missionary Success in the Island of Formosa*）。以及梅監務（Campbell N. Moody）〔註49〕的《異教徒之心》（*The Heathen Heart*）

到客家（一）：中國歷史上本貫主義戶籍制度下的「客家」，頁8。林正慧認爲，由於華南是客家概念的源起，客家在華南的形成傳播有其特殊的歷史脈絡，意即若未先究明「客家」爲何，我們可能很難進一步討論臺灣的「客家」。參閱：林正慧，《臺灣客家的形塑歷程——清代至戰後的追索》，頁8。

〔註46〕 施添福，〈從「客家」到客家（一）：中國歷史上本貫主義戶籍制度下的「客家」，頁5。

〔註47〕 以馬偕爲主題的相關著作十分豐富，文內恕不列舉。有關馬偕的相關介紹可以參考陳俊宏，《重新發現馬偕傳》（臺北：前衛出版社，2000年）；鄭仰恩，《宣教心、臺灣情：馬偕小傳》（臺南：人光出版社，2001年）；吳學明，《臺灣基督長老教會研究》（臺北：宇宙光出版社，2006年）；林昌華，《來自遙遠的福爾摩沙》（臺北：日創社文化，2006年）；吳學明，《近代長老教會來臺的西方傳教士》（臺北：日創社文化，2007年）。

〔註48〕 甘爲霖於1841年出生在蘇格蘭的格拉斯哥（Glasgow），在當地就讀大學四年、神學四年。畢業後受英格蘭長老教會聘任來臺，於1871年9月7日出發，同年10月抵達香港，12月10日轉抵臺灣打狗。至其1917年離臺爲止，在臺傳教共46年，1921年以80歲高齡逝世於英國。

〔註49〕 梅監務於1865年出生在蘇格蘭拉納克郡（Lanarkshire）的波特威爾，1880年進入格拉斯哥大學大學就讀文學院，1884年在自由教會學校（Free Church College）研讀神學。1895年，梅監務與同樣受派至臺灣的蘭大衛醫生一同出發，同年12月18日抵達臺灣安平港。

等。天主教方面，主要參考 Pablo Fernandez O.P.所編、黃德寬譯《天主教在臺開教記》內之書信集。

教會相關文獻則作爲補充教會系統對於臺灣社會的看法，以及傳教事業成果的補充，《臺灣府城教會報》〔註 50〕、《使信月刊》（*The Presbyterian Messenger*）〔註 51〕與《北臺灣宣教報告》〔註 52〕爲主要運用資料。透過教會文獻的紀錄，瞭解教會體系如何看待臺灣傳教事業的發展與變化。《英國長老教會海外宣教檔》（*Presbyterian Church of England Foreign Mission Archives*）亦有豐富的教會紀錄，不過此套資料爲微卷保存，其中許多部分係手稿書寫，考量目前無法完善處理，將留待後續研究。行文中，亦參考其他西方來臺人士的相關文獻，作爲補充傳教士著作的觀點與看法，以求研究更臻完善。陶德爲十九世紀後期北臺灣重要的西方人士之一。其他如李仙得與必麒麟（W.A. Pickering）〔註 53〕等著作，亦是重要的補充資料，對於瞭解十九世紀後期的臺灣社會面貌有相當大的參考價值。

行文中資料的引用，凡經過翻譯並正式出版的著作，在筆者比對翻譯無誤後，皆尊重翻譯者之成果，以中文翻譯作爲內文引用來源。引用時註明原始引用來源，以及中文翻譯參考的出處於註腳處，以資佐證及參考。然若翻譯未臻完善，或尚未翻譯的文獻，皆以原文分析，引用時由筆者自譯。

〔註 50〕 《教會公報》爲臺灣最早出刊並持續發行之報紙，期間經歷數次更名，早期主筆者多爲西方傳教士，其登載內容層面甚廣，以教會訊息爲出發點，觀察面向含括宗教、社會、文化、教育、經濟與國際時事等等，對臺灣民間宗教信仰的批評不遺餘力，深具教會觀點代表性。相關介紹可以參考吳學明，〈臺灣府城教會報及其史料價值〉，收錄於《臺灣基督長老教會研究》，頁 187～210。主要運用《教會公報》的著作如：吳學明，《從依賴到自立——終戰前臺灣南部基督長老教會研究》（臺南：人光出版社，2003 年）。張妙娟，《開啓心眼：臺灣府城教會報與長老教會的基督徒教育》（臺南：人光出版，2005 年）。

〔註 51〕 《使信月刊》爲英國長老教會海外宣教刊物，內容包含十九世紀海外傳教士在中國及臺灣等地的宣教紀錄，除了宣教實務外，也會介紹宣教地區的社會網絡，從知識交流層面來看，《使信月刊》是傳教士交換資訊的平臺之一。

〔註 52〕 《北臺灣宣教報告》係馬偕自 1868 年申請海外宣教，至 1901 年過世爲止，其在北臺灣的宣教見聞，足可補充北臺灣的教會發展。

〔註 53〕 必麒麟來臺之初任職於海關，後來從事樟腦貿易，曾於梧棲港收購樟腦時與清廷發生衝突。必麒麟是著名的探險家，曾屢次深入臺灣內地，留下許多具參考價值的紀錄。

第三節 研究概念、方法與章節架構

一、研究概念與方法

本研究主要採用歷史研究方法中的文獻分析法，蒐羅十九世紀後期西方來臺傳教士的相關著作，輔以教會文獻等資料，探討十九世紀後期西力東漸時，西方宗教文化視野中的臺灣社會，解析西方傳教士看待異文化的態度。細數先行研究，往往將西方人士的文獻紀錄當作「史實」運用，其中又以傳教士的資料最爲廣泛。研究者甚好從西方人的角度「重現」當時的臺灣社會，藉以補充中文史料的不足與缺陷，甚至從中提出對臺灣社會文化及中文史料的批判。然而，仔細爬梳這些十九世紀西方來臺人士的資料，可以發現時常帶著較爲高傲、甚至有偏見的觀點，批判的內容也需要多所斟酌和考量；特別是傳教士的觀點除了來自西方文化的源頭外，尚有宗教信仰的洗禮。因此，在運用這些資料的同時，更需注意文獻本身隱含的偏頗與侷限，才不會流於史料的拼湊或批判。

本文將以傳教士的紀錄爲主軸，從中瞭解西方宗教、文化背景的傳教士如何看待臺灣的社會及文化，並且以其他相關西方人士的資料作爲佐證，以期研究層面更爲廣泛充實。在分析與重現史料的同時，也從西方宗教、文化的角度來解構傳教士對異教文化批判的觀點及價值觀依據，藉以知悉他們評價異教文化的方法與態度。從這樣的角度，才能體現對異文化相對的理解與尊重。

再者，本文所指涉的漢人包括福佬與「客家」，其中傳教士所使用的「客家」語彙並非源生於臺灣社會，而是十九世紀下半葉，伴隨臺灣開港，由傳教士自中國教區挪用到臺灣本地的稱謂。梳理傳教士的筆記後，發現他們對臺灣社會與族群的評價，和傳教順利與否息息相關。特別漢人宣教並不如原住民宣教順利，故對福佬與「客家」的評價自然不若原住民。除此之外，在漢人中，又因爲宣教阻礙力道的差異，對於福佬和「客家」的評價也有差異，其中的關鍵相當值得探究。本研究不僅探究西方傳教士對臺灣社會，和臺灣福佬以及「客家」形象的描述與記錄，也希望突顯史料在書寫過程中，宗教信仰與知識體系的侷限性，如何影響到作者的評論。筆者認爲，透過這樣的分析與研究，可以更加瞭解史料的價值，以及歷史背後蘊藏的意義，讓十九

世紀後期的臺灣歷史脈絡更加清晰且立體。〔註54〕

討論時間始於 1859 年，自十七世紀西班牙人、荷蘭人先後離開後，時隔兩百年，天主教與基督教重返臺灣展開宣教；研究斷限則終至 1900 年。回顧過往研究，多以政權交替作爲歷史研究的斷限，然筆者認爲，歷史脈絡並不因政權轉移而中斷。本研究中的西方傳教士，來臺後多將畢生精力投注於臺灣，不曾因政權交替而結束在臺傳教事業。因此，爲了重現歷史脈絡的縱深，本研究以十九世紀後期（1859～1900）作爲時間範疇。

二、章節架構

十九世紀後期可以說是臺灣歷史上變動最爲劇烈的時期，除了大量西方人士藉由開港通商之故進入臺灣，進行多元的文化交流與碰撞外，還有自清至日的政權轉換過程，使得臺灣的社會文化再度編織出美麗的篇章。這段爲期不短的歷史衝擊，也醞釀出一段堪人回味的文化變動與歷史脈絡，值得我們細細品嚐，體會箇中奧妙。在這一段精彩的歷史過程中，傳教士的文獻又最爲醒目且具代表性，透過他們的紀錄可以瞭解臺灣社會文化不同的一面，我們也可以從西方宗教與文化的角度，重新解構西方傳教士看待異教文化的觀點。本研究除第一章緒論、第六章結論外，將分四章進行討論。

第一章率先陳述筆者進行本研究之動機與目的，解說本研究的代表性及重要性，與研究成果的貢獻。其次，將對先行研究進行回顧，瞭解十九世紀後期西方傳教士進入臺灣的研究脈絡，以得知當時傳教士在臺灣歷史發展中的地位；再次，透過客家研究脈絡的梳理，知曉客家在歷史脈絡的演變與獨特性。同時，研究史料的整理是歷史研究中相當重要的功夫，本研究也不會輕忽。之後，將對研究概念與方法提出構思，釐清研究取徑與運用史料的方式，運用歷史學的文獻分析法解構文本紀錄的脈絡，知悉史料生成的不足與缺憾。最後，針對章節架構做出說明，對本文的安排有清楚的掌握。

第二章則梳理西方宗教在十七世紀西班牙人、荷蘭人相繼離臺後，時隔兩百年，天主教與基督教再度入臺宣教的歷史脈絡與社會氛圍，並介紹主要運用文本的傳教士背景，以期對西方來臺傳教士的遭遇和經驗有所體會。接著整理傳教士文本，探討天主、基督兩教在臺的競爭關係，透過宣教的版圖與信徒的爭取，分析他們如何相互看待同爲西方人的異己教派。

〔註54〕本概念主要借鏡前述施添福與林正慧之研究。

　　第三章將運用基督長老會傳教士的相關資料，探討他們眼中的臺灣社會，特別是以官員、士紳和一般漢人異教徒所構成的社會文化層面。分析的過程中，第一節將藉由加拿大長老教會的馬偕，分析他如何看待與評價臺灣官紳。第二節則透過英國長老教會甘為霖，輔以巴克禮（Thomas Barclay）、梅監務（Rev. Campbell N. Moody）等傳教士的觀點，探討他們評價臺灣官紳的方式，瞭解這些視傳播福音為首要目標的傳教士眼中的臺灣官紳形象。第三節則整理南北兩個基督教會的資料，探討其如何看待臺灣社會的福、「客」人群，與其評價的差異。

　　第四章則是分析天主道明會士眼中的臺灣社會，焦點也放在官紳與一般漢人異教徒的面向。第一節透過道明會士的書信集，整理其在臺宣教的社會氛圍，與國際情勢影響的變化，瞭解傳教士如何看待臺灣官紳。第二節則根據道明會士的觀察，剖析他們評價臺灣社會福、「客」人群的不同，瞭解他們評斷的依據。第三節則分析傳教士對漢人的傳教經驗，觀察傳教士與漢人的互動。

　　第五章則整理傳教士們對臺灣異教徒的觀察與歸納，瞭解他們眼中的臺灣異教徒，與臺灣漢人社會的風俗現象，以及臺灣異教文化的社會面貌。並進而分析傳教士們看待異教徒的價值觀與評價依據，解析論點生成的原因與侷限。

　　第六章結論的部分則統整前幾章的分析，提出研究概念的主軸與貢獻，讓本文的研究成果更為清楚與深刻，並對未來可行發展提出構想。綜言之，希望透過這樣的章節安排，使得本文的脈絡更加彰顯，瞭解文本分析在歷史研究中的重要性，與文化分析在史料研究中的關鍵性。

第二章　十九世紀後期進入臺灣的
　　　　西方宗教

　　本章將說明十九世紀後期，天主教與基督教重新返臺後的各自發展情形，藉此瞭解教務推展狀況，對教會背景有所認識。同時，針對天主教與基督教兩會在臺競爭關係，進行探討與比較。

第一節　天主教在臺灣的教務發展

一、教務推展

　　道明會（The Dominican Order）係十三世紀時聖道明於西班牙創立，主要特色爲度貧窮生活，進入城市向市民宣道。當時教宗特別賦予該修會「宣道」權，故該修會最早稱爲「宣道兄弟會」（Order of Preschers），後來爲了紀念聖道明才改爲「道明會」。〔註1〕1840 年，西方列強挾優勢武力，逼迫中國進入歐美國家建立之世界體系，1844 年，法國更進一步要求弛禁天主教。至 1846 年，西方傳教士已可進入中國本土傳教、租買田地與建造教堂。〔註2〕1858 年，臺灣被納入通商口岸後，再度開啓西方宗教的宣教機會。

　　菲律賓聖道明會玫瑰省會奉羅馬教廷令，於 1858 年決定派遣會士郭德剛神父（Fernando Sainz, 1832～1895）及若瑟神父（Rev. Jose Dutoras, O.P.）來臺傳教，兩位在 1859 年 1 月 25 日由馬尼拉啓程往廈門。然若瑟神父因不諳

〔註 1〕 楊嘉欽，《從歐洲到臺灣：道明會玫瑰省臺灣傳教研究》（新北：花木蘭文化
　　　　 出版社，2014），頁 1。
〔註 2〕 楊嘉欽，《從歐洲到臺灣：道明會玫瑰省臺灣傳教研究》，頁 100～101。

閩南語之故，便留在廈門學習，由洪保祿（Rev. Angel Bofurull, O.P.）神父代替來臺。於是，兩位神父率領三位中國傳教員楊篤、蔡向、嚴超及修道院學生瑞彬，與教友伯多祿・李布疂及其妻李嚴鳳和另一家教友，於 1859 年 5 月 10 日從廈門出發，18 日下午四時抵達打狗。〔註3〕

　　一行人登陸之時已近黃昏，遍尋不著棲身之處，便返回船上過夜；翌日在附近覓得一間竹造房屋，便卸下行囊到附近查勘。至 23 日，於戲獅甲（今高雄前鎮區西甲）租得一屋，當天即搬至該處暫居。不過，隔天聚集了大批民眾，意圖將神父一行人逐出當地，並將此事回報衙門；數日過去，由於無法解決租屋的問題，兩位神父便決定前往衙門拜訪。〔註4〕

　　兩位傳教士到達衙門去面見官員，因為語言不通加上官員猜忌，得到不友善的對待，關入監牢內，後來靠一位外籍鴉片商人的擔保，才終於獲得釋放。〔註5〕不過洪保祿神父飽受驚嚇，無法繼續留在臺灣，於 6 月 7 日由傳道員蔡向陪同返回廈門，結束在臺三周的時間。〔註6〕獨自一人在臺的郭德剛，直到 6 月 10 日，才終於以一個月 6 元的租金租得房屋。〔註7〕以下即參照古偉瀛之分期方法，討論十九世紀後期天主教進入臺灣的教務發展。

（一）草創時期（1859～1869）

　　解決了租屋問題後，郭德剛便開始找尋合適的設堂地點，首先即進入臺南府城。值得注意的是，郭德剛認為「為了避免別人注意，我穿著工人的衣服，走在城裡頭」〔註8〕，足見當時排外風氣對傳教士的影響。

　　1859 年 11 月，郭德剛受洗了三名求道者；翌月下旬，再以 62 元購置前金靠海岸之一筆土地。隔年以 600 元興建一土角造小聖堂與神父住宅，正式成立前金堂區。〔註9〕1860 年 8 月 7 日，為了鼓勵並協助在臺的唯一神父郭德剛，馬尼拉及福州主教會議推選福建的安東神父（Rev. Mariano Anton, O.P.）為臺灣區會長；然來臺不久即因水土不服，同年 11 月返回福州原任所，12 月 12 日由

〔註3〕 古偉瀛，〈十九世紀臺灣天主教（1859～1895）──策略及發展〉，收錄於《臺灣天主教史研究論集》（臺北：國立臺灣大學出版中心，2009 年），頁 6。
〔註4〕 江傳德，《天主教在臺灣》，頁 30～31。
〔註5〕 黃子寧，《天主教在屏東萬金的生根發展（1861～1962）》（臺北：臺灣大學出版委員會，2006 年），頁 22。
〔註6〕 古偉瀛，〈十九世紀臺灣天主教（1859～1895）──策略及發展〉，頁 6。
〔註7〕 江傳德，《天主教在臺灣》，頁 36。
〔註8〕 黃德寬譯，《天主教在臺開教記》，頁 48。
〔註9〕 楊嘉欽，《從歐洲到臺灣：道明會玫瑰省臺灣傳教研究》，頁 117。

郭德剛接任區會長之職。〔註10〕1861 年底，郭德剛曾赴萬金庄平埔番社傳教，然因路途遙遠、人手不足及客家住民的阻撓，只是暫時性的傳道。〔註11〕

到了 1862 年 7 月，再度有楊眞崇（Rev. Andres Chinchon, O.P.）和黎茂格（Rev. Miguel Limarques, O.P.）兩位神父來臺支援。其中，因爲「潮水太低，船不能靠岸」的影響，使得楊眞崇的行程受到延遲。楊眞崇來臺不久即開始意氣消沉，「因爲七月八日和九日，我們受到可怕的地震侵襲，即使最勇敢的人也會心驚膽跳」，從郭德剛的信件中，更可以想見慘烈的情況：

> 七月八日的地震眞是恐怖，就我所知，僅臺南地區已有五百多間房屋倒塌，被房屋壓死的人超過三百。很多地方出現裂痕，臺南北方遭到海水倒灌，整個區域成了魚池，原先耕種稻米的田地，現在只有海鹽了。〔註12〕

不過相較之下，這只是輕微的打擊罷了。郭德剛認爲：「我們還有許多難題，中國人仍表示不喜歡我們，對我們不理不睬，甚至輕視我們，多次以粗野的字眼，如豬或狗來稱呼我，侮辱我。」對於以宣教爲首要目的傳教士們來說，「在一切凌辱中，最令我傷心的是，他們說傳教士只是到這裡說故事而已。」〔註13〕

1863 年，黎茂格神父被任命爲萬金的本堂神父，然因當時客家人與原住民相爭激烈，黎神父只住數日便回；郭德剛於 5 月間親自再去，卻遭遇暴力事件而受傷。〔註14〕黃子寧指出，清代下淡水地區的客家人在經濟、教育、社會地位或政治實力，都遠勝其他族群，使得平埔族在相對貧窮、社會地位低下、加上信仰不和等因素影響之下，在清領時期的相處，幾乎以衝突械鬥爲主。因此，教會與外籍神父進入此地便難以避開紛爭，「教案」就不見得是宗教信仰的層面所引發。〔註15〕隔年，客家人先以「傳教士剜取死人之心臟

〔註10〕江傳德，《天主教在臺灣》，頁 44。

〔註11〕古偉瀛，〈十九世紀臺灣天主教（1859～1895）──策略及發展〉，頁 9。

〔註12〕黃德寬譯，《天主教在臺開教記》，頁 48。該地震應爲「1862 年臺南大地震」，震央於今嘉義、臺南一帶，《嘉義管內採訪冊》亦有紀錄「同治元年五月初九日，地大震，城牆崩壞甚多，並有數處地裂盈尺，深數丈，噴出泥，極爲大變異也．後戴萬生反。」由此可見災情慘烈，詳見：臺灣史料集成編輯委員會編，《新竹縣制度考；安平縣雜記；苑裡志；嘉義管內采訪冊》（2011 年），頁 520。

〔註13〕黃德寬譯，《天主教在臺開教記》，頁 48～49。

〔註14〕古偉瀛，〈十九世紀臺灣天主教（1859～1895）──策略及發展〉，頁 10。黃德寬譯，《天主教在臺開教記》，頁 50。

〔註15〕黃子寧，《天主教在屏東萬金的生根發展（1861～1962）》，頁 212。

及肝臟」爲由，攻擊萬金教會。不過，萬金教會也因教務發展順利，於同年成立萬金堂區。〔註16〕1866年的11月27日，萬金教堂於夜間遭受攻擊，教會建築、器具全部付之一炬。〔註17〕諸如此類，萬金教會屢遭迫害之情況並非其他教區足以比擬，也因此，傳教士們對於此地的客家人特別「印象深刻」。

1864年，溝仔墘教會（今屏東縣竹田鄉溝仔墘）從新立到1866年3月重修復之間，二次遭受破壞。〔註18〕1867年，郭德剛鑒於設施漸備，計畫將總部遷至臺南府城，然購屋行動受阻，郭德剛被逐出其早前用240元買來的房子。其於信件中這樣記錄著：

> 有一天，他們聚集了各式各樣的人，包括官兵、學生、衙門吏卒和一支民兵部隊，一起開向我的住所。這支隊伍，大得足以攻下任何堅強的城堡，當然很輕易地可以趕走手無寸鐵的我。〔註19〕

經過抗議無效後，隔年才在臺南郊外以62元另購土地，自建小屋。〔註20〕

另一方面，考量十七世紀時道明會曾於雞籠（今基隆）傳教；1868年時，區會長郭德剛指派良方濟（Rev. Francisco Herce, O.P.）與一名傳教員到基隆恢復宣教。隔年馬尼拉又派華裔神父江味增德（Rev. Vicente kang, O.P.）到雞籠協助，然兩位神父因水土不服先後離開，沒有取得良好進展。〔註21〕因此，此階段主要宣教地區還是在南部。此時期的傳教對象以漢人和平埔族爲主，即使曾嘗試向深山的原住民傳教，不過並未成功。

（二）推進中部（1869～1886）

此時期自郭德剛調任香港道明會長、楊眞崇接任臺灣區會長，至1886年何安慈（Rev. Celedonio Arranz, O.P.）北上和尚洲（今新北市蘆洲）爲止。古偉瀛指出，此期間屬安定時期，主要發展爲教會從南部北上中臺灣開教。〔註22〕由於1868年的樟腦糾紛，領事吉必動（John Gibson）調遣英艦向安平開砲並攻佔安平，雙方簽訂《樟腦條約》，事後吉必動與清廷地方官均去職，

〔註16〕黃子寧，《天主教在屏東萬金的生根發展（1861～1962）》，頁45。
〔註17〕黃德寬譯，《天主教在臺開教記》，頁52～53。
〔註18〕黃德寬譯，《天主教在臺開教記》，頁69。
〔註19〕黃德寬譯，《天主教在臺開教記》，頁81。
〔註20〕陳嘉陸譯，《天主教來臺傳教壹百年簡史》（高雄：天主教高雄教區出版，1960年），頁50。
〔註21〕陳嘉陸譯，《天主教來臺傳教壹百年簡史》，頁52～53。
〔註22〕古偉瀛，〈十九世紀臺灣天主教（1859～1895）——策略及發展〉，頁24。

英國領事郇和（Robert Swinhoe,1836-1877）回任。此事雖因簽訂條約而告一段落，清廷亦答應保障傳教士安全；然而吉必勳強硬的作風，以及西方武力的強勢，卻深刻影響臺灣官員對西方人士的態度。〔註23〕

1869年，竹仔腳（今彰化永靖鄉竹子村）一位士紳至前金拜訪楊眞崇，希望楊神父可以指派傳教士到竹仔腳傳教。考量在臺神父無人熟悉中部情況，且閩南語亦不精通，楊神父決定先派資深傳教員阿成哥（Placido A-Sieng-Ko）至該地。然而，教會卻因不願介入一件由債務引起的兇殺事件，而得罪開教人士，致使慕道人數不斷減少，最後傳教事業中斷。〔註24〕

1875年春季，一位羅厝（今彰化埔心鄉羅厝村）居民涂心經常往南部經商，一次在打狗聽神父講述天主教義後，便與鄰近的後壁厝劉江、崙頭黃過枝、新厝劉鎮與庄中名望之士，到打狗邀請教會至羅厝開教。〔註25〕該年5月，楊眞崇派原駐老埤本堂的吳萬福（Rev.Vicente Gomar, O.P.）帶傳教員林水龍至羅厝，選定後壁厝租屋。楊惠娥指出，吳萬福至此傳教的原因，除了慕道者的邀請外，傳教員阿成哥自1872年就已至此推展宣教工作。〔註26〕作為傳教所兼神父住所。1880年，吳萬福奉命調離羅厝，繼任者為前一年從菲律賓來臺的何安慈神父；基於教友增加之故，乃於1882年斥資1,200元建築神父樓房與道理廳。1886年，何安慈被派往和尚洲開教後由李嘉祿神父（Rev. Ramon Colomer, O.P.）繼任，至1891年才改派萬金，再由林茂德神父（Rev. Nemosio Fernandez, O.P.）接任。

由於臺南府城至羅厝的路程往返需四日，為了聯繫兩地區的傳教工作，王靈牧神父遂在1876年至沙崙仔，建立宣教據點。〔註27〕1879年，王靈牧被調往萬金，繼任者為安南人航若望神父（Rev. Juan Hang Chang-ding, O.P.），到任後即承租現今聖堂之基地，並以600元興建小聖堂，再增建道理廳。然不到兩年，航神父又改他調，何安慈便時常由羅厝來此協助傳教工作，兩年（1883年）之後再由吳萬福接任四年。至1887年，由來臺不到一年之高熙能神父接

〔註23〕 此部分已有詳盡研究：陳德智，〈羈縻與條約：以臺灣樟腦糾紛為例（1867～1870）〉（臺北：國立臺灣師範大學歷史研究所，2006年）。
〔註24〕 江傳德，《天主教在臺灣》，頁91～92。此事件亦為「靠番仔勢」之例，其引進天主教並非眞心信教，而是希望藉由入教逃脫法律制裁。
〔註25〕 楊惠娥，〈天主教在臺灣中部之傳教──以羅厝教會為例〉（臺南：國立成功大學歷史學研究所，2003年），頁54。
〔註26〕 楊惠娥，〈天主教在臺灣中部之傳教──以羅厝教會為例〉/，頁55。
〔註27〕 楊惠娥，〈天主教在臺灣中部之傳教──以羅厝教會為例〉，頁26。

堂。高神父每日與孩童嬉戲，閩南語進步甚快，在職期間又購入廣大土地，重新建立大教堂。〔註28〕

此期在南部也保持傳教活動。1870 年，教會在老埤（今屏東內埔鄉老埤）購入一筆土地，搭建茅屋傳教所；1874 年，吳萬福神父被任命爲老埤本堂神父；次年受派到羅厝，此地改由萬金天主堂神父兼管。此後十年間，除了一次教友蓋房活動被指爲鄰童病死原因的糾紛外，大體無事，直到 1844 年清法戰爭才又有嚴重衝突。〔註29〕

誠如古偉瀛所述，此時教會地位較前期穩固，向中部一帶發展乃自然之事；雖然傳教士偏少，不過對教友的照料都能持續。也因爲如此，臺灣天主教在中南部奠定重要的基礎也在此時期。〔註30〕

（三）重回北部（1887～1895）

根據古偉瀛的研究，第三階段爲 1886 年何安慈北上，到 1896 年日本治臺爲止，除了持續在中、南部宣教外，也擴大在北部的傳教範圍。〔註31〕1889 年，高熙能神父任職沙崙仔（嘉義縣大林鎮中坑村）的第三年，在埔姜崙（今雲林縣大埤鄉豐岡村）西南方約八公里的鹿寮（今雲林元長鄉鹿寮村），一位重病的富裕異教徒接受高熙能神父醫治後痊癒，便全家信教。1893 年，教會在此地建立小教堂，此後教務推展順利。〔註32〕

本期最初的北部傳教據點在和尚洲，起因爲 1883 年加拿大長老教會內部糾紛，和馬偕發生衝突的傳教員與信友南下羅厝，邀請何安慈北上宣教。〔註33〕何神父先派兩位教友去調查，一個月後再命令一位傳教員前往；何安慈則在 1886 年 6 月下旬親自北上，認爲自己相當受歡迎，並指出：「北部居民似乎眞誠願意接受天主教道理，而且基督長老會已有相當發展，我們的傳教工作，多少能平衡一下現況。」〔註34〕經過考量後，良方濟會長於 1887 年 3 月決定派遣何安慈到和尚洲，以每年 100 元的租金向李頭租下一間房做爲道

〔註28〕江傳德，《天主教在臺灣》，頁 99～101。
〔註29〕江傳德，《天主教在臺灣》，頁 95～95。
〔註30〕古偉瀛，〈十九世紀臺灣天主教（1859～1895）──策略及發展〉，頁 24。
〔註31〕古偉瀛，〈十九世紀臺灣天主教（1859～1895）──策略及發展〉，頁 24。
〔註32〕楊嘉欽，《從歐洲到臺灣：道明會玫瑰省臺灣傳教研究》，頁 124～127。江傳德，《天主教在臺灣》，頁 104～105。
〔註33〕江傳德，《天主教在臺灣》，頁 108～109。
〔註34〕黃德寬譯，《天主教在臺開教記》，頁 120。

理廳；再於大稻埕向一名叫李錦江的人承租房屋，成立小堂區，並將此情形回報良方濟。〔註35〕

得到情報後，良方濟便親自北上，在停留期間受到熱烈歡迎。返回南部之際，搭乘教友與求道者租借之豪華轎子，以大鼓吹笛爲前陣、大排隊伍放鞭炮，熱鬧送至郊外。〔註36〕這些高姿態的行動顯然和長老教會產生衝突，且正逢清法戰爭結束不久，天主教遭指爲法國之國教。〔註37〕巡撫劉銘傳（1836～1896）接到控訴後，傳令淡水知縣調查，何安慈即因僅持遊歷護照無法傳教，且租屋程序不合，教堂招牌被移走。幾經協調，最後劉銘傳同意三條件：

一、何鐸德開堂設教，必須照約擇僻靜之所，不得在大街通衢有礙民居地方。

二、所傳之教務須同耶穌一樣勸人爲善，教士須立品待人，堂內不得收養婦女及包庇匪類恃教不受尊長約束。

三、凡遇教民家中婚喪之事，教士不得前往干預以避嫌疑，俾彼此輯睦而免滋事。〔註38〕

1888 年 6 月，何安慈才在和尚洲花 1,500 元購買六百餘坪土地，建了臨時教堂、神父宿舍、道理廳和女傳道姑婆宿舍共四間房屋。〔註39〕同年，何神父另外租賃一房爲傳教所。在此傳教一年後，才在大稻埕新店尾（今臺北市民生西路）購得土地，建了一間道理廳。〔註40〕

1889 年，何安慈曾至淡水附近的興化店（今新北市三芝區興化里）開教。1890 年 3 月 12 日，畢大齊神父（Rev. Francisco Pitarch, O.P.）至此地任職，但

〔註35〕 黃德寬譯，《天主教在臺開教記》，頁 125。江傳德，《天主教在臺灣》，頁 109。古偉瀛，〈十九世紀臺灣天主教（1859～1895）──策略及發展〉，頁 33。另一方面，加拿大長老教會傳教士馬偕也注意到何安慈的行動：「羅馬天主教神父站在他們住的外面注視著。」可參見：George Leslie Mackay 著，〈馬偕日記手稿〉，1887 年 4 月 17 日；譯文參照王榮昌等譯，《馬偕日記 II：1884～1891》（臺北：玉山社，2012 年），頁 179。

〔註36〕 江傳德，《天主教在臺灣》，頁 110。

〔註37〕 古偉瀛，〈十九世紀臺灣天主教（1859～1895）──策略及發展〉，頁 34。

〔註38〕 詳細可以參照：馮用編，《劉銘傳撫臺前後檔案》（臺北：臺灣銀行，1969 年），頁 116～117；中央研究院近代史研究所編，《教務教案檔》第五輯（臺北：中央研究院近代史研究所，1975 年）第 2122 號附件，頁 2074～2077。

〔註39〕 古偉瀛，〈十九世紀臺灣天主教（1859～1895）──策略及發展〉，頁 35。

〔註40〕 江傳德，《天主教在臺灣》，頁 111～112。

受到長老會教友排斥，同年便返回菲律賓。6月22日，雷賽逸（Rev. Blas Saez Adana, O.P.）神父抵臺就任，直至1895年。1891年，何安慈應小雞籠（今新北三芝區）庄長之邀舉辦佈道會，會後設立一傳道所；然不斷與長老會信眾發生衝突，時至日本治臺才平息。〔註41〕

此期雖然出有清法戰爭之後遺症，後有日軍入臺動亂，不過楊嘉欽指出「天主教在十九世紀臺灣的處境，與中國相比，可說輕微許多，至少沒有道明會會士被直接攻擊致死的」。

二、主要的傳教士

道明會傳教士最廣為流傳的文本為《天主教在臺開教記》，為來臺傳教士的書信集整理。從數字面來看，道明會的宣教成果並不如長老教會豐碩，也因為國際情勢的關係，受到許多誤會與阻礙，獲得母國的幫助亦不多，這也反應在他們書寫的文字內容上。

郭德剛與洪保祿同於1859年來臺，後者於同年染病返回廈門，僅留郭德剛一人在臺。郭德剛在臺10年期間，曾任區會長，又輾轉駐任前金、萬金、溝仔墘、臺南等地，1869年離開臺灣。〔註42〕郭氏來臺初期即經歷官紳、民眾的排外氛圍，信件中經常透露批判的語氣，相當值得引用與參考。

楊真崇於1862年來臺擔任前金神父，至1866年調任萬金神父，同年罹病後再轉回前金。1869年，繼任郭德剛成為第三任區會長，1884年病逝於廈門。〔註43〕楊真崇在前金期間，屢次經歷遭受迫害的痛苦，也都透過信件記錄下來，具有高度研究價值。

良方濟於1864年來臺，前後駐前金、萬金神父，自香港養病返臺後，駐在溝仔墘。1868年，更前往基隆佈教，隔年因病返回前金，稍後被選為區會長。1872年，奉令駐香港後，在於1885年返臺駐前金，並再度被推選為區會長。1893年，因病返回馬尼拉，隔年胃癌逝世。〔註44〕

〔註41〕江傳德，《天主教在臺灣》，頁112～113。古偉瀛，〈十九世紀臺灣天主教（1859～1895）——策略及發展〉，頁36。此次的佈道會行動，亦透過長老會信眾傳至馬偕。詳細參見：George Leslie Mackay 著，〈馬偕日記手稿〉，1891年6月16日；譯文參照《馬偕日記 II：1884～1891》，頁478～479。

〔註42〕江傳德，《天主教在臺灣》，頁220。楊嘉欽，《從歐洲到臺灣：道明會玫瑰省臺灣傳教研究》，頁123。

〔註43〕江傳德，《天主教在臺灣》，頁220。

〔註44〕江傳德，《天主教在臺灣》，頁220。

李嘉祿於 1866 年來臺,同年 11 月任萬金神父,1874 年轉調臺南直至 1873 年。1875 年,奉調廈門;1882 年,再度來臺駐沙崙仔,1886 年調往羅厝,到了 1891 年轉任萬金。1903 年調往廈門,二年後病逝於當地。〔註45〕

綜觀上述傳教士,對於客家人的紀錄相當豐富,這也可以歸咎於傳教工作受阻礙與客家人的反教有相當大的關連。在瞭解他們書寫的背景與時間脈絡後,我們就能運用他們的書寫觀點進行文本的分析。(來臺傳教士名單參見附錄表一)

第二節　基督在臺灣的教務發展

臺灣基督長老教會因為宣教母會的差異,早期有南部教會與北部教會之分,分別由英國長老教會與加拿大長老教會所創。不過,南北教會均屬英國蘇格蘭長老宗系統,歸屬加爾文主義教團。〔註46〕南部長老教會係英國於 1865 年傳入;北部長老教會則是加拿大於 1872 年傳入。即此,以下將依來臺先後,分別討論兩個教會系統的發展歷程。

一、南部英國長老教會

(一)教務推展

臺灣的宣教源於 1860 年臺灣開港;是年 9 月,英國長老教會駐廈門傳教士杜嘉德牧師(Rev. Carstairs Douglas)與駐汕頭傳教士金輔爾牧師(Rev. H. L. Mackenzie)二人訪問淡水及艋舺等地。他們發現閩南語在島上通行,也遇見一些在廈門聽過福音的人,於是積極建議本國海外宣道會將臺灣納入新教區。首任的臺灣傳教士馬雅各(James L. Maxwell),在 1863 年受英國海外宣教會指派到中國宣教,同年八月初隨杜嘉德自英國出發前往中國。1864 年 1 月 2 日,馬雅各抵達廈門,期間努力學習閩南語,並跟隨杜牧師在廈門醫療傳教。1864 年 10 月 5 日,馬雅各在杜嘉德的陪同下,帶領吳文水、陳子路、黃嘉智搭船到打狗,先後走訪打狗、臺南府城及埤頭(今高雄鳳山),於 10 月 30 日返回廈門。〔註47〕下面便引用吳學明的研究成果,將南部長老教會的

〔註45〕江傳德,《天主教在臺灣》,頁 220～221。
〔註46〕董芳苑,〈臺灣基督長老教會之認識〉,收入《宗教與文化》(臺南:人光出版社,1989 年),頁 115～116。
〔註47〕吳學明,《近代長老教會來臺的西方傳教士》(臺北:日創社文化,2007 年),

發展分兩主題陳述。

1. 傳教中心的奠基

1865 年 5 月 24 日，馬雅各在杜嘉德及英國聖經公會牧師偉亞烈（Alexander Wylie）的陪同下，帶領吳文水、陳子路、黃嘉智等八人搭船來臺，於 5 月 28 日抵達打狗港，從旗後（今高雄旗津）上岸。幾天後，馬雅各即來到臺南府城，然無漢人願意出租房屋，最後才在打狗關處長馬威廉（William Maxwell）的協助下，在府城外的看西街進行醫療傳教。由於無需收費、療效甚佳，病患不斷增加，造成當地傳統醫者的焦慮；加上民眾懷疑西洋傳教士來臺動機，開始產生「取人身上的器官，晒人肉乾」等謠言。群眾以連串的攻擊行動要逼迫馬雅各離開，雖然後來知縣親臨現場勸諭，但基於安全考量，馬雅各乃於 7 月 13 日離開臺南府城，結束 24 天的醫療傳教。〔註48〕

頁 39～40。鄭連明主編，《臺灣基督長老教會百年史》（臺南：臺灣教會公報社，1984 年），頁 6～7。吳學明，《從依賴到自立──終戰前臺灣南部基督長老教會研究》（臺南：人光出版社，2003 年），頁 16。

〔註48〕 中央研究院近代史研究所編，《教務教案檔》第二輯（臺北：中央研究院近代史研究所，1974 年）第 970 號附件，頁 1278～1279。另外也詳細記載於《The Messenger》中："Letter from D.R. J. Maxwell, Takao, Formosa, 1865.07.21"，臺灣教會公報社編，《使信月刊（19）》（臺南：教會公報出版社，2006 年復刊本），1872 年 10 月，頁 358～360；高長，〈臺南教會的來歷〉，《臺灣府城教會報》，第 151 張（1897 年 10 月），頁 78～80；Edward Band, Working His Purpose Out : The History of the English Presbyterian Mission. 1847-1947.（London : Office of the Presbyterian Church of England, 1948）p. 76。

圖 1　看西街教會

　　馬雅各轉至打狗後，於同年（1865 年）7 月下旬在旗後租屋，開始行醫宣教。在打狗行醫近四年期間，馬雅各屢次要求返回府城，皆未獲准。1867

年馬雅各在埤頭買房蓋禮拜堂，同年 12 月，李麻牧師（Rev. Hugh Ritchie）到達打狗協助傳教。直到 1868 年樟腦糾紛，馬雅各才終於盼到轉機，得以順利轉進府城，就此可見樟腦糾紛對西方宗教在臺發展的重要性。〔註 49〕醫療工作方面，陸續有打狗洋商雇用之萬醫生（Dr. Patrick Manson）、萬大弼醫生（Dr. D. Manson）、連醫生（Dr. T. Rennie）、梅醫生（Dr. W. W. Myers）協助，醫藥費用由打狗洋商支付。〔註 50〕李麻留下照顧旗後、鳳山、阿里港（今屏東里港鄉）等教區，並先後建立十多間教會，後來也學會客家話，建立客家南岸教會；由於有許多西拉雅族遷往東部，李麻更在 1875 年 4 月往後山傳教，是東部最早的傳教士，對教會在東部的發展影響甚鉅。〔註 51〕

圖 2　太平境教會

〔註49〕此部分已有詳盡研究：陳德智，〈羈縻與條約：以臺灣樟腦糾紛爲例（1867～1870）〉（臺北：國立臺灣師範大學歷史研究所，2006 年）。

〔註50〕吳學明，〈終戰前臺灣基督長老教會的醫療傳教——以南部教會爲中心〉《臺灣基督長老教會研究》（臺北：宇宙光出版社，2006 年），頁 14～15。

〔註51〕吳學明，《從依賴到自立——終戰前臺灣南部基督長老教會研究》，頁 21～22。吳學明，《近代長老教會來臺的西方傳教士》，頁 51。

　　馬雅各在府城醫療傳教的消息，不久即傳遍府城周遭地區。此時，必麒麟介紹兩位西拉雅婦女到醫館幫傭，馬雅各也將後院開放供其族人來府城居住之用，並提供兩餐。馬雅各的諸項服務為自己博得十足的好感和信任，也替他將來的平埔社群醫療宣教植下根基。馬雅各夫婦於 1870 年至木柵（今高雄內門區）展開醫療傳教，受到相當程度的歡迎，並於 4 月 11 日成立最早的西拉雅教會；其後陸續有柑仔林（今高雄市內門區溝坪村，1947 年更名為永興教會）、岡仔林（今臺南左鎮區岡林里）、拔馬（今臺南市左鎮區）等。吳學明指出，這是教會史上所謂「府城東方山岡教會」的建立。〔註52〕

　　1871 年，甘為霖牧師亦經旗津轉抵府城。〔註53〕1872 年，甘為霖即派陳治駐白水溪傳教，發展至 1880 年代相當興旺，先後創立關仔嶺支會（1884）和白河支會（1887）。1873 年嘉義教會設立（今嘉義市東門教會），甘為霖亦受邀主持第一次禮拜。1885 年，甘為霖聽聞牛挑灣（今嘉義朴子市）有人在禮拜聽道理，就去探望傳教，因而誕生牛挑灣教會。〔註54〕此期間以府城為傳教重心，逐步向外擴散。

〔註52〕吳學明，《從依賴到自立──終戰前臺灣南部基督長老教會研究》，頁 24～27。

〔註53〕William Campbell, William Campbell, *Sketches from Formosa*. London.〔New York：Marshall brothers〕, 1915, p16；譯文參照林弘宣等譯，《素描福爾摩沙》（臺北：前衛出版社，2009 年），頁 3。

〔註54〕黃武東、徐謙信合編，《臺灣基督長老教會歷史年譜》（臺南：人光出版，1995 年），頁 18。

圖 3　白河教會

2. 彰化傳教副中心的建立

（1）大社教會及其擴展

　　吳學明指出，大社教會是現今臺中、彰化及附近地區幾個教會的母親，其源起也和必麒麟有關。1867 年必麒麟經常到大社購買樟腦，與巴則海族大社原住民熟識，族人到府城時就投宿在必麒麟洋行，生病則帶往馬雅各處診治，因此聽聞道理。所以大社的平埔族很早就知道外國人在府城傳播基督福音與外國醫師治病的消息。1870 年 9 月間，埔裡社烏牛欄人（今南投埔里鎮）潘開山因傷勢嚴重至舊樓醫館求醫，醫治後亦聽得道理，回社內傳播。1871 年 2 月間，亦有牛眠山（今南投埔里鎮）人去府城求醫，向馬雅各表達對福音的渴望。於是，馬雅各派李豹到埔社（埔里社）傳教，稍後馬雅各又受大社住民請求，加派一位傳道者到大社。同年（1871）李麻牧師到大社，臺灣中部最早的教會於是誕生，年底又在內社分設教堂。〔註 55〕

〔註 55〕吳學明，《從依賴到自立──終戰前臺灣南部基督長老教會研究》，頁 31～32。

圖4　日月潭教會（甘為霖紀念禮拜堂）

　　在大社及埔社禮拜堂建立後，附近巴則海族的教會也開始建設。馬雅各派力寶到大社，李豹轉往烏牛欄庄宣教，隨著禮拜人數漸多，於 1873 年建新禮拜堂。由於人數持續增加，原先到烏牛欄禮拜的社民紛紛回到自己庄社建立禮拜堂，大埔城教會、大湳庄教會、牛眠山教會皆是如此。

（2）彰化教會的建立與發展

1886 年，甘為霖經大社往返澎湖後，得知大社教友亟欲在彰化縣城內開教。教士會便決定派甘為霖到彰化設教，他帶領大社教會歐拿長老及二位兄弟，在同年的 10 月 31 日抵達彰化。好不容易找到住所，也付了訂金，卻遭到城內人民強烈反對，所幸當時彰化縣令蔡麟祥是甘為霖舊識，出面訓斥賣主，教會工作得以順利開展。〔註56〕

由於設教之初，城內排外情勢仍相當強烈，考量到教會情勢尚未壯大，傳教中心還是在大社。直到進入日治時期，1895 年 10 月，英國海外宣教會又派廉德烈牧師（Rev. A. B. Neilson）、梅監務牧師與蘭大衛醫生（David Landsborough）到臺灣傳教。他們先在臺南學習閩南語，1896 年梅監務與蘭大衛才北上進行醫療佈道。〔註57〕基於這些以彰化為宣教中心的發展成果，奠立中部長老教會的宣教基礎。

3. 傳入東部地區

十九世紀後期長老教會在東部主要有四個教會，1877 年左右設立的石雨傘教會（即蟳廣澳，今臺東縣成功鎮）為最早，還有迪階教會（即觀音山，今花蓮縣玉里鎮）、石牌教會（今臺東縣富里鎮），以及 1890 年代才開始的里壠教會（今臺東縣關山鎮）。〔註58〕前三所教會的設立，皆透過自西部遷至東部的熟番信徒之力，分別是張源春（Goan-chhun）在蟳廣澳與迪階、買干（Kan）在石牌教會。〔註59〕

基於東部獨特的地理條件，造成路途艱辛、傳教士人力不足，使得傳教士在東部傳教所扮演的角色多是被動的。〔註60〕也因為語言不通之故，信徒以熟番（馬卡道族）為主，漢人偏少，阿美族完全不信教。後來為了聚會方便，迪階教會於 1891 年遷至觀音山，石牌教會也從買干兄弟的大陂家中遷至石牌。若以教會作為空間分割依據，可以將熟番活動空間劃為三個區域，分別是大庄以北的迪階教會為中心、大庄以南的石牌教會為中心，以及海岸地

〔註56〕詳細參見：William Campbell, William Campbell, *Sketches from Formosa.*, p183-189；譯文參照《素描福爾摩沙》，頁 173～177。

〔註57〕吳學明，《從依賴到自立——終戰前臺灣南部基督長老教會研究》，頁 36。

〔註58〕黃武東、徐謙信合編，《臺灣基督長老教會歷史年譜》，頁 18。

〔註59〕葉慧雯，〈英國長老教會在東部的宣教——蟳廣澳、觀音山、石牌教會的建立與焚燬（1877～1896）〉57：4《臺灣風物》（2007 年 12 月），頁 84。

〔註60〕葉慧雯，〈英國長老教會在東部的宣教——蟳廣澳、觀音山、石牌教會的建立與焚燬（1877～1896）〉，頁 84。

帶的蟳廣澳教會為中心。〔註61〕教會事務發展最為熱忱的是觀音山教會，改信比例較高；石牌教會也在調整過教會所在位置後，呈現穩定發展情勢，並於1890年要求設置里壠教會；相較之下，自1891年起，蟳廣澳受洗人數呈現掛零的狀態。〔註62〕

整體來說，傳教士在東部的宣教常處於被動地位，呈顯他們並未將東部宣教列入重點，更凸顯東部地理環境對宣教活動的阻礙。葉慧雯指出，英國長老教會在東部的宣教，近乎是熟番之間的內部傳教。〔註63〕

（二）主要的傳教士

南部英國長老教會來臺傳教士為數甚多，不少人兼具醫生身分，以醫療工作協助宣教。傳教工作的書寫管道，除了回憶錄與書信集外，尚有《使信月刊》（*The messenger*）和《臺灣府城教會報》等教會出版品。以下即針對重要的文本書寫者進行介紹。

馬雅各於1836年出生於蘇格蘭，為英國長老教會首位來臺傳教士。畢業於英國愛丁堡大學後，繼續到柏林和巴黎大學醫學院深造，歸國後受到海外宣道熱潮影響，決定獻身擔任海外醫療傳教士。1863年受派為英國長老教會海外傳教士，同年12月抵達上海，翌年至廈門學習閩南語，作為來臺宣教的準備。〔註64〕來臺後選擇府城作為宣教地點，高明的醫術吸引大量人潮前來，引發本地漢醫焦慮，稍後便因流言中傷被迫遷居打狗。〔註65〕由於向漢人宣教的計畫受挫，馬雅各後來積極轉向平埔族傳教，先是藉由李庥牧師的協助，成功建立木柵、崗仔林、拔馬、柑仔林等南部教會，稍後也憑藉醫術，將福音傳播至中部的岸裏社部落。馬雅各來臺時期尚未發生樟腦事件，因此對傳教工作受阻礙的感受甚深，值得研究。〔註66〕

李庥在1867年受派來臺，是第一位來臺的長老教會牧師，其來臺之際正

〔註61〕葉慧雯，〈英國長老教會在東部的宣教——蟳廣澳、觀音山、石牌教會的建立與焚燬（1877～1896）〉，頁92。
〔註62〕葉慧雯，〈英國長老教會在東部的宣教——蟳廣澳、觀音山、石牌教會的建立與焚燬（1877～1896）〉，頁94～96。
〔註63〕葉慧雯，〈英國長老教會在東部的宣教——蟳廣澳、觀音山、石牌教會的建立與焚燬（1877～1896）〉，頁102。
〔註64〕吳學明，《近代長老教會來臺的西方傳教士》，頁39～40。
〔註65〕黃武東、徐謙信合編，《臺灣基督長老教會歷史年譜》，頁4～5。
〔註66〕已有研究者探討馬雅各在臺宣教歷程：張大偉，〈馬雅各醫生在臺的傳教工作（1865～1871）〉（臺北：國立臺灣大學歷史學研究所，2013）。

是馬雅各被迫轉進打狗之時。1868 年樟腦事件過後，馬雅各重返府城宣教，李庥便停留旗後，經營南部地區的宣教工作。其在南部建立阿里港、東港、琉球、竹仔腳、杜君英等教會，同時也是首位至臺灣東部地區宣教的傳教士。〔註67〕值得一提的是，李庥牧師能操客語，是英國長老教會發展客家教區的最佳人選。然而不幸於 1879 年 9 月罹病，最終逝世在臺灣府城，使得客家地區傳教工作受阻礙。

甘為霖於 1841 年出生在蘇格蘭的格拉斯哥（Glasgow），在當地就讀大學四年、神學四年。畢業後受英格蘭長老教會聘任來臺，於 1871 年 9 月 7 日出發，同年 10 月抵達香港，12 月 10 日轉抵臺灣打狗。至其 1917 年離臺為止，在臺傳教共 46 年，1921 年以 80 歲高齡逝世於英國。〔註68〕來臺之時，馬雅各已離臺一個月，在臺傳教士僅存李庥、德馬太醫生（Dr. Matthew Dickson）和甘為霖三人，李庥牧師長駐打狗，其餘兩人便在府城進行宣教工作。甘為霖最為人知的傳教阻礙就屬「白水溪教案」，差點連自己都喪命其中。不過除了宣教工作外，甘為霖也致力於盲人教育，並留下許多對臺社會觀察文本，值得借鏡。

巴克禮出生在 1849 年的格拉斯哥，從小受到嚴謹的加爾文主義培養，25 歲自神學院畢業後，轉赴德國萊比錫大學留學。巴克禮在 1874 年 9 月 19 日離開利物浦，12 月 18 日到廈門學習五個月的閩南語，隔年 6 月 5 日於打狗上岸。〔註69〕巴克禮於 1876 年創立臺南神學校，培養本地傳道人才，1884 年設「聚珍堂」，販賣聖經、單張等宣教所需，次年並發行《臺灣府城教會報》，擔任主筆許久，為教會研究留下豐富的資料。1935 年因腦溢血病逝，在臺宣教共六十年。〔註70〕

梅監務於 1865 年出生在蘇格蘭拉納克郡（Lanarkshire）的波特威爾，1880 年進入格拉斯哥大學大學就讀文學院，1884 年在自由教會學校（Free Church College）研讀神學。1895 年，梅監務與同樣受派至臺灣的蘭大衛醫生一齊出發，同年 12 月 18 日抵達臺灣安平港。梅監務與蘭大衛以彰化為主要據點，

〔註67〕 黃武東、徐謙信合編，《臺灣基督長老教會歷史年譜》，頁 38～39。楊士養，《信仰偉人列傳》（臺南：人光出版，1994 年），頁 13～15。

〔註68〕 吳學明，《近代長老教會來臺的西方傳教士》，頁 61。

〔註69〕 黃昭榮，〈巴克禮在臺灣的傳教研究〉（臺南：國立臺南大學鄉土文化研究所，2003 年），頁 45～47。

〔註70〕 黃昭榮，〈巴克禮在臺灣的傳教研究〉，頁 47～48。

前者慣用敲鑼、吹喇叭方式吸引民眾聽道，後者則持續進行醫療宣教。梅監務的宣教方式異於其他傳教士，具有強烈個人特色，也留下許多宣教心得著作。〔註71〕

　　以上爲南部英國長老教會傳教士內，留下較多文本資料的五位，在瞭解他們的文化與宗教背景後，〔註72〕便能分析他們觀看臺灣社會的取徑與方式，從中分析文本的侷限與不足之處。（來臺傳教士名單參考附錄表二）

二、北部加拿大長老教會

（一）教務推展

1. 北部佈教

　　相較於南部英國長老教會是由數位傳教士合作，北部加拿大長老教會創立初期幾乎靠馬偕（George Leslie Mackay）一人之力。他在 1870 年自美國普林斯敦神學院（Princeton Seminary）畢業後，立刻向加拿大長老會申請成爲傳教士，然未獲准。直到隔年才收到通知，於同年 10 月 19 日離開故土。〔註73〕一個月的航行後，馬偕終於抵達香港，並參訪汕頭、廈門等教區，之後再度搭船前往打狗。〔註74〕1872 年的第一天，馬偕從打狗出發阿里港拜訪李麻牧師，四處巡視南部教區與學習閩南語。是年 3 月 7 日，在李麻、德馬太醫生的陪伴下前往淡水。〔註75〕

〔註71〕 鄭仰恩，〈英國乞丐？臺灣的保羅？梅監務牧師小傳〉，《新使者雜誌》60（2000年 10 月），頁 22～27。洪伯祺，《宣教者梅監務》（臺南：教會公報出版社，2005 年）。鄭仰恩，〈梅監務的初代基督教研究〉，《臺灣神學論刊》28（2006年），頁 17～52。鄭仰恩，〈試論梅監務的臺灣宣教研究〉，《玉山神學院學報》14（2007 年 6 月），頁 13～40。

〔註72〕 鄭仰恩曾以馬偕受蘇格蘭啟蒙運動影響爲例，指出傳教士的成長與訓練背景影響其傳教態度，特別是甘爲霖、巴克禮與梅監務等傳教士皆來自蘇格蘭，是否也因此受到相同影響，值得深入分析。鄭仰恩，〈蘇格蘭啟蒙運動對早期臺灣基督教的影響：從馬偕的現代化教育理念談起〉，頁 137～164。

〔註73〕 林昌華，《來自遙遠的福爾摩沙》，頁 24～25。

〔註74〕 林昌華，《來自遙遠的福爾摩沙》，頁 24～25。

〔註75〕 George Leslie Mackay, *From Far Formosa*.（New York: Fleming, 1895），p31-34.；譯文參照林晚生譯《福爾摩沙紀事：馬偕臺灣回憶錄》（臺北：前衛出版社，2007 年），頁 20～24。陳冠州、Louise Gamble（甘露絲）主編，《北臺灣宣教報告——馬偕在北臺灣之紀事（一）1868～1878》（臺北：明燿文化事業有限公司，2012 年），頁 41。黃武東、徐謙信合編，《臺灣基督長老教會歷史年譜》，頁 62。

圖 5　馬偕登岸處

　　北部第一個開設的教會就在淡水。一年過後，經由五股坑一位寡婦的引介，馬偕在五股坑（今新北市五股）設立北部第一座教堂。〔註 76〕之後陸續在新港（今苗栗後龍）、和尚洲（今新北市蘆洲）、三重埔（今臺北市南港）、八里坌（今新北市八里）、新店、雞籠（今基隆）、大龍峒（今臺北市大同區境內）等地開設教會。〔註 77〕馬偕認為，其中教務推展較為困難的地方有艋舺（今臺北市萬華區境內）、大龍峒、三角湧（今新北市三峽），前兩者主要受到地方士紳的排擠，後者則是地方治安不佳。即便如此，馬偕還是憑藉拔牙技術與偕醫館的醫療貢獻，為北部長老教會的發展奠定深厚基礎。

〔註 76〕陳宏文譯，《北部臺灣基督長老教會的歷史》（臺南：人光出版社，1997 年），頁 36～37。詳細可以參見：George Leslie Mackay, *From Far Formosa*, p31-34.；譯文參照林晚生譯《福爾摩沙紀事：馬偕臺灣回憶錄》，頁 20～24。

〔註 77〕鄭連明，《臺灣基督長老教會百年史》，頁 47～49。

圖 6　淡水教會

2. 東部佈教

根據詹素娟的研究，馬偕在臺灣東部的研究可以細分為四個時期。〔註 78〕
第一期為 1873 至 1878 年，馬偕於 1873 年 10 月首次拜訪宜蘭，沿途進行醫
病、傳福音等活動。其後數次前往，1878 年還和甘為霖一同巡視各地教會。
在此階段，馬偕於六年間訪問宜蘭五次，奠立初步的宣教基礎。第二期為 1882
至 1886 年，馬偕於 1882 年 12 月再度前往蘭陽平原。根據《臺灣基督長老教
會百年史》之記載，至 1884 年初已有十九座禮拜堂之多，可說是發展相當興
旺。〔註 79〕第三期為 1887 年至 1889 年，馬偕在獲得豪強墾守陳輝煌支持後，
開始將「叭哩沙地區」排入宣教行程。此後，馬偕連年進入該區宣教，1889
年起，也開始籌備建立禮拜堂。此地族群主要為平埔族人，多為勞苦佃業，
生活貧苦但喜聽福音。第四期則是 1890 年後，馬偕將宣教版圖延伸至花蓮加
禮宛地區。馬偕得知已有信徒將基督教帶入花蓮，便於 1890 年前往查看。由

〔註 78〕　詹素娟，〈馬偕宣教與噶瑪蘭族群空間〉，收錄於《馬偕博士收藏臺灣原住民
　　　　　文物——沉寂百年的海外遺珍》（臺北：順益臺灣原住民博物館，2001 年），
　　　　　頁 27～34。
〔註 79〕　鄭連明主編，《臺灣基督長老教會百年史》，頁 89。

於馬偕在北部的宣教、醫療及教育工作已有成果，加上加禮宛與噶瑪蘭原鄉
保有聯絡，因此馬偕的到訪十分受歡迎，此次宣教亦取得豐碩成果。

圖7　三星教會

圖 8　和平島教會

　　不過，在馬偕逝世後，噶瑪蘭平原的教會卻僅存宜蘭與蘇澳兩所。《臺灣基督長老教會百年史》內指出，主因為：團體性的信仰並未真正瞭解福音、接受醫療入教並非真實信仰，以及教區廣闊而指導者少等因。〔註 80〕諸如此類的因素，使得加拿大長老教會的傳教成果在馬偕逝世後，呈現急遽的下滑現象。

（二）主要的傳教士

　　由於北部加拿大長老教會傳教士數量較少，馬偕近乎等同北部教會的代名詞，基於其豐富的文本與鮮明的個性，在探討之前應該對其背景有所瞭解。馬偕生於 1844 年 3 月 21 日的加拿大安大略省（Ontario）牛津縣（Oxford）左拉村（Zorra），是蘇格蘭移居加拿大第二代。他在 1870 年自美國普林斯敦神學院（畢業後，立刻向加拿大長老會申請成為海外傳教士，由於該會從未接受海外傳教士的申請，因此沒有馬上通過。直到隔年才通知馬偕參加總會，派遣至中國宣教。身為加拿大長老教會的首任海外傳教士，馬偕於 1871 年 10月 19 日離開故土。〔註 81〕經一個月的航行後，馬偕終於抵達香港，並參訪汕

〔註 80〕鄭連明主編，《臺灣基督長老教會百年史》，頁 90。
〔註 81〕鄭連明，《臺灣基督長老教會百年史》，頁 39～40。

頭、廈門等教區，隨後於 12 月 30 日在打狗上岸，至阿里港與李麻學習臺語、巡視教區。

兩個月後，馬偕在李麻與德馬太醫生的陪同下，來到淡水。馬偕立刻決定自己未來的傳教地點，一旁的李麻也對他說：「馬偕，這裡就是你的教區。」傳教所面臨的最大問題就是語言，由於受到士紳的排擠，馬偕便和牧童們學習臺語，一方面勤加練習漢文，不到五個月就已經能進行簡單的講道。不過，面對當時強烈的排外氛圍，馬偕的傳教工作困難重重，加上臺灣社會對西方宗教的不瞭解，產生許多誤會。對此，馬偕藉由拔牙的醫療幫助，吸引民眾注意，藉此減低對傳教士的敵意。

即使如此，大多數的民眾還是相當排斥西方宗教，如馬偕在艋舺設置教堂的工作就屢受阻撓，甚至被拆毀。不過馬偕的個性相當強烈，對於反教民眾的力量並不會輕易妥協，相當堅持在艋舺建立傳教據點，並極力強調條約的保護，以及透過英國籍身分保障傳教權益。隨著馬偕醫療、教育傳教的方式，臺灣官、民社會逐漸接受馬偕的宣教工作，雖然隨著國際情勢變化（如清法戰爭）而有所變化，不過大體來說，教會的發展日漸順利。

從馬偕所遺留的文本來看，馬偕的個性相當強烈且鮮明，批判事物不遺餘力，特別是對異教文化的評價。即使字裡行間可以見到不少帶有偏見的字詞，但也能讓我們瞭解馬偕的想法和價值觀，從中分析西方文化和宗教如何觀看中國的宗教、文化。

其他傳教士的部分，華雅各醫師（Rev. J. B. Fraser）曾在 1875 年來臺協助，其兼具牧師與醫生的身分，讓馬偕有更多時間可以出外傳教。但是，華醫生夫人在 1877 年 10 月 4 日病逝淡水，華雅各傷心返回加拿大。〔註82〕1878 年，閏虔益牧師（Rev. K. F. Juner）也來到臺灣參與宣教工作，閏師母更和偕師母一起從事教會內的婦女工作。馬偕第一次返國時，閏虔益負責北部全部的教會工作，然因健康欠佳，其在 1882 年回國休養。〔註83〕隔年，黎約翰牧師（Rev. John Jamieson）受派來臺，他在任內曾因女學堂經費問題與馬偕發生不快，1891 年病逝在任內。〔註84〕吳威廉牧師（Rev. William Gauld）則在 1892

〔註82〕黃武東、徐謙信合編，《臺灣基督長老教會歷史年譜》，頁 46。
〔註83〕鄭連明，《臺灣基督長老教會百年史》，頁 53。
〔註84〕馬偕時常在日記內赤裸地寫出對黎約翰的不滿，如：「我向黎約翰夫婦談到用偽善的口吻講話、陳腔濫調和假敬虔的話。我討厭他們。」可以參見 George

年來臺就任,其在馬偕逝世三年後與華德羅牧師(Rev. Thurlow Fraser)及嚴清華等聯名,呈請加拿大長老教會准予北部教會設中會,促進臺灣北部教會的自治。〔註85〕總言之,北部長老教會的發展幾乎可以說是馬偕一手完成,因其來臺時間較晚,臺灣早已經歷樟腦糾紛的影響,故教務發展較南部順利。(來臺傳教士名單詳見附錄表三)

第三節 西方宗教在臺的競爭關係

天主教道明會於 1859 年入臺宣教,基督教則由英國長老教會首先在 1865 年抵達,加拿大長老教會遲至 1872 年傳入。天主教、基督教雙方各自在有限的空間與人群中,展開激烈的「牽羊」競爭,這種緊張關係一直持續至日治時期,仍處於互相攻擊的狀態。〔註86〕另外一方面,對臺灣人民來說,這兩個教派均為敬拜上帝、耶穌之宗教,無法仔細分辨其中差異,身為「羊群」的漢人信徒時常隨著兩方角力變動,各自尋找好處。正因為如此,雙方互相攻訐的史料相當豐富,〔註87〕過往已有吳學明與黃德銘對此議題進行研究。

然而,筆者分析傳教士的資料後,發現他們評價敵對教派的方式,其實和評價異教徒的出發點一致,皆以「傳教順利與否」作為最高核心價值,一旦宣教行動受阻,其對敵對教派的攻擊誠然不下於異教徒。此外,傳教士在日記與書信的書寫上,批判攻訐毫不保留,此類的紀錄鮮見於公開出版品,從而顯示出私人文本的獨特性,較能忠實呈現書寫者的內心想法,與文本書寫過程中的脈絡。即此,本節將以十九世紀後期西方入臺兩大教派的競爭為切入點,分析傳教士在「牽羊」競爭的過程中,對同為西方文化卻殊為異己教派的評價方式。

Leslie Mackay 著,〈馬偕日記手稿〉,1885 年 8 月 19 日;譯文參照《馬偕日記 II:1884~1891》,頁 83。

〔註85〕 鄭連明,《臺灣基督長老教會百年史》,頁 101。

〔註86〕 吳學明,〈引言〉,《臺灣文獻》61:4(2012 年 12 月),頁 2。吳學明,〈終戰前在臺基督教派關係之研究〉,《臺灣文獻》61:4(2012 年 12 月),頁 111。黃德銘,〈日治時期臺灣南部基督教長老教會「牽羊」問題研究〉,《臺南科技大學通識教育學刊》6(2007 年 5 月),頁 113~139。基督教傳教士常稱為牧羊人,領著信徒羊群接受洗禮,因此以「牽羊」指涉傳教士之間的信徒爭奪。

〔註87〕 如黃德寬編譯《Dominican》(天主教在臺開教記)之時,曾於〈出版者的話〉中說明:「本社對文中一些過於突顯與基督教弟兄相互較勁的語氣,均稍加刪改」。Fernandez, Pablo O.P.著、黃德寬譯,《天主教在臺開教記》,頁 6。

一、傳教士的「牽羊」競爭

　　道明會自 1859 年入臺以來，臺灣官民皆對其多所排斥，傳教工作不斷遭受阻礙：

> 中國人仍表示不喜歡我們，對我們不理不睬，甚至輕視我們，多次
> 以粗野的字眼，如豬或狗來稱呼我，污辱我。但是，在一切凌辱中，
> 最令我傷心的是，他們說傳教士只是到這裡說故事而已。〔註88〕

對於懷抱推廣福音為理想的傳教士來說，這些肉體上的折磨已是可以預期的，但因為文化差異而造成的宗教文化誤解，卻是難以承受。人力與財力皆缺乏的道明會，本來在臺灣的宣教工作已十分吃力，在 1865 年長老會入臺後，這樣的情況顯得更加危急。兩教不得不在有限的空間中正面對決，首當其衝的便是宣教版圖的競爭。

　　1865 年 4 月 18 日，良方濟神父在信件中提到：

> 最近發生了一件事，有一位望教友來看我，說是十幾里外的村莊首
> 領派他來的，那個村子大約有一千人，都希望能學習要理。問我們
> 是否能派個人，幫助村民接受要理，好能加入教會的行列？〔註89〕

當時，受限於人力財源不足，加上路途過於遙遠，傳教士們並沒有馬上答應。不過，稍後還是派了一位傳教士前往當地調查，希望深入瞭解該村居民的想法，以便做好宣教預備工作。〔註90〕只是，當傳教士抵達後發現，當地民眾並非真心嚮往基督崇拜，只是意圖「靠番仔勢」。因此，即便當地居民願意免費提供土地和房屋作為宣教，傳教士還是不得不放棄這次的機會。

　　然而，等到道明會再次查探此地的消息時，長老會已經在此佈道一段時間，而且相當成功。為此，區會長決定派遣兩位神父北上，其中王靈牧神父抵達沙崙仔後，立刻派遣傳教士到附近打探本地人是否接受天主教。由於傳教士的報告並不樂觀，王靈牧便親自前往瞭解，經過走訪之後也認同這樣的狀況：

> 由於民眾對歐洲人的反感，我們無法租到房子；有的村莊甚至有人
> 恐嚇說，誰若租給我們房子，就要受到驅逐。有些狂熱份子，竟散
> 布謠言指控我在村子的井裡放毒藥。〔註91〕

吳學明指出，即使受限於人力不足的窘境下，道明會仍舊抽派兩位神父北上，

〔註88〕Pablo Fernandez O.P.著、黃德寬譯，《天主教在臺開教記》，頁 48～49。
〔註89〕Pablo Fernandez O.P.著、黃德寬譯，《天主教在臺開教記》，頁 57。
〔註90〕Pablo Fernandez O.P.著、黃德寬譯，《天主教在臺開教記》，頁 62～63。
〔註91〕Pablo Fernandez O.P.著、黃德寬譯，《天主教在臺開教記》，頁 113。

且計畫設立兩處堂區，就是受到長老教會競爭的結果。〔註92〕

在道明會士的書信中，就時常可見對長老會的攻訐：

> 顯然，從過去所發生的事來看，我們和其他地區傳教士的狀況差不
> 多，要面臨敵對和一些宗教叛徒，以現世的逸樂引誘本地人，「吃喝
> 享樂，明天就死了」是他們的標語。很難和他們接觸的理由就在於
> 此。每次向他們宣講都會受嘲弄，因為我們所允諾的不是肉身的舒
> 適或現世的享樂，相反地是要禁食克苦，因為主的日子快要來臨，
> 那時人人都要領受正義的賞報。〔註93〕

道明會為聖道明（Saint Dominic）於十三世紀所創立，強調簡樸克苦與其他教
派有所不同，更遑論有新舊教派之分的長老教會。況且，南部長老教會擁有
相對豐富的傳教資源，也是道明會所不及的。而兩教的衝突也不僅於道明會
士的批判，還有他們敘述長老會如何攻擊道明會教徒：

> 近來，基督教徒展開日益蠻橫的活動，鼓吹民眾捏造謠言，毀謗攻
> 擊我們；他們做得如此狠毒，以致目前本地人最熱門的話題，就是
> 基督教徒和天主教徒的衝突。〔註94〕

批判的內容大多圍繞在教義的歧異上：「基督教徒一再地說，天主教徒拜偶
像，因為我們恭敬聖母和聖人」、「神父守貞獨身，拒絕結婚是不對的，如果
大家都照這樣做，那世界就完了」、「我們拒絕去菜市場宣講福音，是懦弱的
表現」。同時，道明會士也批評：「這些基督教宣道士談到神，上帝，耶穌基
督，我們的救主時，好像在呼求異教徒的偶像似的，毫無敬意。完全忽視了
信仰是神聖奧秘的」、「忽略了最基本的真理，即獲得永恆的救恩」。〔註95〕雙
方因為「牽羊」的搶奪，傳教士和信徒都不斷攻擊對方，最佳著力點便是教
義的歧異。然而，對當時的入教者來說，能不能清楚的分辨其中的差異，又
是另外一回事了。若從雙方批判的內容看來，可以說兩教傳教士與信徒之間
的論戰，很明顯是屬於不同層次的論述。

批評的論述不僅止於道明會士，北部長老教會的馬偕，也多次在日記中
對道明會士紀錄與抨擊。1885年清法戰爭結束後，北部長老教會內部出現磨

〔註92〕吳學明，〈終戰前在臺基督教派關係之研究〉，頁113。

〔註93〕Pablo Fernandez O.P.著、黃德寬譯，《天主教在臺開教記》，頁55。

〔註94〕Pablo Fernandez O.P.著、黃德寬譯，《天主教在臺開教記》，頁106。

〔註95〕Pablo Fernandez O.P.著、黃德寬譯，《天主教在臺開教記》，頁106～107。

擦，部分信徒選擇出走引接天主教北上。道明會士在得知這個消息後，派了何安慈北上瞭解，經過五天的打探後，認爲情況相當滿意，這也使得道明會士信心大增，決定盡快到北臺灣設立本堂。〔註96〕良方濟於1887年4月4日的信中提及，何安慈已於聖若瑟的慶節當日（3月19日）完成淡水教堂的興築，當時有一位基督教徒協助何安慈工作，何安慈相當期盼他能成爲傳教員。〔註97〕不過，道明會於淡水的宣教活動開展，也都看在馬偕眼底：

> 離開淡水，沿河上去，在大稻埕，洲裡講道，然後返回到艋舺。我在洲裡教會講：「來就近我」等，房子擠滿人。去到街上，唱詩歌。羅馬天主教神父站在他們住的外面注視著。〔註98〕

隔年，雙方更因爲洲里（今新北市蘆洲區）租屋糾紛對簿公堂，馬偕在日記中的批判相當赤裸：「神父們，無知，那些一心二意、懶惰的可憐蟲，每天坐在裡面。如果出門就是要坐轎子，並到主要城市裡去取貨物等等。被詛咒的制度」，〔註99〕更指控天主教神父透過賄賂影響判決，不過最終依然受到審判。馬偕敘述判決公佈後的情況：

> 他們跑回家收起竿子，外面有數百人嘲笑那些神父。所以昨天這案子結案，勝利！勝利！幾個禮拜以來，神父們和一些以爲可以從他們那裡得到好處的人，在禮拜堂前面大搖大擺、神氣活現。現在終究被嘲笑，被鄙視，被制止了。這兩個人垂頭喪氣。你們卑鄙的陰謀垮掉了。我知道祢的作爲，正義再度戰勝了祢所憎恨的。〔註100〕

從馬偕的言論中可以發現，他批判的不僅是神父與他的「版圖之爭」以及「牽羊手奪」，還有「一些以爲可以從他們那裡得到好處的人」，清楚的指出因爲利益糾紛而選擇另投懷抱的信徒，同樣也是異教叛徒。吳學明曾指出，能擺脫傳統宗教與祖先崇拜的人有限，加上初代教徒對教義認識未深，所以能擺脫傳統民間信仰約束的人，就會成爲兩會爭奪的對象。〔註101〕另一個層次則

〔註96〕Pablo Fernandez O.P.著、黃德寬譯，《天主教在臺開教記》，頁120。

〔註97〕Pablo Fernandez O.P.著、黃德寬譯，《天主教在臺開教記》，頁123～124。

〔註98〕George Leslie Mackay 著，〈馬偕日記手稿〉，1887年4月17日；譯文參照《馬偕日記Ⅱ：1884～1891》，頁179。

〔註99〕George Leslie Mackay 著，〈馬偕日記手稿〉，1889年7月8日；譯文參照《馬偕日記Ⅱ：1884～1891》，頁330。

〔註100〕George Leslie Mackay 著，〈馬偕日記手稿〉，1889年8月1日；譯文參照《馬偕日記Ⅱ：1884～1891》，頁336。

〔註101〕吳學明，《從依賴到自立──終戰前臺灣南部基督長老教會研究》，頁36。

是，何安慈當時係因僅持遊歷護照而無法在北臺灣進行宣教，然而馬偕對判決的敘述卻補充不少官方資料所不見之處。[註102] 此外，也顯現日記屬私人文本性質的特性，許多敘述都是一般回憶錄出版品所不會見到的情緒用語，相當有趣。

二、傳教士的宣教差異

天主教與基督教之間的教義差別自是不在話下，面對有限的羊群競爭，雙方的傳教能量很大部分便取決於資源豐厚性。筆者分析兩教傳教士的文本後，整理出「財力差異」、「領事助力」、「醫藥傳教」這三大差異，是基督長老教會優於天主道明會之處，也是雙方容易產生誤解與攻擊之處。

（一）財力差異

道明會自入臺初期，便處於人力與財力皆相當貧乏的狀態，時常可以在信件中見到金錢拮据的情況：「在我們的資源增加和有足夠的熱心傳教士協助以前，我們只得抑制雄心，滿足於現有的工作。」[註103] 在基督教傳入臺灣後，天主教傳教士更感受到強大的威脅：

> 基督教傳教士的工作，僅限於散發聖經給村民，然後就坐下來休息，誇大的宣稱在這個村莊有上百的信徒，那個村莊有兩百、四百，甚至八百或成千個信徒。他們不知道，散發聖經過後幾個星期，聖經的封面都被切下來做鞋底了。[註104]

雖然神父們認為，發放聖經僅吸引到貪圖紙張價值的投機分子，[註105] 但為

[註102] 詳細過程可以參照：馮用編，《劉銘傳撫臺前後檔案》（臺北：臺灣銀行，1969年），頁111～113。中央研究院近代史研究所編，《教務教案檔》第五輯（臺北：中央研究院近代史研究所，1977年）第2122號附件，2074-2077。Pablo Fernandez O.P.著、黃德寬譯，《天主教在臺開教記》，頁53～54。

[註103] Pablo Fernandez O.P.著、黃德寬譯，《天主教在臺開教記》，頁57。類似的敘述還可以參閱 Pablo Fernandez O.P.著、黃德寬譯，《天主教在臺開教記》，頁53～54。

[註104] Pablo Fernandez O.P.著、黃德寬譯，《天主教在臺開教記》，頁54～55。

[註105] 這樣的指控誠然不假，甘為霖也數度提及傳教人員與投機分子的遭遇。William Campbell, Sketches *from Formosa*, p229；譯文參照《素描福爾摩沙》，頁216～217。巴克禮則指出，宣教過程中送書是沒有用的，因為他們都不識字。詳閱：巴克禮，〈在恆春縣行遊傳道〉，《臺灣府城教會報》，第20張，光緒13年2月，頁15～16；重刊於臺灣教會公報社編，《臺灣教會公報全覽》（臺南：教會公報出版社，1887年）。

了與之抗衡，便試圖透過信件徵詢資源挹注：

> 因此，我再次的請求您，送給我們一些方巾，作為婦女們的頭紗……
> 寄紗巾時最好也能送一些別的東西，像戒子、像鏈子、耳環、鏡子
> 和毯子等，我們可以用來和本地人交換食物和其他日用品。……這
> 裡的傳教士需要一切的東西，真的，任何東西為我們都有極大的用
> 處，本地人非常窮困，即使最微小不值錢的東西，也會讓他們高興
> 不已。〔註106〕

即使是簡單的飾品也能幫助神父推展宣教。神父們也數度抱怨無法早日北上
宣教，導因於人力與財富的匱乏。〔註107〕因此，對於資源相對豐富的長老教
會有所齟齬也就不令人意外：

> 坐轎子則省事得多，可以到任何地方，但是雇轎夫的費用很貴，而
> 且我也無法向基督教牧師那樣旅行，他們似乎很有錢。並非我不喜
> 歡旅行，實在是手頭拮据，使我毫無選擇的餘地。我們事事都得精
> 打細算，連穿著也不能太講究。〔註108〕

相對來說，基督長老教會就鮮少見到相關的批判論述，顯見其因資源相對豐
富，心中不易產生不平衡與忌妒感，也較少將注意力投注至此。

（二）領事助力

　　自臺灣開港後，雖然屢經變革，卻只有英國領事長期駐臺處理事務，也
時常兼任其他各國領事，代為處理事務。因為這樣的緣故，使得同為英國背
景的長老教會多所得益，在碰到教案紛爭時能即時獲得援助。其中，英國領
事對傳教士幫助最大的就屬樟腦糾紛。

　　1868 年的樟腦糾紛期間也爆發數起教案，高長被捕、莊清風被殺等，不
過時任領事哲美遜（George Jamieson）認為通商才是對華政策主軸，應該優先
處理樟腦糾紛。〔註109〕然而，隨著時間消逝，臺灣官員並未積極處理教案，
導致百姓的仇教情緒漸趨為仇外，這樣的狀況一直持續到該年七月，新任領
事吉必勳（John Gibson）到任。由於臺灣道尚未獲知吉必勳上任，沒有以禮

〔註106〕Pablo Fernandez O.P.著、黃德寬譯，《天主教在臺開教記》，頁 59。
〔註107〕Pablo Fernandez O.P.著、黃德寬譯，《天主教在臺開教記》，頁 62～63、108
　　　　～109、114。
〔註108〕Pablo Fernandez O.P.著、黃德寬譯，《天主教在臺開教記》，頁 128。
〔註109〕蔡蔚群，《教案：清季臺灣的傳教與外交》（臺北：博揚文化，2000 年），頁
　　　　76～82。

相待，吉必勳乃致函英國駐華公使阿禮國（Rutherford Alcock），要求派遣炮艦駐打狗。〔註110〕幾經交涉未果，吉必勳召來砲艇攻擊府城，其強悍作風與西方武力的強勢，讓臺灣官紳與民眾印象深刻，對同為西方背景的傳教士也連帶敬重，特別是同樣來自英國的長老教會。

良方濟神父指出：「有不少為非作歹的人，加入基督教，只是要尋找庇護，以逃避官吏的懲罰。因為此地的基督教傳教士都是英國人，而官員最怕的是英國人。」〔註111〕這樣的情況，連長老會傳教士都心知肚明，為了維持信徒素質、避免麻煩，即使難免有所疏失，也會盡力避免。〔註112〕不過由此亦可知，從哲美遜以通商事業為主軸，轉至吉必勳的強硬作風，乃至於郇和（Robert Swinhoe）的接任，英國領事的態度相當程度影響傳教士在臺處境。

北部長老教會的馬偕也曾提及，臺灣傳教士與領事、西方商人和醫師的融洽關係，指出臺灣傳教士受到西方人的友善對待，與其他異地傳教士的遭遇大大不同。〔註113〕艋舺教案爆發時，駐紮在淡水的副領事司格達（B. C. George Scott）也佔有相當重要的地位。1877年，馬偕以教徒陳永順的名義，在艋舺祖師廟旁草店尾街租得一屋，當天晚上便聚集許多群眾，威脅拆毀教堂，將馬偕逐出艋舺。隔日，司格達從淡水趕赴艋舺進行交涉，陳星聚於翌日抵達處理，同時也接獲艋舺頭人的陳情。〔註114〕據報後，陳星聚乃照會司格達，說明艋舺紳民抵制馬偕設置教堂醫寓的立場，並陳述紳民對於教堂風水的疑慮。為此，司格達便徵詢馬偕，承諾教堂不加高於眾屋之上。〔註115〕經過多番交涉，陳星聚終因司格達堅定的態度而轉為軟化，承認馬偕的租屋權。其後，雖然教堂遭受破壞，不過副領事司格達皆能極力爭取，確保馬偕

〔註110〕蔡蔚群，《教案：清季臺灣的傳教與外交》，頁83～85。

〔註111〕Pablo Fernandez O.P.著、黃德寬譯，《天主教在臺開教記》，頁107。此即吳學明所提出的「靠番仔勢」，詳閱：吳學明，〈臺灣基督長老教會入臺初期的一個文化面向──「靠番仔勢」〉，《鄉土文化研究所學報》1（1999年12月），頁101～130。

〔註112〕如：「有數位出席的人，他們是走10哩路來參加，還不知道他們的動機為何。」〈馬偕日記手稿〉，1875年6月13日；譯文參照《馬偕日記I：1871～1883》，頁224。

〔註113〕George Leslie Mackay, *From Far Formosa,* p318；譯文參照《福爾摩沙紀事：馬偕臺灣回憶錄》，頁307。

〔註114〕蔡蔚群，《教案：清季臺灣的傳教與外交》，頁192～193。

〔註115〕洪健榮，〈十九世紀後期來臺傳教士對風水民俗的態度〉，《輔仁歷史學報》29（2012年9月），頁178。

在艋舺的宣教權利，所以領事對傳教士的幫助不可謂不大。即使到了清法戰爭時期，北部長老教會受害甚深，但馬偕仍然憑藉領事費里德（Alexander Frater）的幫助，成功爭取有利的賠償條件。

值得一提的是，雖然同爲西方人，但是傳教士卻也會抱怨商人來臺販售鴉片的行爲，不但有違健康，更成爲傳教的阻礙，時常讓漢人將傳教士也當作鴉片商人看待。〔註116〕由此可見，當成爲傳教阻礙時，即使是有著相同文化、宗教背景的西方人，也難逃遭受批判的命運。

（三）醫療傳教

醫療傳教一直是十九世紀來臺傳教士所廣爲人知的宣教方法之一，即便不如長老教會那般擁有豐富醫療資源的道明會，神父們也會隨身攜帶一些簡單藥品以備不時之需：「當我在前金得知他患重病，獨自待在山仔腳天主堂，便立刻趕去看他，詢問症狀後知道他患了痢疾。這種病症最有效的藥就是『雞納霜』，我即準備給他配藥……」。〔註117〕

英國長老教會首任來臺傳教士馬雅各便是一位醫師，其來臺後在府城外的看西街進行醫療傳教，由於效果甚佳吸引不少民眾，這也引起當地漢醫的恐慌，以謠言攻擊迫使馬雅各不得不離開府城。〔註118〕醫療宣教所受的攻擊，道明會士也有所耳聞：

> 雖然基督教使用較誘惑人的手段，但他們似乎也遭遇了麻煩。兩個月以前，在臺南的基督教牧師，被一個患腿疾的漢人請到家裡去。這位牧師也是個醫生，他發現那人的腿已生蛆萎縮，就想動手術切除它。但是被病人的親友阻止人，他們宣稱醫生想要用那條腿製造鴉片。因此事件，使我們的困難更趨複雜，現在很多本地人認爲傳教士來臺灣，並不是像我們自己說的是來傳揚福音，而是來殺人並製造鴉片。當然，這是很可笑的，但是無知的本地人卻信以爲眞。〔註119〕

〔註116〕〈馬偕日記手稿〉，1873 年 3 月 19 日；譯文參照《馬偕日記 I：1871～1883》，頁 109。William Campbell, *Sketches from Formosa*, p221；譯文參照《素描福爾摩沙》，頁 200。

〔註117〕Pablo Fernandez O.P.著、黃德寬譯，《天主教在臺開教記》，頁 71。

〔註118〕Edward Band, Working His Purpose Out : The History of the English Presbyterian Mission. 1847-1947, p. 76。 *"Letter from D.R. J. Maxwell, Takao, Formosa, 1865.07.21〉"*，臺灣教會公報社編，《使信月刊（19）》，1872 年 10 月，頁 358～360

〔註119〕Pablo Fernandez O.P.著、黃德寬譯，《天主教在臺開教記》，頁 60。

傳教士來臺初期，臺人對於西方文化認識不深，更何況是代表西方宗教的傳教士，在無法分辨西方人的身分差異時，便以同樣的眼光來看待同樣來自西方的人，才會使得這樣的謠言攻擊可以順利成功。

　　不過大體來說，醫療宣教隨著時間推移與治療成效的積累，逐漸展現相當大的影響力，馬偕在宣教初期曾為此大感納悶：

> 我們走在城牆上繞行城市周圍，背後跟著一大群激動的群眾，有時緊跟在後，有時跑到我們的前面，口中高聲的嘶吼怒罵著，而其他人不停對著我們投擲泥塊、破磚等等。當我們回到豬圈之時，數十人不停地擠進來要求我醫治他們的疾病，真是奇怪的對比。〔註120〕

但是隨著成果的累積，馬偕也體會醫療宣教的重要性不言可喻，更是見證上帝的最佳方法。〔註121〕而後，拔牙宣教更成為馬偕的招牌：「除了治療瘧疾之外，牙醫術可以說是臺灣醫療宣教中最重要的一環。」〔註122〕甘為霖也提到病患在治癒後願意為上帝見證，可見醫療宣教的巨大效益，〔註123〕即使傳教士醫師離開醫院，到鄉下宣教也要隨身攜帶藥品，和一些醫療助手同行。〔註124〕透過醫術的施展，可以使得宣教工作順利推行，這種半殖民式的醫療宣教便成為傳教士最喜愛的傳教手法，特別是資源相對豐沛的基督長老教會。

三、傳教士的宣教阻礙

　　西方傳教士在臺宣教，除了教務上的對抗外，也得面對相同的阻礙因素，這些阻礙又可以區分為外在的「疾病侵擾」，與潛藏的「國際情勢」。不管是肉體上的疾病攻擊，或者國際情勢對輿論的衝擊，著實都影響著傳教士的工作進展，值得我們深入探討。

（一）疾病侵擾

　　當時臺灣的衛生條件不佳，瘧疾與霍亂等傳染病相當流行，稍有不慎便會

〔註120〕〈馬偕日記手稿〉，1873 年 5 月 23 日；譯文參照《馬偕日記Ⅰ：1871～1883》，頁 121。

〔註121〕George Leslie Mackay, *From Far Formosa*, p178-179；譯文參照《福爾摩沙紀事：馬偕臺灣回憶錄》，頁 169。

〔註122〕George Leslie Mackay, *From Far Formosa*, p178-179；譯文參照《福爾摩沙紀事：馬偕臺灣回憶錄》，頁 302。

〔註123〕William Campbell, *Sketches from Formosa*, p82；譯文參照《素描福爾摩沙》，頁 75。

〔註124〕William Campbell, *Sketches from Formosa*, p144-145；譯文參照《素描福爾摩沙》，頁 135。

失去性命。郭德剛神父即曾嘗試營救兩位患病的三歲女孩，卻因發現過晚而未能成功。〔註125〕也因為人力匱乏的關係，一旦有人受傷便會使得工作耽擱：

> 年前（時為1866年），我們有些難題，區會長神父由於手指發炎，已有幾天不能做彌撒；楊崇真神父因為工作過度，身體虛弱正臥床休養；在萬金莊的良方濟神父，也忙於照顧學校和應付各方面的需要，沒有太多的閒暇；我們的工人也病了，加上其他生病來求助的教友，使我們的教堂看來好像是個醫院。〔註126〕

同年，良方濟更因熱症不退全身乏力，不得不到香港休養。〔註127〕甚至，林茂德神父更於1895年7月7月，因感染霍亂病逝於淡水。〔註128〕

長老教會也有數位傳教士因病離世或中斷工作，如1877年，北部的華雅各醫生娘病逝，使得華雅各醫生傷心離臺；南部的李麻牧師於1879年離世，使得客家宣教工作中斷；北部的黎約翰牧師則是1891年病逝在任內。即使是家喻戶曉，常年在臺宣教的馬偕也數度受疾病所擾：

> 搭船前往五股坑，由於我的全身長滿瘡痘，稍微觸碰就像燒紅的鐵塊燒炙肉塊般的疼痛，無法坐，無法睡覺。整晚在禮拜堂當中踱步，學生們躺在四周的長板凳上，他們仍然輪流為我敷蓋藥品。〔註129〕

馬偕更曾於清法戰爭時期，因病至香港治療，最後甚至因喉癌病逝於臺灣。另一位知名的傳教士甘為霖，也曾因病至香港醫治。由此可見，疾病侵擾著實是西方傳教士宣教的一大阻礙。

也因為如此，臺灣的環境與疾病的流行，也成為傳教士宣教的契機。如馬偕每到一地，便吸引了大批民眾相爭拔牙與領藥：

> 很快就到達竹塹（今新竹）。進入已經描述過的旅店中。我們到達的消息很快就傳開來，馬上有數十人前來討求藥品。他們甚至等不及我們洗腳穿鞋，就不停地要擠進來。〔註130〕

透過醫療宣教的方式，傳教士將既有的宣教阻礙轉化成切入民眾的途徑，將

〔註125〕Pablo Fernandez O.P.著、黃德寬譯，《天主教在臺開教記》，頁62。
〔註126〕Pablo Fernandez O.P.著、黃德寬譯，《天主教在臺開教記》，頁65。
〔註127〕Pablo Fernandez O.P.著、黃德寬譯，《天主教在臺開教記》，頁67。
〔註128〕Pablo Fernandez O.P.著、黃德寬譯，《天主教在臺開教記》，頁144～145。
〔註129〕〈馬偕日記手稿〉，1874年7月10日；譯文參照《馬偕日記I：1871～1883》，頁173。
〔註130〕〈馬偕日記手稿〉，1873年5月22日；譯文參照《馬偕日記I：1871～1883》，頁121。

醫療效果與福音傳播畫上等號，藉此攏絡原本排外的民眾，原本的危機也就此成為轉機。

（二）國際情勢

臺灣開港初期，因為官員與民眾皆對西方人士抱持懷疑未定的心態，加上傳教士乃依條約來臺，難免使得身分尷尬。也因為官紳、民眾對西方人士一體看待的緣故，加上文化差異的誤解，對於傳教士的態度亦不甚友善。這樣的情況要到了 1868 年的樟腦糾紛後，才有顯著的改善。

1868 年 4 月 2 日，溝仔墘教堂被毀，並有謠言指控道明會傳教士在井水下毒。同月 11 日，長老會本地傳教士高長被捕，李麻獲知消息後，前往英國領事館，希望領事哲美遜與臺灣官員進行交涉，不過哲美遜認為此事屬中國人內部爭論，領事不應該插手。〔註131〕孰料，該月下旬再度爆發莊清風遇害事件，使得同時爆發的樟腦糾紛更顯複雜，民眾仇教的情緒也轉趨仇外。直至新任領事吉必勳來臺，交涉態度轉為強硬，甚至召來炮艦攻擊府城，震驚全臺官紳與民眾，對同為西方背景的傳教士也轉為敬畏，特別是具英國背景的長老教會。

國際情勢影響傳教士在臺處境的另一個轉折，就屬 1884 至 1885 年間的清法戰爭時期。清法戰爭爆發後，臺灣民眾反外情緒持續高漲，在臺西方人的安全也遭受威脅。〔註132〕特別是遭法軍封鎖的北臺灣地區，時有恐嚇、〔註133〕攻擊漢人教民洩憤，〔註134〕或是趁機劫掠教堂的情形。〔註135〕不過，基於偕醫館在清法戰爭中提供清軍醫療援助，加上英國等列強基於白

〔註131〕蔡蔚群，《教案：清季臺灣的傳教與外交》，頁 76。

〔註132〕戰爭爆發後，英領事費里德（A. Frater）曾發布通告，希望西方在臺人士謹慎行動，避免遠至鄉村地區。詳見：John Dodd. *Journal of a Blockaded Resident in North Formosa, During the Franco-Chinese War, 1884-5*, p. 13.

〔註133〕〈馬偕日記手稿〉，1885 年 5 月 5 日；譯文參照《馬偕日記 II：1884～1891》，頁 64。

〔註134〕〈馬偕日記手稿〉，1885 年 4 月 25 日；譯文參照《馬偕日記 II：1884～1891》，頁 62～63。

〔註135〕〈馬偕日記手稿〉，1885 年 4 月 23 日；譯文參照《馬偕日記 II：1884～1891》，頁 62。〈馬偕日記手稿〉，1885 年 5 月 4 日；譯文參照《馬偕日記 II：1884～1891》，頁 64。〈馬偕日記手稿〉，1885 年 5 月 5 日；譯文參照《馬偕日記 II：1884～1891》，頁 64～65。〈馬偕日記手稿〉，1885 年 5 月 6 日；譯文參照《馬偕日記 II：1884～1891》，頁 65。〈馬偕日記手稿〉，1885 年 5 月 7 日；譯文參照《馬偕日記 II：1884～1891》，頁 65。

身利益私下協助清軍抗法，英國籍背景的馬偕因而獲得劉銘傳友善對待，教堂賠款的爭取也相當順利。〔註136〕相對地，1887年，道明會宣教版圖正式進入北臺灣地區，何安慈未經領事先行知會臺北府淡水縣查照許可，便在大稻埕（約今臺北市大同區、士林區）與和尚洲（今蘆洲）租屋傳教。適逢清法戰爭落幕，法國的侵擾記憶猶新，而且法國素以天主教保護國自居，諸種原因激發民眾不滿。因為此案事涉國際紛爭，淡水知縣汪興禕便通報巡撫劉銘傳處置，最後因為何安慈僅持遊歷護照而撤銷租屋。〔註137〕經此例可以見到，國際情勢演變對傳教士在臺推展教務的衝擊，實在不是三言兩語可以道盡，特別是傳教士的母國背景，著實影響臺灣官紳與傳教士交涉的態度，馬偕可以說是國際情勢變化下的受益者。

四、小結

臺灣開港後，代表天主教的道明會首先來臺，在有限的資源中推展教務，隨後代表基督教的長老會亦相繼來臺，兩教開始正面搶奪有限的羊群。面對臺灣異教徒，本來的宣教就已不甚順利，還要面對同樣來自西方的異教徒，就更顯得煩心。從傳教士對彼此的評斷和論述中，可以發現兩教競爭相當激烈，完全不下於對臺灣異教徒的批判。雙方的宣教方法，也各自因為不同的資源程度而有所區隔，不過整體來說長老會的資源較優於道明會。即使如此，雙方還是都得面對共同的阻礙，包括疾病侵擾，以及跟隨國際情勢變動的輿情，整體來說道明會的處境較為困窘。

透過兩教傳教士的文本分析可以發現，同樣來自西方文化的傳教士相遇時，不同的宗教背景便成為唯一的族群邊界，任何人踩到了這個底線，成為傳教阻礙時，都是傳教士眼中的「異教徒」，都應該遭受批判。而雙方在文本的性質上，可以發現如《馬偕日記》與道明會士書信集，時常展示出嚴厲的批判語氣，較能呈現傳教士對待異教傳教士的態度。另外值得注意的是，由於道明會士自認宣教阻礙甚多，便時常在回報教務的信件展現委屈待援的姿態，這相對少見於長老會傳教士。即此，我們可以說傳教士文本的書寫脈絡，係與宣教經驗緊緊相扣的。

〔註136〕陳東昇，〈馬偕眼中的清代臺灣官員〉，頁187～193。
〔註137〕中央研究院近代史研究所編，《教務教案檔》第五輯（臺北：中央研究院近代史研究所，1977年）第2122號附件，2074-2077。

第三章　基督教傳教士眼中的
　　　　臺灣漢人社會

　　十九世紀中葉，西方列強步步進逼，英國的鴉片貿易引發清帝國白銀大量流出的危機，終於 1840 年爆發鴉片戰爭，迫使中國門戶開放。嗣後，1858、1860 年兩次英法聯軍，清廷被迫簽訂天津條約、北京條約，開放 16 個港口，並允許西方人在中國傳教、經商和旅行。當此之時，臺灣西部的安平、打狗、淡水與雞籠四港，也成為條約開放港；〔註1〕西方傳教士亦紛紛前來臺灣島上建立據點，從事宣教工作。〔註2〕1859 年，西班牙天主教道明會士郭德剛從菲律賓出發，經廈門轉往打狗（今高雄）從事佈教工作。〔註3〕1865 年，英國長老教會傳教士馬雅各也經由廈門抵達打狗，以臺灣府城（今臺南）作為傳教據點。〔註4〕自十七世紀西班牙人、荷蘭人先後離開後，時隔兩百年，天主教與基督教不但重返臺灣展開宣教的新頁，也開展出豐碩的傳教成果，成為臺灣歷史重要的一環。

　　要研究長老教會，則先要瞭解其信仰傳統有四項：

　　一、「上帝的主權」：加爾文主張得救完全是藉著上帝白白賞賜的恩

〔註1〕　戴寶村，〈清季淡水開港之研究〉（臺北：國立臺灣師範大學歷史研究所，1984年）；林滿紅，《茶、糖、樟腦業與臺灣之社會經濟變遷：1860～1895》（臺北：聯經出版公司，1997年）。

〔註2〕　莊吉發，〈清代臺灣基督教的教堂分布及其活動〉，《清史論集（十四）》（臺北：文史哲出版社，2004年），頁267～301。

〔註3〕　江傳德編纂，《天主教在臺灣》（臺南：聞道出版社，2008年），頁30～31。

〔註4〕　鄭連明，《臺灣基督長老教會百年史》（臺南：臺灣教會公報社，1984年），頁6～8。

典，而非藉著其他任何力量，拯救的整個過程都是出於上帝的
主動恩典；同時，人也因上帝恩典所賦予的轉變力量，得以回
應上帝的要求，在生活中落實信仰的見證。

二、聖經的最高權威：宗教改革家當年反對以教宗的解釋或教會法
令做爲信仰的依據，強調聖經才是上帝的話語，是信仰和生活
的最高權威。

三、信徒皆祭司：宗教改革運動反對牧職的特權和階級心態，主張
耶穌基督是最高的大祭司，此外別無中保。每個領受上帝恩典
的信徒也都參與在祭司職裡，可以直接依靠耶穌基督的恩典來
親近上帝，也可以成爲其他人和上帝之間的媒介。

四、政教分離的基本信念是爲了維護「宗教自由」和「教會面對政
治權力的主體性」，並堅持國家的公權力不能介入或干預教會的
事務，特別是有關信仰良心的層面。〔註5〕

受長老教會訓練的傳教士來臺後，也秉持這樣的想法傳播福音。在宣教過程
中，倘若遭遇事物與此有牴觸，傳教士便致力突破所有宣教阻礙。

　　換言之，西方傳教士係以基督教的道德教誨觀看臺灣漢人社會，所以在
這些文本中的臺灣漢人社會未必是眞正的漢人社會，但一定是基督教信仰視
野中的臺灣漢人社會。有關漢人社會的記錄進一步成爲西方來臺傳教士對臺
灣社會觀的代表作，如馬偕所著 *From Far Formosa*，以及甘爲霖的 *Sketch From
Formosa*，都是以西方人認識臺灣社會的權威讀本而聞名，然而這些被觀察的
臺灣漢人們卻不一定有能力抗拒。或許也可以說，傳教士們以他們認知的臺
灣知識，創造了一個基督信仰者眼中的臺灣漢人社會形象，同時成爲臺灣觀
察的權威，並將這些知識傳播回原本的西方基督信仰國度。

　　即此，本章擬運用基督教傳教士的相關資料探討他們眼中的臺灣社會，
特別是以官員、士紳和一般漢人異教徒所構成的社會文化層面。分析過程中，
第一節將藉由深具代表性的馬偕爲主要觀點，輔以其他相關來臺人士的記
錄，分析馬偕如何看待與評價臺灣官員與士紳，瞭解視傳播福音爲首要目標
的傳教士眼中的臺灣官紳。第二節則透過南部長老教會甘爲霖的資料，輔以
巴克禮、梅監務等傳教士紀錄，整理傳教士們對臺灣官紳的觀察與歸納。第

〔註5〕 臺灣基督長老教會總會，《認識臺灣基督長老教會》（臺北：使徒出版社有限
公司，2014年），頁30～31。

三節統整長老教會的觀察，從他們所見臺灣漢人社會中的族群標識，瞭解他們看待福佬、「客家」的差異，以及如何評價臺灣漢人社會。

第一節　北部長老會傳教士對臺灣官紳的評價

傳教士們在宣教過程中發生的多次教案，一直是教會史研究的熱門議題。首先，從既往研究可以發現，在代表西方教會的傳教士與中國地方社會的民眾因宗教、文化差異產生衝突時，臺灣官員與士紳扮演的角色顯得格外重要，甚至左右教案的發展。然而，傳教士們如何理解或評價官員和士紳的角色，卻尚未獲得充分的注目，尤其當我們已發現傳教士們在紀錄中，對臺灣官、紳皆有相當清楚且深刻的描繪與評論。其次，雖然我們已知傳教士與地方民眾容易因宗教、文化差異產生誤解，但卻尚未有研究探討傳教士如何看待臺灣異教徒。再者，以傳教為首要目標的傳教士們，如何透過自己的知識體系理解和評價異教，也是相當重要的議題。因此，本節便欲透過來臺傳教士所留下的文本，探討他們眼中的臺灣漢人社會面貌。

一、馬偕筆下臺灣官紳的普遍形象

馬偕生於 1844 年 3 月 21 日的加拿大安大略省牛津郡左拉村。他在 1870 年自美國普林斯敦神學院畢業後，立刻向加拿大長老會申請成為傳教士，經過一番波折，於隔年 10 月 19 日離開故土。〔註6〕經一個月的航行後，馬偕終於抵達香港，並參訪汕頭、廈門等教區，之後再度搭船前往臺灣。〔註7〕有別於英國長老教會以南臺灣作為傳教基地，身為加拿大長老教會的首任海外傳教士，馬偕選擇北臺灣作為傳播福音的中心。馬偕來臺後積極學習當地語言與文化，〔註8〕也在長期的傳教工作中，記錄下他與臺灣官員以及士紳交涉的經驗，讓我們探知當時臺灣的官場文化。

〔註6〕林昌華，《來自遙遠的福爾摩沙》（臺北：日創社文化，2006 年），頁 24〜25。
〔註7〕林昌華，《來自遙遠的福爾摩沙》，頁 24〜25。
〔註8〕關於馬偕積極學習的紀錄，可以參考：George Leslie Mackay 著，〈馬偕日記手稿〉，1889 年 4 月 14〜18 日、5 月 27 日、7 月 9 日；譯文參照王榮昌等譯，《馬偕日記 I：1871〜1883》（臺北：玉山社，2012 年），頁 46〜47、55、61。William Campbell, *Sketches from Formosa*（London：New York：Marshall brothers），1915, p. 49；譯文參照林弘宣等譯，《素描福爾摩沙》（臺北：前衛出版社，2009 年），頁 41〜42。

（一）不友善的態度

由於清帝國對外戰爭連年失利，臺灣官員對依條約規定來訪的西方人自然無甚好感，1868 年的樟腦糾紛則稍稍減緩這樣的趨勢，使得官員對於傳教士的行動雖有所忌憚，卻因投鼠忌器而不敢多所作為。當時臺灣的樟腦為官辦事業，怡記洋行（Jardine Matheson）走私樟腦在梧棲港被扣押，經英國領事吉必勳與分巡臺灣兵備道梁元桂（1820～1886）交涉後，答應返還。不過，怡記洋行代表必麒麟在前往梧棲港途中遭受襲擊，吉必勳便以保護英商為由要求英政府派兵來臺。同年 11 月 25 日，英艦向安平開砲，並攻佔安平，迫使清廷再度進行談判。最後在英國公使阿禮國（Rutherford Alcock）的安排下，雙方簽訂「樟腦條約」，清廷被迫放棄官辦樟腦，吉必勳亦被召回處分。此事雖因簽訂條約而告一段落，清廷亦答應保障傳教士安全；然而，吉必勳強硬的作風，以及西方武力的強勢，卻深刻影響臺灣官員對西方人士的態度。〔註9〕《馬偕日記》即數度提到相關的情形。

1873 年，馬偕自竹塹離開，不久就發現有 12 名士兵跟在後面，馬偕便停下來詢問他們的來意。士兵回答是來保護馬偕的安全，但馬偕並不相信，直接指責他們是奉命監視。即便如此，馬偕沒有制止他們，還讓他們一路跟著，直到將進入原住民地區、士兵準備回返時，當中一位士兵因齲齒疼痛不堪，馬偕檢查後撿了一塊木頭，做成鑷子形狀替士兵拔牙。經過治療後，馬偕充分感受這群士兵的感激之意，並一再保證會建議官員停止監視。〔註10〕馬偕提到，這是他第一次為人拔牙，也影響到後來的傳教工作。多年後，當一群士兵辱罵馬偕「番仔宣教師」時，一位高大的軍官出面制止，就是當初受馬偕拔牙恩惠的士兵。〔註11〕

馬偕在新莊的廟前講道，衙門派人驅趕民眾。不過，為了能讓馬偕拔牙，群眾不但不理睬，還要衙門的人別多管閒事。〔註12〕馬偕傳講福音的地點都

〔註 9〕 此部分已有詳盡研究：陳德智，〈羈縻與條約：以臺灣樟腦糾紛為例（1867～1870）〉（臺北：國立臺灣師範大學歷史研究所，2006 年）。

〔註10〕 George Leslie Mackay 著，〈馬偕日記手稿〉，1873 年 5 月 24 日；譯文參照《馬偕日記 I：1871～1883》，頁 121。

〔註11〕 George Leslie Mackay, *From Far Formosa*（New York: Fleming, 1895），p. 315；譯文參照林晚生譯《福爾摩沙紀事：馬偕臺灣回憶錄》（臺北：前衛出版社，2007 年），頁 302～303。

〔註12〕 George Leslie Mackay 著，〈馬偕日記手稿〉，1874 年 1 月 4 日；譯文參照《馬偕日記 I：1871～1883》，頁 150。

挑選在廟前廣場，乃因當時臺灣聚落多以廟宇爲中心，是人民共通的生活核心，能有效地招呼群眾聚會。〔註13〕此外，也是配合拔牙對身體的立即舒緩，可以讓信徒對西方醫療和宗教感到信服。〔註14〕類似的情形，不只傳教士們有所經驗，在一般西方來臺人士眼中，這些清朝官員還會挑唆襲擊、陰謀及詐欺外國僑民，相當的不友善。〔註15〕

經由信徒的引介，馬偕前往五股坑（今新北市五股）找尋宣教的機會。頭人陳炮（1810～1885）當著眾人的面率先將「十誡」張貼在牆壁上，說他已經對過去祭拜的神明完全失去信心。稍後，又捐獻一塊空地供做建教堂使用，成爲北臺灣第一座教堂。不過，建造途中便受到官府的打擾，派來許多士兵干涉建堂行動。然而，陳炮堅決地對士兵說：「我決定要遵守這個十誡」，讓士兵們鎩羽而歸。〔註16〕

雖然官員對西方人士的態度並不友善，馬偕還是以官方申告做爲處理教案糾紛的手段。在一次三角湧（今新北市三峽）教堂遭受破壞的事件中，當地的傳道人蕭田（1855～1892）還是寫狀子到衙門，即使官員在審訊過程中問蕭田爲何要揚棄孔子、擁抱耶穌。〔註17〕三角湧的另一次案例中，禮拜堂內的匾額被搶走，馬偕親自到三峽，並要嚴清華（1852～1909）送信到臺北府。隔天上午，官府派來的人便到達處理，將頭人與匾額帶進教堂內，在群眾面前掛上，馬偕認爲這會造成很好的影響。下午的時間，便用來講道、醫

〔註13〕　相關研究可以參照：戴炎輝，《清代臺灣之鄉治》（臺北：聯經出版公司，1979年），頁178。林美容，〈由祭祀圈到信仰圈：臺灣民間社會的地域構成與發展〉，《歷史月刊》9（1988年10月），頁59～63。

〔註14〕　此觀點主要受益於傅大爲，〈從馬偕談清末臺灣的半殖民醫療〉，收錄於《馬偕博士收藏臺灣原住民文物——沉寂百年的海外遺珍》（臺北：順益臺灣原住民博物館，2001年），頁34～41。甘爲霖也曾提及馬偕以拔牙協助傳教的助益，詳見：William Campbell, *Sketches from Formosa.*, p153；譯文參照《素描福爾摩沙》，頁144。

〔註15〕　James W. Davidson, *The Island of Formosa：Past and Present*（Taipei：Southern Materials Center），1903, p188,191，譯文參照陳政三譯，《福爾摩沙島的過去與現在》（臺南：國立臺灣歷史博物館，2014年），頁227、230。

〔註16〕　George Leslie Mackay, *From Far Formosa,* pp. 149-150；譯文參照《福爾摩沙紀事：馬偕臺灣回憶錄》，頁137～138。

〔註17〕　George Leslie Mackay 著，〈馬偕日記手稿〉，1892年6月7日；譯文參照王榮昌等譯，《馬偕日記 III：1892～1901》（臺北：玉山社，2012年），頁37。類似的情形，爲晚清中國官紳反教的主要原因，參見呂實強，《中國官紳反教的原因（1860-1874）》（臺北：中央研究院近代史研究所，1973年）。

療，並到街上唱詩歌。〔註18〕隔天出鎮時，還有許多民眾帶著樂器走在前頭演奏。〔註19〕馬偕面對教案，每每以官方力量解決事端，並利用英國籍身分，使官員無法相應不理或敷衍了事。其目的除了透過官方力量使反教者瞭解基督信仰不容侵害，也希望避免重蹈「三重埔教案」〔註20〕的覆轍。所以，馬偕係以正當的法律途徑，避免不法之徒意圖依靠教會勢力取得好處、壓榨人民，甚至躲避法律審判。〔註21〕

在一次與臺灣海關人員的會面後，馬偕這樣寫著：

> 唉！好一個不學無術、老學派造就的一般滿清官吏，具有無數中國性格與中國儀式，擺架子造就了像鴿子昂首闊步般的官員。我給他看萬花筒，讓他十分驚訝，可憐的傢伙，他似乎真的很想知道這些東西到底是如何做成的。我真的確信，中國已經沉睡很久了。〔註22〕

顯然，馬偕對臺灣官員的形象已有相當清楚的輪廓。另外，一對官員夫婦坐著轎子來參觀馬偕的博物館，並要人幫他們拍照，馬偕認為這位官員「態度和英國人真是太不一樣了！！！」〔註23〕

〔註18〕 George Leslie Mackay 著，George Leslie Mackay 著，〈馬偕日記手稿〉，1888年12月4～5日；譯文參照王榮昌等譯，《馬偕日記II：1884～1891》（臺北：玉山社，2012年），頁290。

〔註19〕 George Leslie Mackay 著，〈馬偕日記手稿〉，1888年12月4～5日；譯文參照《馬偕日記II：1884～1891》，頁290。

〔註20〕 此事起因乃一奸犯逃脫擒拏後，宣稱入教以躲避拘捕，而後造成三重埔禮拜堂被圍，匾額遭受破壞，財物被搶劫，詳細參見：賴永祥，《教會史話（三）》（臺北：人光出版社，1995年），頁199～202。此案件詳細過程則記載於：中央研究院近代史研究所編，《教務教案檔》第三輯（臺北：中央研究院近代史研究所，1975年）第1073號附件，頁1457～1471。

〔註21〕 馬偕多次在日記中提及對入教者的動機質疑，如：「我不斷的被請求在那裡建立宣教站，但是都被耽誤了。因為一方面想要試驗他們，另一方面有別的地方的工作在忙。」詳見：George Leslie Mackay 著，〈馬偕日記手稿〉，1891年6月16日；譯文參照《馬偕日記II：1884～1891》，頁478。此概念即教會研究的重要議題之一──「靠番仔勢」，詳細可以參見：吳學明，〈臺灣基督長老教會入臺初期的一個文化面向──「靠番仔勢」〉，《鄉土文化研究所學報》1（1999年12月），頁101～130。

〔註22〕 George Leslie Mackay 著，〈馬偕日記手稿〉，1889年6月5日；譯文參照《馬偕日記II：1884～1891》，頁324～325。

〔註23〕 George Leslie Mackay 著，〈馬偕日記手稿〉，1892年4月28日；譯文參照《馬偕日記III：1892～1901》，頁27～28。

（二）敗壞的官箴

馬偕發現中國官員因為薪水並不優渥，如果想要供養隨扈，就只得從貪污下手。〔註 24〕他更進一步指出，貪污的最佳時機就在判案的時候。訴訟當事人及親友的財力都會經過盤查，誰能送最多的銀錠就能獲得有利的審判；這一切都在私底下進行，但表面看到的審判過程卻好似公正無私。一般人對這些官員的評價是「官吃錢」。〔註 25〕人在臺灣南部的甘為霖，也曾批判這樣的情形：「統治當局對他的所作所為，似乎也是睜一隻眼閉一隻眼，因為他常常會對臺灣府呈上厚禮，而且，面對如此強勢的逆賊，當局的力量也相形見絀。」〔註 26〕長期擔任外交官的李仙得亦對此官場文化多所描繪：

> 福島採取的司法系統，跟中國原已有的相同。人民之間有紛爭時，若抗爭的一方跟政府沒有關係，在可辯護其案子之前，就需支付很高的費用給地方執法官，並贈送昂貴的禮物給其從屬。價額則依訴訟案件的重要性、訴訟者的情況、其索賠的合法性，及其所想得到的結果而定。若無法遵循這些條件，則很少會得到審訊的機會，無論是原告和是被告都一樣。〔註 27〕

無獨有偶，遠在三百年前來華的利瑪竇（Ricci, Matteo, 1552-1610）也觀察到中國官員貪污的情形：

> 這種權力無人不怕，因而弊端叢生，成了官員們斂財和勒索的手段；因為老百姓極怕身受此刑，及可能因此喪命，自己有什麼東西就送

〔註 24〕 George Leslie Mackay, *From Far Formosa*, p. 105；譯文參照《福爾摩沙紀事：馬偕臺灣回憶錄》，頁 98。與樟腦事業密切相關的必麒麟則提及：「據聞道臺的俸祿不過一千六百兩銀子（不到六百英鎊），但每年從例行巡視收得的利益，特別是樟腦稅，數目相當可觀。」詳細可以參見：W.A. Pickering. *Pioneering in Formosa : recollections of adventures among mandarins, wreckers, & head-hunting savages.* London : Hurst & Blackett, 1898, p. 89；譯文參照：W.A. Pickering.著，陳逸君譯述，《歷險福爾摩沙》（臺北：前衛出版社，2010 年），頁 122。

〔註 25〕 George Leslie Mackay, *From Far Formosa*, pp. 105-107；譯文參照《福爾摩沙紀事：馬偕臺灣回憶錄》，頁 98～99。

〔註 26〕 此為甘為霖批判造成白水溪教案的吳志高，詳細見：William Campbell, *Sketches from Formosa*, pp. 87-88；譯文參照《素描福爾摩沙》，頁 81。

〔註 27〕 Le Gendre C. W.; Douglas L. Fix and John Shufelt edit. *Notes of Travel in Formosa.* National Museum of Taiwan History, 2012, p. 12；譯文參照 Le Gendre C. W.著、費得廉（Douglas L. Fix）、羅效德（Charlotte Lo）編譯，《李仙得臺灣紀行》（臺南：國立臺灣歷史博物館，2013 年），頁 11。

什麼東西，只求逃過官員們的毒手。〔註28〕
顯見這樣的官場文化是一種深層結構的弊病問題。〔註29〕

　　在一次教友遭受攻擊的事件中，官員向家屬保證：「照顧好他，我會讓正義實現。」當天晚上卻突然有人出面指控，這位受襲者是因為搶劫才會受傷。馬偕憤怒地痛罵：「喔，沒有人性的卑鄙小人！喔，邪惡的不正義！」並認為：「我未曾看見這些衙門的傢伙會用這種熱心的態度去宣揚信徒的良善行為，以及發現官員卑鄙的一面。」〔註30〕

　　馬偕指出，刑罰的施行也和賄賂脫不了干係。刑吏在執行「笞刑」時，依照賄賂的多寡來決定出手力道；劊子手也依金額數目，看要讓頭一刀落地或是拖得又久又痛苦。馬偕曾經看過四個被控偷竊的士兵處決，第一個很快就被斬首；第二個鞭打三下後才遭受刑罰；第三個人犯，則被長刀慢慢鋸下；第四個甚至被拖了約四分之一哩路，受到一陣凌辱後才被斬首，過程中不停哀叫並申說冤枉。〔註31〕身為英國商人的陶德也觀察到這個現象，認為賄賂行為在清朝上下的官僚體系，是個氾濫而公開的秘密。〔註32〕

　　馬偕也批判：「在找不到罪犯或罪犯賄賂官員時，只需要花一點錢，就能輕易地找個無所事事的人來頂罪」。有一次馬偕申告教堂受劫，不久官府回報匪徒已經逮捕，馬偕便和學生一起到衙門查看。當犯人帶著「項枷」出現時，馬偕認出這只是頂罪的人；不過官員回答：「因為這個頂替的人受了懲罰，必能使那位真的罪犯非常害怕，這樣也能收到殺雞儆猴的效益。」〔註33〕另一次的案例發生在三重埔，申告不久教堂前即出現兩個戴著「項枷」的人，馬

〔註28〕Ricci, Matteo（利瑪竇）著，劉俊餘、王玉川合譯，《利瑪竇全集1》（臺北：光啟出版社，1986年），頁74。

〔註29〕關於中國官場的審判制度與文化，可以參考：那思陸，《清代州縣衙門審判制度》（臺北：文史哲出版社，1982年）。

〔註30〕George Leslie Mackay著，〈馬偕日記手稿〉，1890年8月28日；譯文參照《馬偕日記II：1884～1891》，頁407～408。

〔註31〕George Leslie Mackay, *From Far Formosa.* pp. 108-109；譯文參照《福爾摩沙紀事：馬偕臺灣回憶錄》，頁100～101。

〔註32〕陶德在他的紀錄中，多次提到中國官員賄賂情況的嚴重與普遍性，可以參照：John Dodd, *Journal of a Blockaded Resident in North Formosa, During the Franco-Chinese War, 1884-5.* （Taipei : Ch'eng Wen Publishing Company），1972, pp. 86-87,150,159,165。

〔註33〕George Leslie Mackay, *From Far Formosa,* p. 109；譯文參照《福爾摩沙紀事：馬偕臺灣回憶錄》，頁101。

偕認爲這兩位只是受買通來代替受罪，「我們以愛對待他們，雨天時就讓他們進到教堂裡來，並以其他方式來減輕他們的痛苦。」這樣的善意，多年後讓馬偕獲得回饋：「他們沒有把我們的愛心忘掉，幾年後有一次我在艋舺（今臺北市萬華）的路上遇到暴民在對我叫囂時，其中的一名就出來袒護我。」〔註34〕而甘爲霖也曾因類似經驗感到不快：

> 吳志高那四個手下，只不過是被雇用的可憐人，……所有證據皆清楚顯示，吳志高本人才是眞正的行兇者，……人們普遍相信最近的一則傳言：吳志高害怕被捲入攻擊英國人的事件，所以付出高價來賄賂官府，希望能盡早讓事情平靜落幕。〔註35〕

除了賄賂影響官員的判決，馬偕認爲「祖先祭拜」也會阻礙司法公正。審判過程中，如果有一個雙親皆歿的獨生子，被發現確實罪大惡極，但家中沒有其他兒子可以負責祖先祭拜，官員往往不敢公正地判刑，深怕傷了自己的陰德。馬偕以爲，祭拜祖先已成爲漢人生活的一部分，在每個人心中都有無法卸下的情感，想要脫離就需要無比的確信和勇氣，才能面對親友的辱罵。〔註36〕英國長老教會的巴克禮則分析，若教會想要革除祖先祭拜或偶像崇拜的惡習，在臺灣受到的阻礙會較中國減少許多。〔註37〕這或許受臺灣移墾社會與海洋文化的特質使然，較容易接受外來事物。

馬偕受邀到洲裡（今新北市蘆洲）講道，教堂的外面擠滿了聽道的人，包括李東面和他年老的父親李先登。馬偕認爲，信教人數日增使得反教者倍感焦慮；最後，李東面的土地被強佔，卻得不到頭人的幫助，只好轉向艋舺的官廳申告。稟告過程中，官員指責李東面丟棄自己的祖宗和宗教轉而跟隨「番仔」，是不孝和不忠義的。〔註38〕馬偕進一步批判，「這些反教者更聯合

〔註34〕George Leslie Mackay, *From Far Formosa,* pp. 109-110；譯文參照《福爾摩沙紀事：馬偕臺灣回憶錄》，頁101～102。

〔註35〕William Campbell, *Sketches from Formosa.*, p. 104；譯文參照《素描福爾摩沙》，頁95。

〔註36〕George Leslie Mackay, *From Far Formosa,* pp. 133-134；譯文參照《福爾摩沙紀事：馬偕臺灣回憶錄》，頁123。

〔註37〕"*Letter from Rev. T. Barclay*"，臺灣教會公報社編，《使信月刊（29）》（臺南：教會公報出版社，2006年復刊本），1885年9月，頁13～14。

〔註38〕十六世紀後期來華的利瑪竇（Ricci, Matteo, 1552～1610）則分析中國的祭拜文化：「那是爲了教導子孫和無知的人孝敬仍然在世的父母。看到有地位的人，侍奉過世的仍像在世的，自然是一種教訓。」詳細參見：Ricci, Matteo（利瑪竇）著《利瑪竇全集1》，頁74。

衙門設下計謀，讓這對父子都進監牢」。經過幾次開審，押解七天的路程到臺灣府（今臺南）處斬。父子倆的頭顱被放在籃子裡提回艋舺，上面繫著一個告示「入教者的人頭」，最後掛在艋舺的城門上。〔註39〕

馬偕指出：「雖然那些指使者和參與計謀的人一直都不曾受到制裁，但數年後，他們都承認那是個計謀而那些基督徒實在是平白無辜的。」〔註40〕並感慨道：「這只是我過去二十三年在北臺灣所經歷到官吏的腐敗和殘酷，以及基督徒們所受到暴力及不公義對待的一個例子。」〔註41〕顯然地，馬偕因為傳教工作受阻的緣故，對臺灣官員的敗壞官箴有深刻的體會，從而提出許多批判；透過其他西方人士的觀點，則讓我們了解馬偕的看法並非孤例。

二、受馬偕敬重的官紳

在馬偕眼中，也非所有官紳都如此不友善和墮落。將宣揚福音擺在第一順位的馬偕，與官員交涉的紀錄大多如前所述，不過卻有幾位相當特殊的人，獲得馬偕高評價看待。以下，便舉馬偕最常提及的劉銘傳（1836～1896）、李彤恩（？～1888）與陳輝煌（又名陳輝，1838～1894）為例，試說明這三位差異甚大、接觸地區不同的人物，為何能得到馬偕的讚賞。

（一）劉銘傳

劉銘傳為安徽合肥人，1862 年加入李鴻章招募之淮軍，勇敢善戰，剿捻成名。1884 年以巡撫衛督臺灣軍務，1885 年為臺灣建省首任巡撫，任內築砲臺、興鐵路、電線等多項先進化政策，對西方文化抱持開放態度。〔註42〕

〔註39〕George Leslie Mackay, *From Far Formosa*, pp. 110-111；譯文參照《福爾摩沙紀事：馬偕臺灣回憶錄》，頁 102～103。此即「和尚洲李東面父子教案」，詳細參見：賴永祥，《教會史話（三）》（臺北：人光出版社，1995 年），頁 193～196。此案件詳細過程則記載於：中央研究院近代史研究所編，《教務教案檔》第三輯，第 1090 號附件，頁 1509～1510。

〔註40〕然此案確屬李東面父子犯行明確，丁日昌具呈：「有該廳所轄之和尚洲民人李東面，並子李光登即李溫岸，倚恃入教多年，自稱教首，疊犯各案，拒捕傷差，寔甚痛恨。」蔡蔚群指出，從英方未對此案提出異議，亦可證明李東面等人確係作奸犯科之輩，詳見：蔡蔚群，《教案：清季臺灣的傳教與外交》，頁 241～242。

〔註41〕George Leslie Mackay, *From Far Formosa*, p. 112；譯文參照《福爾摩沙紀事：馬偕臺灣回憶錄》，頁 103。

〔註42〕詳見：許雪姬總策畫，《臺灣歷史辭典》（臺北：文建會，2004 年），頁 1202

　　清法戰爭期間，馬偕前往蘭陽地區巡視途中經過清軍陣線，受到劉銘傳態度親切的招呼，派遣隨扈保護他的行動，為此感到充分的禮貌與和善。〔註43〕清法戰爭結束後，各地教徒寄來的信件顯示教堂受破壞的嚴重性。由過去的經驗，馬偕認為要從清朝官員獲得補償，是一件艱難的工作。〔註44〕不過出乎意料的，劉銘傳很快就撥給馬偕 10,000 元的賠款，讓馬偕對此感到相當高興。〔註45〕劉銘傳對馬偕的敬重與好感，無非是偕醫館在清法戰爭期間的醫療貢獻，使劉銘傳不若其他官員那般防備馬偕。〔註46〕馬偕在清法戰爭期間，曾投書《多倫多全球報》（*The Toronto Globe*）述說鎖臺之事，劉銘傳獲知後也相當高興。〔註47〕劉銘傳雇請西方人來臺灣教學，興建鐵路與鋪設城市間寬敞的道路，還因偕醫館長期的貢獻，派人送錢及感謝函給馬偕。〔註48〕

　　馬偕與偕醫館對劉銘傳的醫療幫助，不僅止於清法戰爭。馬偕在 1888 年 9 月 17 日接到「大量醫藥需求」，往後幾天陸續有受傷的士兵被送進醫館

～1203。關於劉銘傳對西化的開放程度已有相關研究，可參照：蘇梅芳，〈劉銘傳的自強維新思想與抱負〉，《成大歷史學報》22（1996 年 12 月），頁 129～161。

〔註43〕George Leslie Mackay 著，〈馬偕日記手稿〉，1885 年 5 月 29 日；譯文參照《馬偕日記 II：1884～1891》，頁 69。

〔註44〕George Leslie Mackay 著，〈馬偕日記手稿〉，1885 年 8 月 14 日；譯文參照《馬偕日記 II：1884～1891》，頁 83。南部的長老教會也得知北部教會受創嚴重，「Our readers will remember that, in consequence of the war with France, which was very active in the northern part of Formosa, inflicting serious injury upon the Canadian mission there」，詳見："*Reopening of Formosa*"，臺灣教會公報社編，《使信月刊（29）》，1885 年 4 月，頁 128。

〔註45〕George Leslie Mackay 著，〈馬偕日記手稿〉，1885 年 9 月 10 日；譯文參照《馬偕日記 II：1884～1891》，頁 87。George Leslie Mackay, *From Far Formosa*, p. 200；譯文參照《福爾摩沙紀事：馬偕臺灣回憶錄》，頁 189～190。陳冠州、Louise Gamble（甘露絲）主編，《北臺灣宣教報告——馬偕在北臺灣之紀事（三）1885～1889》（臺北：明燿文化事業有限公司，2012 年），頁 13。中國第一歷史檔案館編，《光緒朝硃批奏摺》第 119 編（北京：中華書局，1996 年），頁 154～155。

〔註46〕陶德對此情形亦多所描繪：John Dodd. *Journal of a Blockaded Resident in North Formosa, During the Franco-Chinese War, 1884-5*, pp. 13,33,36,60-61.

〔註47〕George Leslie Mackay 著，〈馬偕日記手稿〉，1886 年 6 月 10 日；譯文參照《馬偕日記 II：1884～1891》，頁 132。

〔註48〕George Leslie Mackay 著，〈馬偕日記手稿〉，1892 年 3 月 29 日；譯文參照《馬偕日記 III：1892～1901》，頁 22。John Dodd. *Journal of a Blockaded Resident in North Formosa, During the Franco-Chinese War, 1884-5*, p. 36.

治療，〔註49〕此即著名的「大庄事件」。〔註50〕馬偕在日記中記述此事：「有5,000 名中國士兵前往懲處生番和偏遠地區的漢人，他們殺死一位受派前往丈量土地的中國官員。」〔註51〕這樣的觀點，顯然與現今我們對此事的認知有出入。如果再對照南部長老教會發行之《臺灣府城教會報》〔註52〕，可以發現其紀錄亦和馬偕有差異：

> 在 6 月甘老爹（官員）有向百姓拿租，眞殘忍，強迫拿銀，都不能慢的。百姓不甘願，後來沒拜上帝的人和阿美仔會聚；在 6 月 25 日，有殺老爹四人，兵丁七、八十人都死。現時，水尾營、璞石閣營、新開園營都滅無啦！慘啊！不知後來會怎樣！〔註53〕

這段報導爲《臺灣府城教會報》轉印東部教徒的來信內容，敘述情況和現今研究相當一致；相對於此，馬偕對事件的認知就顯得突兀。筆者認爲《臺灣府城教會報》的記載乃當地教徒所見，資訊必然多於馬偕；而馬偕與劉銘傳長期交好，對此事的認知與看法與劉銘傳較爲相近，也是可以預想的結果。值得注意的是，雖然馬偕對於「大庄事件」的認知與事實有不小的落差，但這只是觀看事件的角度與遠近不同罷了。

劉銘傳對待馬偕與其宣教工作的友善態度，除了偕醫館在清法戰爭期間的奉獻外，或多或少也受到國際情勢影響。當時法軍長期封鎖臺灣海域，使得清朝無法將兵員與物資送入臺灣；爲此，清朝嘗試透過其他國家的幫忙，期望順利通過法軍的封鎖。從法軍方面的資料，可以讓我們對此有所瞭解：「每天都有小船或戎克船到來，我們看到外國船（我們的「好朋友」英國人）把

〔註49〕 George Leslie Mackay 著，〈馬偕日記手稿〉，1888 年 9 月 17～19 日；譯文參照《馬偕日記 II：1884～1891》，頁 268。

〔註50〕 此事起因乃劉銘傳主導之土地丈量，徵收各處田畝清丈單費過於嚴苛，且辱及民番所引發之民變，詳細研究可以參照：潘繼道，〈花蓮大庄「舊人」後山移民史〉，《史耘》8（2002 年 9 月），頁 1～22。

〔註51〕 George Leslie Mackay 著，〈馬偕日記手稿〉，1888 年 9 月 27 日；譯文參照《馬偕日記 II：1884～1891》，頁 270。

〔註52〕 《臺灣府城教會報》爲臺灣南部英國長老教會傳教士巴克禮（Thomas Barclay），於 1884 年創辦之報紙，至今經過數次更名，是臺灣現存最早且持續刊行之報紙，詳細參照吳學明，〈《臺灣府城教會報》及其史料價值〉，收入《臺灣基督長老教會研究》，頁 187～210。

〔註53〕 不著撰人，〈後山的消息〉，《臺灣府城教會報》，第 41 張，光緒 14 年 10 月，頁 74；重刊於臺灣教會公報社編，《臺灣教會公報全覽》（臺南：教會公報出版社，1888 年）。

彈藥和大砲帶給他們」、〔註54〕「我敢跟你保證，我們是光明正大地予以反擊，而那些德國朋友勉強賣給中國人甚至送給他們的克魯伯砲，都把元帥的船艦當成了靶心」、〔註55〕「妳知道中國人在搞什麼鬼？他們乾脆把所有的汽動商船都賣給一家美國公司，非常聰明，全部的中國船隻航行時都掛上了星條旗，我們連抓都不能抓，多有趣啊！沒有什麼會比人家在您面前譏笑您更令人生氣的」。〔註56〕清法對峙之際，英、德、美三國基於自身利益，暗中協助清朝援助臺灣，尤有甚者，英國更直接拒絕法艦至香港補充煤炭。〔註57〕基於這樣的情境，劉銘傳對時為英國籍身分的馬偕多所關照，也就不令人意外了。

　　同樣的情形，讓我們回到馬偕的角度來看。清法戰爭使得馬偕的傳教行動中斷，當馬偕從香港病癒歸臺也受到阻撓，「已經可以看見學生和傳道人等人，就在牛津學堂前面看著我們；這麼近了，卻不能登陸，真可悲。戰爭！戰爭！！法國，當心那天的到來！」〔註58〕同樣的，基於母國利益與傳教使命，馬偕顯然不樂見臺灣落入天主教派的法國之手：「進入三結仔街……晚上，全體在禮拜堂聚會。我對他們講道，講他們現在面對法國人所應有的責任，要忠於自己的國家。」〔註59〕除此之外，為了減少雞籠教堂的損失，馬偕曾針對法方寫了一份聲明，〔註60〕但當馬偕事後見到雞籠教堂的損毀時，氣得大罵：「雞籠垮得真慘哪！法國小心！給我小心點！！」〔註61〕南部長老教會的甘為霖，也曾提及清法戰爭的後遺症：

> 他傳道理的時候，若說他是臺灣過來，人們比較願意聽；若說道理是從外國來的，人就比較不喜歡。這是因為前年大法國人去攻打澎

〔註54〕Jean L.著、鄭順德譯，《孤拔元帥的小水手》（臺北：中央研究院臺灣史研究所，2004年），頁9。

〔註55〕Jean L.著、鄭順德譯，《孤拔元帥的小水手》，頁21。

〔註56〕Jean L.著、鄭順德譯，《孤拔元帥的小水手》，頁57。

〔註57〕季茉莉譯註，《北圻回憶錄：清法戰爭與福爾摩沙》（臺南：國立臺灣歷史博物館，2013年），頁145。

〔註58〕〈馬偕日記手稿〉，1885年4月15日；譯文參照《馬偕日記II：1884～1891》，頁61。

〔註59〕〈馬偕日記手稿〉，1885年6月1日；譯文參照《馬偕日記II：1884～1891》，頁70。

〔註60〕〈馬偕日記手稿〉，1885年6月19日；譯文參照《馬偕日記II：1884～1891》，頁73。

〔註61〕〈馬偕日記手稿〉，1885年8月3日；譯文參照《馬偕日記II：1884～1891》，頁81。

湖，那時有人他們的廟宇將佛搶出來生火。後來甘牧師去，人們還
有在懷疑驚怕他是外國來的細作要來探他們的消息。〔註62〕

即此，不論是出自傳教使命也好，還是考量國家利益也罷，清法戰爭確實讓
我們感受到馬偕對於法國的不滿，而這正好與劉銘傳的處境相似，兩者自然
一拍即合，互動甚為熱絡。

　　馬偕一直相當關注漢人的祭拜儀式，他曾經提到在灰窯仔（今三芝）的
「大道公生」（保生大帝），「一個小時內，近乎200頭豬被擺上桌，大約12
座20呎高的圓錐塔，每個旁邊都圍上糕點、鮮花等物，也供奉酒等等。」
〔註63〕馬偕更認為，他所見過最盛大和可怕的場面就是「七月節」的祭拜。
臺灣每一個城鎮都會在空曠的地方，以竹竿搭建錐形體高架，四面掛滿成串
祭拜的食物，場地周圍也綁上數百串鞭炮。祭祀結束後，周圍數千個飢餓群
眾，包括乞丐、流浪漢和無賴等等，瘋狂的衝搶、吼叫、推擠和踩踏；回家
路上，還得擔心那些懶得到現場，埋伏在半途的搶匪。馬偕批判：「這種節祭
方式會使社會變得多麼敗壞，實在令人難以評估。」為此，劉銘傳的政策讓
馬偕相當滿意：「幸虧開明先進的巡撫劉銘傳有先見之明，把這種野蠻的『七
月節』祭典廢了，使這種可怕的情景不復見於臺灣」。〔註64〕然而，在1889
年劉銘傳在任時期，《馬偕日記》內依舊可以見到漢人舉辦大型祭典的紀錄。
〔註65〕因此，此段關於劉銘傳禁止七月節祭拜的真偽，仍有待考證。雖然如
此，從馬偕敘述「七月節」的過程中，一再批評祭祀活動造成治安不佳，可
以得知馬偕真正在意的是異教徒的「野蠻祭典」有違基督教的推展。因此，
對於劉銘傳廢止該活動的舉行，自然感到高興，認為劉銘傳「開明先進」。

〔註62〕 不著撰人，〈澎湖的消息〉，《臺灣府城教會報》，第20張，光緒13年2月，
　　　　頁11；重刊於臺灣教會公報社編，《臺灣教會公報全覽》（臺南：教會公報出
　　　　版社，1887年）。。

〔註63〕 George Leslie Mackay 著，〈馬偕日記手稿〉，1892年4月11日；譯文參照《馬
　　　　偕日記 III：1892～1901》，頁25。*From Far Formosa*, p129；譯文參照《福爾
　　　　摩沙紀事：馬偕臺灣回憶錄》，頁119～120。

〔註64〕 George Leslie Mackay, *From Far Formosa,* p130-131；譯文參照《福爾摩沙紀
　　　　事：馬偕臺灣回憶錄》，頁120～121。必麒麟也對劉銘傳讚譽有加，認為劉銘
　　　　傳的離任乃因「北京政府昏聵無能，未能讓這種人才大展身手。」詳細可以
　　　　參見：W.A. Pickering. *Pioneering in Formosa : recollections of adventures among
　　　　mandarins, wreckers, & head-hunting savages*, p. 48；譯文參照《歷險福爾摩
　　　　沙》，頁74。

〔註65〕 George Leslie Mackay 著，〈馬偕日記手稿〉，1889年4月14日；譯文參照《馬
　　　　偕日記 II：1884～1891》，頁314。

1891 年，劉銘傳卸任離開淡水。馬偕認為他在任內治理相當開明，是一位有能力、正直且寬大的好官員。〔註 66〕劉銘傳基於國際情勢，以和善的態度對待馬偕與傳教工作，其對西方文化的開放想法，以及偕醫館的鏈結，兩者始終保持良好的互動關係，馬偕也留下不少對劉銘傳讚譽有加的紀錄。

（二）李彤恩

李彤恩為閩縣人，自 1861 年來臺，至 1888 年過世，在臺時間長達 28 年之久，主要擔任淡水通商委員（浙江候補知府）。馬偕初次在日記中提及李彤恩（李高公）為牛津學堂開設當日，時為 1882 年 7 月 26 日；〔註 67〕但是，馬偕在清法戰爭結束，教堂賠款協商完成後曾說道：「這 10 多年來李高公也是這樣，總是尊重我所寫的信。」〔註 68〕由此可見，馬偕來臺不久即與李彤恩交往。

李彤恩長期在臺任職海關事務，熟稔對外交涉。他曾於 1867 年，與美國領事李仙得調解寶順洋行在艋舺的租屋糾紛；〔註 69〕1874 年，「為查辦倭人劉穆齋失銀一案」，與通判洪熙恬、委員張斯桂及稅務司好博遜（Herbert Edgar Hobson）等人，搭 16 天船到花蓮港勘視；〔註 70〕1875 年，與通商委員何恩綺，陪同英國技師翟薩探煤（David Tyzach），「坐輪船由臺北到郡，當面考究，明定章程，以便著實舉辦」；〔註 71〕1882 年，臺灣南北開辦各項釐金，由臺北府主持督辦，並由李彤恩「督率舊董事薛樹華，確照臺南，一體勸辦。」〔註 72〕此外，李彤恩亦積極推動現代化建設，可以說是劉銘傳的得力助手。1887 年，劉銘傳命李彤恩發函至南洋、西貢（現胡志明市）、新嘉坡（現新加坡）、閩商陳新泰等，希望他們回臺振興商局。首先，李彤恩購入駕時、新美兩艘輪船，其次，購入鋼軌、火車等設備。無奈的是，起初鐵路鋪設「本資

〔註 66〕George Leslie Mackay 著，〈馬偕日記手稿〉，1891 年 6 月 4 日；譯文參照《馬偕日記 II：1871～1883》，頁 476。

〔註 67〕George Leslie Mackay 著，〈馬偕日記手稿〉，1882 年 7 月 26 日；譯文參照《馬偕日記 I：1871～1883》，頁 512。

〔註 68〕George Leslie Mackay 著，〈馬偕日記手稿〉，1885 年 9 月 10 日；譯文參照《馬偕日記 II：1884～1891》，頁 87。

〔註 69〕詳細過程可以參照：中央研究院近代史研究所編，《教務教案檔》第二輯（臺北：中央研究院近代史研究所，1974 年）第 998 號附件，頁 1300～1304。

〔註 70〕臺灣銀行經濟研究室編，《同治甲戌日兵侵臺始末》（臺北：大通書局，1987 年），頁 87。

〔註 71〕沈葆楨，《福建臺灣奏摺》（臺北：大通書局，1987 年），頁 59～60。

〔註 72〕劉敖，《巡臺退思錄》，（臺北：大通書局，1987 年）頁 108～109。

就鐵道取償，不勞公款」，卻在李彤恩逝世後「替代無人，稟由官辦」，由此可見李彤恩的辦事手腕。〔註73〕職是之故，劉銘傳曾感嘆「自知府李彤恩病故後，商務經理乏人。」〔註74〕

不過，左宗棠曾對劉銘傳於清法戰爭時撤守基隆一事進行批判，認為李彤恩的三次飛書告急需負很大責任。為此，劉銘傳則解釋，「左宗棠疏稱李彤恩三次飛書告急，即係孫開華、李彤恩、劉朝祜三人三次之書，非李彤恩一人之書也。」〔註75〕並認為李彤恩舉薦張李成有功，也稱讚他沈石船塞河口的作法，「若非李彤恩先期塞口，法船混入一隻，臺北已不堪問。」〔註76〕

清法戰爭爆發後，北部教會損失慘重，馬偕在日記裡提到：「有七間禮拜堂被夷為平地」。〔註77〕如前所述，馬偕認為戰後的賠償商談相當艱困；不過出乎意料地，劉銘傳很快就決定賠款，關鍵原因除偕醫館的貢獻，還要歸功李彤恩居中協調。戰爭初期，馬偕曾透過領事費里德發函劉銘傳，告知多處禮拜堂被毀。當時，劉銘傳認為：

> 以前敵軍情正在萬緊之際，民心惶惶，若操之過急，深恐令釀事端，轉多窒礙。一面檄飭臺北府督同淡水縣，嚴密查拏究辦；一面照復費領事，勸慰偕教士，允以事後賠償。〔註78〕

直到隔年（1885）的 5 月 22 日，戰情稍緩後才開始商談賠償。

由於馬偕提出的賠償清單高達一萬兩千餘元，費里德特別強調清單皆無浮報、亦無教民物件、和尚洲禮拜堂係因物料上漲而有所增加。〔註79〕此外，

〔註73〕劉銘傳，《劉壯肅公奏議》（臺北：大通書局，1987 年），頁 25～26。

〔註74〕劉銘傳，《劉壯肅公奏議》，頁 255。

〔註75〕劉銘傳，《劉壯肅公奏議》，頁 140～141。

〔註76〕劉銘傳，《劉壯肅公奏議》，頁 144～145。

〔註77〕George Leslie Mackay 著，〈馬偕日記手稿〉，1885 年 1 月 23 日；譯文參照《馬偕日記 II：1871～1883》，頁 46。

〔註78〕中央研究院近代史研究所編，《中法越南交涉檔》第六輯（臺北：中央研究院近代史研究所，1962 年），第 1957 號附件，頁 3394。

〔註79〕費里德此意應為重建教堂所需之價，而非舊教堂所值之價，若以此而言，馬偕索價確實過高。若對照《教務教案檔》內其他地區的教案，可以發現馬偕要求的賠償金額實在不低，如光緒六年廣州地區天主堂被毀，其所列之賠補單內「一、燒拆房屋共三十三所，該銀九千五百九十四兩。一、草板屋七間，該銀三百零四兩。」相較馬偕呈報七間教堂被毀，其中也有不少是竹板屋，價格卻高達一萬餘兩千餘元，也莫怪後續的交涉會花費不少時間。詳見：中央研究院近代史研究所編，《教務教案檔》第四輯（臺北：中央研究院近代史研究所，1976 年）第 896 號附件，頁 1370～1379。

費里德更補充道:「地方官若能追物,即可照件扣除。如能儘數追獲,更省賠款。堂中數單倘能追出,尤便核對。……如欲澈底考察,應請遴委幹員出滬,能通英文土語者更妙。」〔註 80〕於是,劉銘傳任命通商委員李彤恩、臺北府知府劉勳,以及團防局紳士陳霞林負責協商。〔註 81〕由於馬偕所開金額頗鉅,即使劉勳「反覆辯論,幾至唇舌俱焦」,加上費里德的從旁助力,仍舊無法說服馬偕答應降低賠款金額。最終,初次的協商沒有取得共識。〔註 82〕

雙方經過數次討論,始終未能決定賠償金額。一直到 1885 年 9 月 10 日,李彤恩再度前往滬尾與馬偕洽談,才終於以一萬元定案。對於這樣的轉變,馬偕認為:「我同意接受 10,000 元,因為劉銘傳從未懷疑我的話,這 10 多年來李高公也是這樣,總是尊重我所寫的信。」〔註 83〕一萬元的賠款由李彤恩轉交給馬偕,此事至此落幕。顯然,劉銘傳與李彤恩的信任感,是馬偕願意接受的主要原因;當然,不可不提李彤恩居中的積極協調,亦是馬偕首肯的重要因素。

1888 年,李彤恩病重之際,馬偕曾去探望:

> 然後搭乘船去見我的中國官員老朋友李高公。他很高興見到我,緊緊的握住我的手,開始流下眼淚。發現他躺臥在床上,受到由肝部位產生的疼痛之苦。可憐的同伴!他的手與腳都快不行了。離開他時,他再次握住我的手,認真的看著我的臉,用顫抖的嘴唇說:「謝謝你,謝謝你」等。〔註 84〕

馬偕特別註記:「拜訪李高公,我相交最久、最要好的中國官員朋友,生病很嚴重。」由此可見兩人的交情。最後,馬偕也在日記中提及李彤恩的逝世:

> 李高公昨晚在大稻埕平靜的過世了。從頭到尾所有一切我與他的交往,他證明了自己公正且誠信的人。我最好的中國官員朋友走了,

〔註 80〕 中央研究院近代史研究所編,《中法越南交涉檔》第六輯,第 1957 號附件,頁 3402～3403。

〔註 81〕 中央研究院近代史研究所編,《中法越南交涉檔》第六輯,第 1957 號附件,頁 3415。

〔註 82〕 中央研究院近代史研究所編,《中法越南交涉檔》第六輯,第 1957 號附件,頁 3417～3418。

〔註 83〕 George Leslie Mackay 著,〈馬偕日記手稿〉,1885 年 9 月 10 日;譯文參照《馬偕日記 II:1884～1891》,頁 87。

〔註 84〕 George Leslie Mackay 著,〈馬偕日記手稿〉,1888 年 9 月 30 日;譯文參照《馬偕日記 II:1884～1891》,頁 271。

永遠走了。這就是人生，一個接一個，「朋友陸續離去」。在晚上禮
拜提到他的過世。〔註85〕

馬偕同樣註記：「聽到李高公昨晚過世，所有旗幟降半旗，領事的也一樣。」
對於李彤恩的逝世，中、西方同表哀傷，並以降半旗致敬，呈顯李彤恩在馬
偕及其他西方人士眼中的獨特地位。從馬偕對李彤恩的評價也清楚說明，支
持洋務者或熟悉洋務者便能受其尊敬，亦能得到好的評價。

（三）陳輝煌

陳輝煌本為漳州府漳浦縣人，因避罪而渡海來臺從事墾荒，後來娶泰雅
族叭哩沙酋長潘那目之女為妻，受到阿里史人的敬畏。同治初年，又再募熟
番墾地兼自衛，先後築阿里史城、銃櫃城與田心城以防禦墾地安全。後因協
助開路有功，提督羅大春保舉他取得五品軍功身分，統領軍隊，是宜蘭到蘇
花最有勢力的土豪士紳。〔註86〕在馬偕眼裡、在日記的書寫中，因受惠於陳
輝煌在地方的強大勢力與親切對待，而給予相當程度的篇幅與敬重，作為影
響馬偕觀點的因素，便值得探究。

在 1886 年第一次的會面中，馬偕這樣寫著：「被統領許多土勇軍的陳輝
將軍邀請吃飯，是個相當粗獷，擁有自然黑皮膚的外型，本性很好的傢伙。
非常喜歡他。」〔註87〕天黑後，陳輝煌還派護衛保護馬偕前去搭船。隔年
（1887），馬偕再度來到三結仔街（今宜蘭市），雖然陳輝煌本人不在，不過
馬偕還是受到相當溫馨的歡迎。〔註88〕從噶瑪蘭地區的住民結構來看，馬偕
在此地的教友多為平埔族，而陳輝煌統領的「土勇軍」亦是以平埔族為主體，
其中有相當大的重疊性，故陳輝煌對馬偕的敬重亦是其來有自。另外，值得

〔註85〕 George Leslie Mackay 著，〈馬偕日記手稿〉，1888 年 10 月 16 日；譯文參照《馬
偕日記 II：1884～1891》，頁 276。

〔註86〕 白長川，〈宜蘭先賢陳輝煌協臺評傳〉，《臺灣文獻》42：3、4（1991 年 12 月），
頁 215～232。陳輝煌是一位極具爭議性的人物，他在 1878 年利用官軍身分，
詐索噶瑪蘭族加禮宛人許多錢財，迫使其聯合撒奇萊雅人抗清，即為著名的
「加禮宛事件」。詳細可以參見：潘繼道，〈「加禮宛事件」後奇萊平原與東海
岸地區的原住民族群活動空間變遷探討〉，《臺灣原住民族研究季刊》2：3（2009
年秋），頁 31～33；潘繼道，〈晚清「開山撫番」下臺灣後山奇萊平原地區原
住民族群勢力消長之研究〉，《臺灣風物》52：4（2012 年 12 月），頁 82～87。

〔註87〕 George Leslie Mackay 著，〈馬偕日記手稿〉，1886 年 10 月 7 日；譯文參照《馬
偕日記 II：1871～1883》，頁 148。

〔註88〕 George Leslie Mackay 著，〈馬偕日記手稿〉，1887 年 3 月 4 日；譯文參照《馬
偕日記 II：1884～1891》，頁 172。

注意的是，陳輝煌亦曾於清法戰爭期間協助清廷作戰，是否因此影響馬偕對他的觀點呢？雖然目前未有直接證據可以佐證，不過仍是一個堪人玩味的問題。

　　不只在蘭陽地區的旅行受到陳輝煌的招待，馬偕也曾邀請陳輝煌來北部。〔註89〕馬偕提及「他是全平原最有影響力的人。與生番英勇作戰，指揮500名平埔番，爲他自己建造一間非常大的家。非常感謝他確保平原安全的影響力。」〔註90〕清政府眼底的爭議性人物，卻能得到馬偕的高度評價，關鍵在於陳輝煌對待馬偕與其傳教事業的友善態度，能保障馬偕在蘭陽地區的安全。由兩段馬偕的旅行紀錄，可以提供一些線索：

> 在那裡生番閒逛著，男人們在第一次挖掘的土地上工作，沒有任何東西，除了長得高茂的草、蘆葦、盧莓草叢等。矛分散豎立在地上，圍繞在挖掘洞的男人四周。眞的每一位男人都帶著與自己身高相差2或3呎內的矛。唯恐生番侵襲，我們沿著沒被砍掉的高茂草叢走上去，發現邊界在眼前。大約20位平埔番攜槍陪著我們，他們大部分時間在樹林裡獵鹿與野豬。〔註91〕

在蕭殺氣氛瀰漫的地區旅行，時常要當心生命安危，如果沒有武裝部隊伴隨，隨時可能喪失性命。

> 之後由一些人帶領，他們帶著矛和槍，我們前進到附近山脈的支脈，有欄杆圍起來的地方。有50名士兵駐紮在那裡保護民眾以防生番過來侵犯。現在我們回來，在阿里史停留吃飯。那軍團團長（譯註：陳輝煌）在紅柴林和頂破布烏花錢宴請我們，殺了一頭豬和閹牛，還派一個人把牛的後腿部分送到辛仔罕，我們在那裡過夜。〔註92〕

〔註89〕George Leslie Mackay 著，〈馬偕日記手稿〉，1887 年 4 月 18 日；譯文參照《馬偕日記 II：1884～1891》，頁 179。

〔註90〕George Leslie Mackay 著，〈馬偕日記手稿〉，1887 年 9 月 8 日；譯文參照《馬偕日記 II：1871～1883》，頁 196。陳輝煌廣興土木的行爲，卻沒有受到馬偕的任何批判；究其因，除了認同陳輝煌是出自安全因素而築城外，亦有可能基於陳輝煌的影響力而多所容忍。馬偕在 *From Far Formosa* 中亦有提及陳輝煌保護他在宜蘭地區的安全：George Leslie Mackay, *From Far Formosa*, p236；譯文參照《福爾摩沙紀事：馬偕臺灣回憶錄》，頁 227。

〔註91〕George Leslie Mackay 著，〈馬偕日記手稿〉，1887 年 3 月 8 日；譯文參照《馬偕日記 II：1884～1891》，頁 173。

〔註92〕George Leslie Mackay 著，〈馬偕日記手稿〉，1891 年 6 月 1 日；譯文參照《馬偕日記 II：1884～1891》，頁 475。

顯然地，陳輝煌給馬偕的幫助十分可貴和巨大，也莫怪馬偕對陳輝煌的好感如此強烈。

三、小結

十九世紀後期，加拿大長老教會首任派外傳教士馬偕來到臺灣，挑選淡水作爲宣教中心。由於當時清廷長期對外戰爭失利，以及 1868 年樟腦糾紛等外交事件影響，官員雖然尊重條約的規定，但內心世界並未改變對洋人的態度，並非出自內心的友善，然居於官職，只要不鬧事影響其官位即可。相對地，則有少數官員因親近洋務，與傳教士較爲親近，對待傳教工作也相對友善。馬偕則從多次的教案經驗，及傳教事業受到壓迫，教徒不易獲得司法正義，身歷其境地體認效率不彰的司法體系，及貪腐成習的官僚文化，審訊、刑罰、監禁乃至於處決，都和賄賂惡習息息相關。平心論之，東、西方對司法根本思想的差異，與社會文化的迥異，影響雙方對司法的認知，若有不合其價值者，便強力批判之。

另一方面，馬偕也觀察到態度親切的巡撫劉銘傳，不但對於西方文化抱持開放的態度，也願意支持馬偕的傳教行動、贊助偕醫館的經費，是其能獲得馬偕高度評價的重要因素。而李彤恩與馬偕的深刻友誼，以及其和西方人士長期交往的積累，最終成爲馬偕與西方人士共同摯友。又如士紳陳輝煌因善待馬偕的傳教事業，也對馬偕在噶瑪蘭平原的安全多所關照，故受到馬偕的敬重。

從馬偕的一段話中，透露和本研究相同的概念：

> 我受託的任務是清楚的，就是教會的王和首領所交託的：「到世界各地去向眾人傳福音。」即使可能還會做其他方面的事，但這個受託的任務必得達成。而且，所做的任何其他方面之事，也都必須是有助益於達成此任務的。……我到臺灣的目的，就是把上帝恩典的福音送入未信基督的人心中，當他們皈依基督後，幫他們建立他們的信仰。我在一開始就已明確清楚，而且不容任何事物來使這目的變得黯淡或次要。〔註93〕

從馬偕對官員的紀錄，可以清楚看見「宣教的順利與否」，和其評價息息相關。

〔註93〕George Leslie Mackay, *From Far Formosa*, p135；譯文參照《福爾摩沙紀事：馬偕臺灣回憶錄》，頁 125。

將宣教事業擺在第一順位的馬偕，對傳教事業有助益的劉銘傳、李彤恩與陳輝煌即得到相當程度的讚賞。值得注意的是，《馬偕日記》的私人文本性質，清楚展現在敘述內容與評價上，完整吐露馬偕對外在事物的看法；此外，我們也可以發現，馬偕是以西方基督信仰的核心價值看待臺灣社會，凡是有違基督信仰價值的文化或是行為，都會遭到不客氣地批判。於此我們可以得知，傳教士書寫的脈絡與宣教經驗是緊密不分的。

第二節　南部長老會傳教士對臺灣官紳的評價

甘為霖於 1841 年在蘇格蘭的格拉斯哥出生，在當地就讀大學四年、神學四年。畢業後受英格蘭長老教會聘任來臺，於 1871 年 9 月 7 日出發，同年 10 月抵達香港，12 月 10 日轉抵臺灣打狗。至其 1917 年離開臺灣為止，總共在臺傳教 46 年，1921 年以 80 歲高齡逝世於英國。〔註94〕在南部長老教會的傳教士中，甘為霖留下的資料特別豐富，除了最廣為人知的《福爾摩沙素描》（Sketches From Formosa）和《福爾摩沙宣教之成功》（An Account of Missionary Success in the Island of Formosa）。他還翻譯《荷蘭統治下的臺灣》（Formosa Under the Dutch），整理臺南教士會的會議紀錄《臺南教士會議事錄》（Handbook of the English Presbyterian Mission in South Formosa）。此外，甘為霖還關注語言學習及盲人教育的事務，編著《廈門音新字典》與《中國的盲人》。總而言之，除傳教外，甘為霖對臺灣歷史文化發展也有相當大的貢獻，我們可以透過他留下的文獻，談討當時臺灣的官場文化。

一、甘為霖筆下臺灣官紳的普遍形象

（一）不友善的態度

前段馬偕的討論曾提及「樟腦條約」對傳教士在臺行動的助益，使官員雖然對傳教士有所忌憚，卻又不敢直接阻擋。南部英國長老教會的甘為霖，更直接表達對此事件的看法：

> 在這兒，不像在泉州（Chin-chiu）和漳州（Chiang-chiu）那樣，沒有人會輕視我們這些外來者，或對我們品頭論足一番。無疑地，1868

〔註94〕吳學明，《近代長老教會來臺的西方傳教士》，頁 61。

年英國領事對福爾摩沙所採取的行動，與這種態度有很大的關係。
〔註95〕
不過，即使如此，臺灣的官員與士紳們對於西方人的在臺行動還是存有不少
疑慮，甘為霖對此多所記錄。

　　根據長期在臺灣宣教的經驗，甘為霖認為要在大城市找尋傳教地點，都會
面臨不小的困難，甚至會遇到危險，因為官府和文人都不喜歡傳教士，他們也
很容易就能鼓動民眾反對傳教工作。〔註96〕如1886年，甘為霖來到彰化城找尋
傳教地點，卻感受到民眾強烈的反教情緒，不斷以推擠和丟石頭的方式意圖逼
走甘為霖，最後更圍聚在旅店外，希望甘為霖知難而退。〔註97〕甘為霖瞭解，
唯有直接找到地方官員才能解決這樣的困境，在數次請求受挫後，他更直接闖
入衙門內堂。〔註98〕雖然衙吏的刁難確實造成困擾，不過甘為霖直接闖入衙門
的行為卻也顯得魯莽。所幸，彰化縣令係甘為霖舊識，此事最後不但安然落幕，
更透過縣令的公開宣示使得甘為霖順利達成設教目的。〔註99〕

　　然而，並不是每次的交涉都如此順利。如1884年時，原本在平埔教會杜
君英（今屏東縣內埔鄉）聚會的客家信徒，為了方便聚會，決定另購土地設

〔註95〕 William Campbell, *Sketches from Formosa*, p. 17；譯文參照《素描福爾摩沙》，
　　　　頁 6。同樣的看法也記載在《臺灣佈教之成功》內，詳見：*An Account of
　　　　Missionary Success in the Island of Formosa*, pp. 217-218；譯文參照《臺灣佈教
　　　　之成功》，頁 135。1868 年的樟腦糾紛，英國軍艦砲轟府城，使得臺灣官紳與
　　　　民眾皆驚於西方列強的船堅炮利。Campbell Moody. *The Heathen Heart: An
　　　　Account of the Reception of the Gospel among the Chinese of Formosa*,
　　　　（Edinburgh: Oliphant, Anderson & Ferrier），pp. 144-145.

〔註96〕 William Campbell, *Sketches from Formosa*, p. 183；譯文參照《素描福爾摩沙》，
　　　　頁 173。由於西方傳教士係依約來臺，即使不同於其他商人或探險家，不過對
　　　　於臺灣民眾來說難以辨識，時常一體視之。如梅監務曾提及歐洲人在亞洲人
　　　　眼中是難以分辨的，可能會把他們都當成傳教士，也可能猜測他們來自同一
　　　　個家庭。詳見：Campbell Moody. *The Heathen Heart: An Account of the Reception
　　　　of the Gospel among the Chinese of Formosa*, pp. 144-145.

〔註97〕 不著撰人，〈教會的消息〉，《臺灣府城教會報》，第 15 張，光緒 12 年 9 月，
　　　　頁 105；重刊於臺灣教會公報社編，《臺灣教會公報全覽》（臺南：教會公報出
　　　　版社，1886 年）。William Campbell, *sketches from Formosa*, p. 185；譯文參照
　　　　《素描福爾摩沙》，頁 174。

〔註98〕 William Campbell, *Sketches from Formosa*, p. 186；譯文參照《素描福爾摩沙》，
　　　　頁 174～175。

〔註99〕 William Campbell, *Sketches from Formosa*, pp. 188-189；譯文參照《素描福爾摩
　　　　沙》，頁 176～177。

立禮拜堂。〔註100〕但建堂過程卻受到阻礙，不僅建築材料被搶走，還遭到官府指控契約不明，必須賠錢還地，官府最後更出示告示，希望民眾不要將土地賣給傳教士使用。〔註101〕針對這些類似的情況，甘為霖即指出，中國官員礙於法律規定必須容忍基督教的存在，私下卻以卑鄙的手段妨礙基督教的傳播。相反地，日本官員雖然不是基督徒，卻相當了解：「與中國的異教相比，基督教更有助於推廣文明、秩序和啟蒙，而這些正是他們打算在此地推展的目標」。〔註102〕於此，必麒麟也有同樣的看法：

> 在日本人徹底征服臺灣之前，歐洲商人和傳教士的行為將會處處受到限制，必須以忍耐和同情的態度來忍受這種種不便。因為面對較為開明的日本政權，歐洲人必能獲益，而那些利益在極度腐敗且十分排外的中國政權下是絕對無法取得的。〔註103〕

由此可見，臺灣官紳對於傳教士在臺宣教的順利與否，佔有相當關鍵的地位，這也影響傳教士對官紳的看法和評價。如清代臺灣官紳對傳教士的宣教活動抱持防衛心態，深怕傳教士影響統治權的安危甚或改變人民思想；也因此，對日本人的友善與期待，是全臺西方傳教士的普遍看法。另一方面，日本來臺後友善對待傳教士的作法，則讓甘為霖讚譽有加，認為日本肯定基督教對臺灣民眾教化的效用。〔註104〕因此，日本也是屬於文明、秩序和啟蒙的一方。

〔註100〕臺南長老大會，《南部大會議事錄（一）》（臺南：教會公報出版社，2003年），頁236。

〔註101〕不著撰人，〈教會的消息〉，《臺灣府城教會報》，第2張，光緒11年7月，頁8；重刊於臺灣教會公報社編，《臺灣教會公報全覽》（臺南：教會公報出版社，1885年）。

〔註102〕William Campbell, *Sketches from Formosa*, p. 295；譯文參照《素描福爾摩沙》，頁285。教會公報曾提及日本因追求西化之故，對基督教抱持歡迎的態度，宣教工作較臺灣順利。詳見：不著撰人，〈教會的消息〉，《臺灣府城教會報》，第19張，光緒13年2月，頁10；重刊於臺灣教會公報社編，《臺灣教會公報全覽》（臺南：教會公報出版社，1887年）。

〔註103〕W.A. Pickering. *Pioneering in Formosa : recollections of adventures among mandarins, wreckers, & head-hunting savages*, p. 49；譯文參照《歷險福爾摩沙》，頁76。又如梅監務宣稱，日本來臺初期曾以是否持有《詩歌集》，分辨民眾係教友（良民）或惡徒。詳見：Campbell Moody. *The Heathen Heart: An Account of the Reception of the Gospel among the Chinese of Formosa*, pp. 34, 43-44.

〔註104〕長期於南臺灣教會擔任醫療工作的安彼得醫生（Peter Anderson, 1847～1913），曾於《使信月刊》表示：1895年的新政權轉移具有顯見的利益，可以使得漢人的異教盲從減少，教會受迫害也成為歷史。詳見：William Campbell, *Sketches from Formosa*, p. 296；譯文參照《素描福爾摩沙》，頁287。

（二）敗壞的官箴

提到甘為霖對臺灣官員的印象，就一定要談「白水溪事件」。〔註105〕1874年（同治十三年），鑒於白水溪（今臺南市白河區）教會推廣順利，甘為霖準備擴建禮拜堂以利傳教工作推展，不過卻遭到當地店仔口頭人吳志高（1826～1880）以妨礙「風水」為由反對。〔註106〕在甘為霖婉拒吳志高以討論風水為名的邀約後，隔年一月，吳志高派人將白水溪教堂燒毀，〔註107〕甘為霖聲稱：「那些行兇者的目的不是搶劫，而是謀殺。」〔註108〕這也是甘為霖在臺傳教所遭遇的最大挫折。不過關於此事的過程，甘為霖初期的書寫與《教務教案檔》的記載較為相近，反而和回憶錄《Sketches from Formosa》有些許出入，此間細節留待吳志高的部分深入探討。

此事經過嘉義縣令陳祚的調查，發現白水溪距離店仔口十餘里，被燒毀的教堂也與吳姓祖墳距一山之遙，若以風水之說來看實在太過牽強。〔註109〕洪健榮指出，吳志高所宣稱的教堂有礙其祖墳民居風水的說法，不過是一種掩人耳目的片面之詞罷了，即「風水」成了吳志高反教的工具。〔註110〕換句話說，與其說吳志高是為了風水而反教，不如說是其在地領導地位與地方聲望受到挑戰而發動的騷擾事件。風水只是從傳統社會文化中找一個理由，更重要的是基督教的傳入結合當地平埔族，危害了吳志高的利益。回過頭來，若從甘為霖的相關紀錄中找尋他對吳志高的看法，可以發現許多嚴厲批判的用詞：

〔註105〕關於白水溪事件，已有詳盡研究可以參閱：蔡蔚群，《教案：清季臺灣的傳教與外交》，頁 129～143。另有研究者以社會文化史角度，探討「風水」成為反教工具的文化衝突，洪健榮，〈十九世紀後期來臺傳教士對風水民俗的態度〉，頁 169～210。

〔註106〕 "Letter from Rev. W. Campbell"，臺灣教會公報社編，《使信月刊（23）》，1875年，頁 118～121。William Campbell, *sketches from Formosa*, pp. 94-95；譯文參照《素描福爾摩沙》，頁 87。

〔註107〕臺南長老大會，《南部大會議事錄（二）》（臺南：教會公報出版社，2003 年），頁 125～127。詳細過程可以參照：中央研究院近代史研究所編，《教務教案檔》第三輯，第 1073 號附件，頁 1442～1445。

〔註108〕 William Campbell, *Sketches from Formosa*, pp. 100-101；譯文參照《素描福爾摩沙》，頁 92。

〔註109〕詳細過程可以參照：中央研究院近代史研究所編，《教務教案檔》第三輯，第 1073 號附件，頁 1442～1443。

〔註110〕洪健榮，〈十九世紀後期來臺傳教士對風水民俗的態度〉，《輔仁歷史學報》29（2012 年 9 月），頁 176。

吳志高非常富裕，是個半官半盜的地方領袖，他憑靠著個人強勢的
性格，以及部下對鄰近村落和農家的不斷掠奪，才獲得現在的權勢。

而吳志高之所以能為所欲為，是因為「他常常會對臺灣府呈上厚禮，而且，
面對如此強勢的逆賊，當局的力量也相形見絀」。〔註111〕甘為霖指出，基督教
勢力進入當地對吳志高造成重大衝擊，使當地原住民變得溫和、守法，脫離
吳志高的奴役，所以吳志高的不滿是可想而知的。〔註112〕甘為霖甚至懷疑吳
志高是依靠賄賂來逃避審判，〔註113〕就連事後官員所發出的公告，甘為霖也
認為不該抱有太多期待，因為中國官員是非常狡猾的，對傳教士抱有敵對的
態度。〔註114〕

二、甘為霖眼中的革新者與極惡者

同樣地，甘為霖在臺灣長期的傳教生涯中，有幾位形象特別鮮明的官員，
讓甘為霖甚為敬重。即此，接下來就要探討這些官員的獨特性。

（一）甘為霖眼中的革新者

1. 丁日昌

丁日昌（1823～1882）為廣東省豐順人，1861年太平軍攻克吉安府，以
失守褫職，同年七月曾國藩調其為隨營差委，開復原官。因隨營辦理洋務得
力，被保奏，1863年入上海籌辦機器局，後於1875年授福建巡撫，兼任船政
大臣。任內大力推動臺灣洋務，1877年架設安平——臺灣府城電報線，並曾
施行開山撫番、辦理煤務、購買軍艦、鋪設鐵路等多項措施，為洋務派代表
人物之一。〔註115〕

甘為霖認為丁日昌是一位公正、有能力的官員，並沒有沾染到官僚階級
的迷信、迂腐氣息，同時立定許多改革決策，使福爾摩沙有重大進步。〔註116〕

〔註111〕 William Campbell, *Sketches from Formosa*, pp. 87-88；譯文參照《素描福爾摩
沙》，頁81。

〔註112〕 William Campbell, *Sketches from Formosa*, p. 94；譯文參照《素描福爾摩沙》，
頁87。

〔註113〕 William Campbell, *Sketches from Formosa*, p. 104；譯文參照《素描福爾摩沙》，
頁95。

〔註114〕 William Campbell, *Sketches from Formosa*, pp. 104-105；譯文參照《素描福爾
摩沙》，頁96。

〔註115〕 詳見：許雪姬總策畫，《臺灣歷史辭典》，頁45。

〔註116〕 如甘為霖曾以月蝕為題批判漢人的迷信，詳見：William Campbell, *Sketches
from Formosa*, p. 78；譯文參照《素描福爾摩沙》，頁72。

> 舉例來說，他開通了多條島上道路、征服或安撫一些高山部落、開
> 墾礦坑、引進電報和鐵路，而且福爾摩沙也從福建省轄下升格為滿
> 清帝國的一省。〔註117〕

甘爲霖更指出，如果丁日昌能夠活久一點，並獲得滿清更多的關注的話，福
爾摩沙將會持續保持富裕的財政。〔註118〕

　　從甘爲霖的紀錄中可以發現，他對洋務改革派的丁日昌給予相當高的評
價，甚至可以說毫無缺點可言，這在當時的臺灣官員中相當突兀，若從甘爲
霖眼中丁日昌的政績來分析，便可瞭解爲何如此。首先，道路的開通使得傳
教士移動更爲便利，而高山部落的征伐或安撫，則有利平埔族的安全，此與
清代傳教以平埔族爲主要對象有關，〔註119〕相較於前述一般臺灣官員對於傳
教工作的阻撓，丁日昌的政策自然顯得開放。其次，開礦、引進電報及鐵路
等措施，皆是相當西化的政策，在中國官場一片「排外」與「迂腐」的氛圍
中格外顯眼，對西方傳教士來說更具鼓舞性。〔註120〕綜此，丁日昌的施政較
爲開放且西化，對於傳教士的傳教行動具有助益，也莫怪甘爲霖對他的評價
如此正面。

2. 劉銘傳

　　如同前述馬偕的看法，甘爲霖也認爲劉銘傳是位傑出的人物，以寬大、
開明的方式促進福爾摩沙島的發展。針對劉銘傳的提前離臺，甘爲霖同樣感
到惋惜與不平：

> 雖然這位巡撫所提的前瞻政策得到了一些鼓勵，但他明顯超越了那
> 些位居北京、掌握決策權的老派反動份子。他們應該要大力支持這

〔註117〕此處部分内容出現錯置的情況，丁日昌架設電報線、規劃鐵路，但落實者爲
　　　　劉銘傳、臺灣設行省亦在劉銘傳時期。

〔註118〕William Campbell, *Sketches from Formosa*, p. 277；譯文參照《素描福爾摩沙》，
　　　　頁 268。

〔註119〕甘爲霖曾明確指出，傳播基督教是推廣文明、秩序和啓蒙，這是當時傳教士
　　　　遠赴異地傳教的終極關懷。詳見：William Campbell, *sketches from Formosa*, p.
　　　　295；譯文參照《素描福爾摩沙》，頁 285。

〔註120〕南部長老教會即相當關心此類西化政策的施行，如《教會公報》就數次記載
　　　　電報線鋪設情形，詳見：不著撰人，〈澎湖的消息〉，《臺灣府城教會報》，第
　　　　27 張，光緒 13 年 8 月，頁 66；重刊於臺灣教會公報社編，《臺灣教會公報全
　　　　覽》（臺南：教會公報出版社，1887 年）。不著撰人，〈教會的消息〉，《臺灣
　　　　府城教會報》，第 28 張，光緒 13 年 9 月，頁 73；重刊於臺灣教會公報社編，
　　　　《臺灣教會公報全覽》（臺南：教會公報出版社，1887 年）。

位能幹的改革者的，誰知道呢，若然，或許福爾摩沙現在還是由北
京所管轄呢！〔註 121〕

劉銘傳的在臺施政中，甘為霖對理番政策最為讚賞，認為可以讓那些喜歡獵
人頭的原住民守法，而且劉銘傳屢次親力親為，充滿膽識地親赴前線主持剿
番的征戰，相當值得肯定。〔註 122〕就甘為霖的觀點而言，劉銘傳的「化番為
民」與其傳播福音的理念相同，自然對此政策大感贊同；然而，若從原住民
的觀點來看，這無非是種侵略行為，使他們的生活領域受到剝奪。因此，不
論是「化番為民」也好，或是「傳播福音」也罷，對原住民來說，「教化」只
是冠冕堂皇包裝下的帝國主義罷了，並非如甘為霖所說如此偉大，更遑論劉
銘傳在名正言順地征討番地背後，所遮掩的官商勾結與資源掠奪。

　　另一項得到甘為霖讚賞的功績，便是鐵路的鋪設。甘為霖指出，雖然經
費匱乏，劉銘傳還是鋪設了自雞籠延伸至竹塹的鐵路，為島上帶來更多便利。
〔註 123〕如馬偕即數次搭乘火車往來北部教區。〔註 124〕身為清朝版圖中第一個
鋪設鐵路的省分，其代表性自然可想而知。在各地皆以「風水」為由抗拒鐵
路鋪設時，唯有劉銘傳順利完成鐵路鋪設，也莫怪會獲得甘為霖的高度評價。
〔註 125〕

（二）甘為霖眼中的極惡者──吳志高

　　在甘為霖的宣教生涯，乃至南部長老教會宣教史，與吳志高交手的白水
溪教案，可以說是宣教史上的一大挫折。對於吳志高的形象，甘為霖這樣描
述著：

　　　吳志高非常富裕，是個半官半盜的地方領袖，他憑靠著個人強勢的

〔註 121〕 William Campbell, *Sketches from Formosa*, p. 278；譯文參照《素描福爾摩沙》，
　　　　　頁 268。
〔註 122〕 William Campbell, *Sketches from Formosa*, p. 279；譯文參照《素描福爾摩沙》，
　　　　　頁 269。
〔註 123〕 William Campbell, *Sketches from Formosa*, pp. 279-280；譯文參照《素描福爾
　　　　　摩沙》，頁 269～270。
〔註 124〕 George Leslie Mackay 著，〈馬偕日記手稿〉，1888 年 12 月 23 日；譯文參照
　　　　　《馬偕日記 II：1884～1891》，頁 293。George Leslie Mackay 著，〈馬偕日記
　　　　　手稿〉，1890 年 8 月 20 日；譯文參照《馬偕日記 II：1884～1891》，頁 406。
　　　　　George Leslie Mackay 著，〈馬偕日記手稿〉，1893 年 8 月 1 日；譯文參照《馬
　　　　　偕日記 III：1892～1901》，頁 104。
〔註 125〕 如同巴克禮所指出，如要改革惡習，在臺灣受到的阻力會比中國小。詳見：
　　　　　臺灣教會公報社編，《使信月刊（29）》，1885 年 9 月，頁 13～14。

性格，以及部下對鄰近村落和農家得不斷掠奪，才獲得現在的權勢。
據說他有兩百個持有武器的部下隨時待命。統治當局對他的所作所
為，似乎也是睜一隻眼閉一隻眼，因為他常常會對臺灣府呈上厚禮，
而且，面對如此強勢的逆賊，當局的力量也相形見絀。〔註126〕

在甘為霖的書寫中，可以見到吳志高在地方擁有極大影響力，除了私人武力
外，還透過賄賂的方式討好官員，可以說是罪大惡極。為了瞭解甘為霖評價
的基準，白水溪教案的內容便需要進一步分析。

經過 1868 年的樟腦糾紛後，西方傳教士在臺宣教環境獲得改善。1874 年，
考量白水溪一帶（今臺南市白河區仙草里）宣教工作順利，為了推展教務，
甘為霖預計在此處擴建禮拜堂，然而此舉卻遭到吳志高以「風水」為由反對。
〔註127〕為此，吳志高曾派人邀約甘為霖親臨商談遭拒，不過甘為霖指出擴建
地點並未移動，且距離吳家墳墓有四百步之遙，連鄰近異教徒也認為以「風
水」為由反對擴建，是相當荒謬（ridiculous）的理由，而婉拒邀約。〔註128〕
隔年元月，吳志高派人於夜間焚毀白水溪教堂，甘為霖在回憶錄中提起自己
的遭遇「一雙赤腳汩汩流著血」、「至於我自己，則身受遍體鱗傷和徹夜寒凍
之苦」、「那些行兇者的目的不是搶劫，而是謀殺」。〔註129〕事發後，縣令陳祚
親自前往視察，發現白水溪與店仔口相距十餘里之遙，教堂更與祖墳相隔甚
遠，應無風水之慮。〔註130〕洪健榮指出，「有礙風水」只是掩人耳目的片面之
詞，〔註131〕因「風水」是當時社會中可以訴諸公論的理由。

〔註126〕 William Campbell, *Sketches from Formosa*, pp. 87-88；譯文參照《素描福爾摩
沙》，頁 81。

〔註127〕 "*Letter from Rev. W. Campbell*"，臺灣教會公報社編，《使信月刊（23）》，1875
年，頁 118。William Campbell, *sketches from Formosa*, pp. 94-95；譯文參照《素
描福爾摩沙》，頁 87。

〔註128〕 "*Letter from Rev. W. Campbell*"，臺灣教會公報社編，《使信月刊（23）》，1875
年，頁 118～119。William Campbell, *sketches from Formosa*, pp. 94-95；譯文
參照《素描福爾摩沙》，頁 87～88。

〔註129〕 William Campbell, *Sketches from Formosa*, pp. 99-101；譯文參照《素描福爾摩
沙》，頁 90～92。

〔註130〕 中央研究院近代史研究所編，《教務教案檔》第三輯，第 1073 號附件，頁 1442
～1443。

〔註131〕 洪健榮，〈十九世紀後期來臺傳教士對風水民俗的態度〉，頁 176。

圖 9　今白水溪教會

　　然而，甘爲霖眼中「罪大惡極」的吳志高，實際上眞的是如此「十惡不赦」嗎？吳志高爲店仔口當地豪強，曾於 1863 年（同治二年）協助官軍抵抗「戴潮春之亂」，解除嘉義圍城之迫，得到官府信任及民眾擁戴。彰化鹿港士紳吳德功（1850～1924）在《戴案紀略》中記載「其人身材五短，爾雅溫文，無武夫氣。平時爲村學究，屢試不第，曉暢事機，一呼百諾，兼五十三莊總理」。〔註132〕受到臺灣官員和一般民眾愛戴的吳志高，在甘爲霖的眼中卻變得如此不堪。究其因，係吳志高對甘爲霖的傳教工作造成阻礙，甚至威脅其生命安危，才使得甘爲霖耿耿於懷。倘若我們只從甘爲霖的觀點來看，恐怕會順其思維而認爲吳志高有百害而無一利；但若從清朝官員與地方民眾的角度來看，便可以瞭解吳志高的勢力是其來有自。

〔註132〕蔡青筠，《戴案紀略》（臺北：臺灣銀行，1964 年），頁 40。

圖 10　甘爲霖遭難紀念碑

此外，蔡蔚群曾指出甘爲霖對此事件的書寫，「事發十餘年後的紀錄，竟然比事發之時的紀錄詳細」，認爲眞實程度令人懷疑。〔註 133〕事發後，甘爲霖曾致函領事額勒格里（William Gregory），強調他雖然沒有受傷，卻在寒冷的山區度過一夜。〔註 134〕《教務教案檔》內也提到，「是日辰刻有洋人監物來縣面稱，伊在白水溪地方傳教，突被店仔口人乘夜焚燒住居，慌忙逃走，幸未受傷。」〔註 135〕《使信月刊》的報導中，甘爲霖提到他與縣令陳祚有「some

〔註 133〕蔡蔚群，《教案：清季臺灣的傳教與外交》，頁 135。
〔註 134〕蔡蔚群，《教案：清季臺灣的傳教與外交》，頁 136。
〔註 135〕中央研究院近代史研究所編，《教務教案檔》第三輯，第 1056 號附件，頁 1442。

little discussion」，亦與回憶錄所載有出入。〔註136〕比較甘爲霖於不同時期針對白水溪事件的紀錄，愈到後期愈加精彩豐富，頗有歷史層累之既視感。筆者認爲，這樣的歷史記憶累加現象，應爲甘爲霖試著強調自己在福爾摩沙傳教的困難與阻礙，同時提醒讀者自己在宣教上的功績及貢獻，以取得更強勢的福爾摩沙知識者地位及宣教話語權。

圖 11　岩前教會（火燒白水溪，起岩前來賠）

三、小結

1871 年，甘爲霖受聘來到臺灣進行宣教工作，其貢獻不僅於傳教本身，更擴及教育層面，留下許多豐富的紀錄。在他長期的傳教經驗中，深刻感受到臺灣官員的不友善，以及官箴的敗壞。不過，就如同他所說：

> 雖然論斷這些達官顯貴或其他人並不是我們的職責所在，但經過長期以來的觀察，我發現，對於這些中國官僚，我們實在很難懷有信心或尊敬之意。毋庸置疑，其中仍有少數官員很能幹（從本地人的觀點而論），勤勉而正直，並且眞正爲人民著想。然而整體看來，上

〔註136〕 "*Letter from Rev. W. Campbell*"，臺灣教會公報社編，《使信月刊（23）》，1875年，頁120。

　　自總督，下至卑微的衙門小役，全都以惡毒的原則行事，即：國家
　　是為官員而設，並非官員為國家而置。〔註137〕

雖然甘為霖認為臺灣官員普遍迂腐，不過還是有少數官員相當勤勉而正直。

　　洋務派的丁日昌便是其中一位，對獵頭部落的征服、道路開通，與電報
線的鋪設，使臺灣走向西化開放的路線。而劉銘傳親力征討有助於番人教化，
鐵路鋪設更促成交通便利性，相當得到甘為霖的肯定。不過，倘若平實來看，
這些施政的效果並非如甘為霖所說如此巨大，且對原住民來說更是一種侵略
行為。相反地，吳志高於「戴潮春之亂」中興起，受到官員與地方民眾愛戴，
不過卻因「白水溪事件」使甘為霖宣教事業受挫，故其得到負面評價也就不
感意外了。總言之，透過這些探討除了印證本研究所強調的，傳教士對官員
與士紳的評價與傳教士宣教順利與否息息相關。

第三節　長老會傳教士對臺灣漢人的觀察

　　1858、1860 年兩次英法聯軍，清廷被迫簽訂天津條約、北京條約，開放
16 個港口，並允許西方人在中國傳教、經商和旅行。當此之時，臺灣西部的
安平、打狗、淡水與雞籠四港，也成為條約開放港；〔註138〕西方傳教士紛紛
前來臺灣島上建立據點，從事宣教工作。〔註139〕1859 年，西班牙天主教道明
會士郭德剛從菲律賓出發，經廈門轉往打狗（今高雄）從事佈教工作。〔註140〕
1865 年，英國長老教會傳教士馬雅各也經由廈門抵達打狗，以臺灣府城（今
臺南）作為傳教據點。〔註141〕自十七世紀西班牙人、荷蘭人先後離開後，時
隔兩百年，天主教與基督教不但重返臺灣展開宣教的新頁，也開展出豐碩的
傳教成果，成為臺灣歷史重要的一環。

〔註137〕William Campbell, *Sketches from Formosa*, p284：譯文參照《素描福爾摩沙》，
　　　　頁 275～276。
〔註138〕戴寶村，《清季淡水開港之研究》（臺北：國立臺灣師範大學歷史研究所，1984
　　　　年）；林滿紅，《茶、糖、樟腦業與臺灣之社會經濟變遷：1860～1895》（臺北：
　　　　聯經出版公司，1997 年）。
〔註139〕莊吉發，〈清代臺灣基督教的教堂分布及其活動〉，《清史論集（十四）》（臺北：
　　　　文史哲出版社，2004 年），頁 267～301。
〔註140〕江傳德編纂，《天主教在臺灣》（臺南：聞道出版社，2008 年），頁 30～31。
〔註141〕鄭連明，《臺灣基督長老教會百年史》（臺南：臺灣教會公報社，1984 年），
　　　　頁 6～8。

　　筆者在史料爬梳時，發現西方傳教士評價的觀點與傳教順利與否息息相關。雖然傳教士們以看似科學的紀錄，描寫他們在宣教過程中的觀察對象，然卻無法排除其主觀意識的帶入。〔註142〕亦即，傳教士往往透過其西方宗教、文化的背景知識，觀看臺灣異教社會，並以傳教順利與否作爲評價的標準。因此，當我們回顧臺灣宣教歷史，吳學明曾指出「傳教士認爲漢人受傳統宗教信仰影響，形成種種迷信觀念與習俗，以及儒家傳統與基督教教理的扞格，使得傳教工作在漢人社會較難推展」。〔註143〕有鑑於此，筆者便對西方傳教士如何看待臺灣漢人產生興趣，希望能瞭解西方傳教士對臺灣漢人的看法，是否亦與宣教順利與否有關。

　　十九世紀後期來臺的西方傳教士，已將臺灣漢人區分爲福佬、「客家」（Hakkas）兩類，而這些分類係基於中國宣教經驗、人群分類所形成的他稱書寫，不一定和臺灣的實際人群分類相關。〔註144〕如馬偕在回憶錄所述：「他們大部分來自福建省，是說著廈門話的福佬人；一小部分則是從中國北方遷到廣東，最後橫渡臺灣的客家人，具有獨特的生活及語言。」〔註145〕而根據林正慧的考證，西方傳教士所使用的「客」（Hakkas）詞彙，係經過中國華南巴色會傳教士韓山文（Rev. Theodore Hamburg，又譯韓山明）〔註146〕於 1854年完成的《太平天國起義記》（*The Visions of Hung-Siu-Tshuen and Origin of the Kwangsi Insurrection*）內，由韓山文的 Hakkas 對應到口述者洪仁玕所稱之「客家」，中西文對於客方言人群的定義，似乎已趨於統一。誠如林正慧所言，中國官方主要以籍貫分類統治的百姓，西方用語原本沿之；但臺灣開港後，西人對臺灣客方言人群的稱述，一律改成 Hakka 或 Hakkas，顯示西人對臺灣客

〔註142〕陳東昇，〈馬偕眼中的清代臺灣官員〉，《臺北文獻》189（2014 年 9 月），頁171～208。

〔註143〕吳學明，《從依賴到自立──終戰前臺灣南部基督長老教會研究》（臺南：人光出版社，2003 年），頁 43～44。

〔註144〕相較於西方傳教士以「福佬、客家」指稱臺灣的人群分類，當時臺灣內部的人群自稱與他稱應爲「人、客人」。

〔註145〕George Leslie Mackay, *From Far Formosa*, pp. 92-93；譯文參照《福爾摩沙紀事：馬偕臺灣回憶錄》（臺北：前衛出版社，2007 年），頁 87～88。

〔註146〕韓山明與黎力基（Rev. Rudolf Lechler, 1824-19080）同爲巴色會首批來華傳教士，前者負責客語區，後者則是潮語區。可以參照：湯泳詩，《一個華南教會的研究──從巴色會到香港崇眞會》（香港：基督教中國宗教文化研究社，2012），頁 16。

方言人群的認知已明顯改變。〔註147〕然而，雖然「客家」的稱謂藉由西人引介進入臺灣，卻不如中國華南地區的發展，未能順利成為臺灣客家人所接受的自稱與他稱，僅使用在傳教士的書寫之中。究其因，各自與道明、長老兩會的教務推廣不順有密切關聯，直至日本殖民統治時期才獲得較佳的宣教環境。〔註148〕在釐清西方傳教士所使用的「客家」（Hakkas）詞彙後，接下來便運用傳教士回憶錄與教會文獻，探討十九世紀後期西方傳教士對臺灣漢人中，福佬與「客家」的看法。

一、長老會傳教士對福佬人的觀察

中國士大夫長久以來奉「儒家思想」為主流，視外國人為「夷狄」，對儒家文化抱持高度的自尊。〔註149〕十九世紀後期清朝對外戰爭連年失敗，臣民皆驚訝於西方的船堅炮利，然而，這非但沒有消除對外族文化的排斥態度，還增添了士大夫對中國文化的危機意識。〔註150〕臺灣的部分，特別在開港通商後，對於依約來臺的西方人士，抱持著高度的懷疑和不確定性，往往將西方人士一體看待。〔註151〕這樣的排外態度，對於長期遊走在臺灣社會的傳教

〔註147〕林正慧，《臺灣客家的形塑歷程——清代至戰後的追索》（臺北：臺大出版中心，2015 年），頁 196。

〔註148〕吳學明，〈終戰前在臺基督教派關係之研究〉，《臺灣文獻》63：4（2012 年 12月），頁 103～106。

〔註149〕針對中國儒家社會的反教思維，可以參照：呂實強，《中國官紳反教的原因（1860～1874）》（臺北：中央研究院近代史研究所，1973 年）。

〔註150〕部分中國知識份子則試圖建立以中國文化為主軸，西方文化作為補充的解釋方法，以圖知識系統更加完整。如洪健榮曾以臺灣方志中的西學論述作為例子，指出：「西學在清代臺灣方志的知識系統中所佔有的位置，多半屬於邊陲性或非主流性的性質，某些是作為官方論述的參照，或是做為志書中各類自然現象及人文景觀的點綴。」洪氏更進一步指出：「西學論述在清代臺灣方志的知識系統中，始終是從屬於或依附在統治階層的價值取向，或是做為大一統帝國版圖意象的技術性憑證而成立。」由此可見，雖然清朝震驚於西方文化的進步，但卻始終沒有影響到統治階層的價值取向，詳見：洪健榮，〈清代臺灣方志中的「西學」論述〉《臺灣文獻》62：2（2011年 6 月），頁 105～144。

〔註151〕當時的西方人士普遍認為，清朝官員礙於條約無法對外國人置之不理，便會透過煽動民眾的方式達到反外效果。詳細可以參見：James W. Davidson, *The Island of Formosa : Past and Present.*（Taipei : Southern Materials Center）, 1903, pp. 188, 191, 譯文參照陳政三譯，《福爾摩沙島的過去與現在》（臺南：國立臺灣歷史博物館，2014 年），頁 227、230。甘為霖也曾提及官員及文人對外國人士的不友善，策動民眾排外行為易如反掌。詳見：William Campbell,

士來說，更是印象深刻。〔註152〕不過值得注意的是，甘爲霖曾指出「樟腦事件」對西方人在臺處境的助益，並認爲相較於中國的漳州、泉州，臺灣民眾對待西方人的態度著實友善不少。〔註153〕

（一）人數優勢

馬偕認爲，相較於福爾摩沙島上的原住民，漢人在人數、智能及影響力方面都居於優勢，漢人是移民自人口密集的中國大陸，也將原來的生活習慣及家裡所拜的神明帶來臺灣。漢人們也展現積極進取的性格，維持祖先的生活與崇拜方式，其中絕大部分是來自福建省，說著廈門話的福佬人。〔註154〕馬偕進一步指出：

> 在這個島上住有約三百萬的漢人，其中約一百萬是住在加拿大長老
> 教會從事宣教的四個地區。這些漢人分爲福佬人（Hok-los）和客家
> 人（Hak-kas）兩類。在臺灣北部的漢人中，八分之七是福佬人，他
> 們是從島的對岸福建省來的移民或移民的子孫。〔註155〕

由此可知，傳教士認爲福佬人在臺灣佔有相對優勢的人數，主要來自福建地區。著名的探險家必麒麟也指出：

> 從南到北，整個西部沿海的沖積平原，都是來自中國福建省的移民
> 者——福佬人的天下。他們講變體的廈門話，除廣東北部的潮州人
> 外，中國其他省分的人都聽不懂這方言。〔註156〕

　　　　 Sketches from Formosa, p. 183；譯文參照《素描福爾摩沙》（臺北：前衛出版社，2009 年），頁 173。

〔註152〕有趣的是，梅監務曾提及歐洲人在亞洲人眼中是難以分辨的，可能會把他們都當成傳教士，也可能猜測他們來自同一個家庭。詳見：Campbell Moody. *The Heathen Heart: An Account of the Reception of the Gospel among the Chinese of Formosa*, pp. 144-145.

〔註153〕William Campbell, *Sketches from Formosa*, p. 17；譯文參照《素描福爾摩沙》，頁 6。

〔註154〕George Leslie Mackay, *From Far Formosa*, pp. 92-93；譯文參照《福爾摩沙紀事：馬偕臺灣回憶錄》，頁 87～88。

〔註155〕George Leslie Mackay, *From Far Formosa*, p. 101；譯文參照《福爾摩沙紀事：馬偕臺灣回憶錄》，頁 95。甘爲霖也提及，福建人（Fokiense）在福爾摩沙島佔多數。可以參見：William Campbell, *Sketches from Formosa*, p. 250；譯文參照《素描福爾摩沙》，頁 239。

〔註156〕W.A. Pickering. *Pioneering in Formosa：recollections of adventures among mandarins, wreckers, & head-hunting savages*, p. 66；譯文參照《歷險福爾摩沙》（臺北：前衛出版社，2010 年），頁 94。

顯然地,西方人都清楚理解福佬人在臺灣的人數優勢,並能透過方言辨識漢人之中福佬。相反地,傳教士如何辨識客家,就留待後段分析。

(二)男尊女卑

甘爲霖指出福佬人並無法決定自己的婚姻,必須透過父母或媒人決定,甚至常在孩童時期就訂下婚約。婚姻形式又分兩種,女方嫁到男方家中同住,稱爲迎娶;另外一種則是男方入贅至女方家中,這會使得新郎的地位不如傭人。〔註157〕透過甘爲霖的觀察,可以發現父母在家庭中的權威性,以及男、女方不平等的地位,同樣的婚姻卻因男、女方的主動地位不同,而有不同的結果與待遇。此外,甘爲霖還提到,男人普遍納妾,而且可以輕易的離婚或離棄,這種弊病剝奪了許多守規矩、正經女人的權利,是任何事情都取代不了的。〔註158〕

男女地位的差異,也顯現在嬰孩的抉擇上,如必麒麟批判:

> 每位父親皆操有其子女的生死大權。由於父親的地位極爲崇高偉大,做女兒的處境就悲慘了。即使大家都學佛,講究慈悲爲懷,但殺死女嬰的事件卻十分普遍。〔註159〕

而且,殺女嬰的行爲不僅止於生活困苦的底層社會,也發生在富裕的階級中。〔註160〕從此得知,除了經濟因素外,社會風氣更是影響深遠。即使女嬰們逃過被殺害的命運,長大後還是得忍受裹小腳的折磨,僅有奴婢在限制之外。從另外一方面來看,客家婦女並不裹小腳,因此擁有較佳的行動力與勞動力。〔註161〕甘爲霖即認爲,裹小腳看似小事一椿,實際上卻嚴重摧殘了女性的身

〔註157〕 William Campbell, *Sketches from Formosa*, p. 250;譯文參照《素描福爾摩沙》,頁 239～240。

〔註158〕 William Campbell, *Sketches from Formosa*, pp. 250-251;譯文參照《素描福爾摩沙》,頁 240。

〔註159〕 W.A. Pickering. *Pioneering in Formosa : recollections of adventures among mandarins, wreckers, & head-hunting savages*, pp. 57-58;譯文參照《歷險福爾摩沙》,頁 85。

〔註160〕 W.A. Pickering. *Pioneering in Formosa : recollections of adventures among mandarins, wreckers, & head-hunting savages*, p. 61;譯文參照《歷險福爾摩沙》,頁 88。

〔註161〕 W.A. Pickering. *Pioneering in Formosa : recollections of adventures among mandarins, wreckers, & head-hunting savages*, pp. 66-68;譯文參照《歷險福爾摩沙》,頁 94～96。

體狀況和社會狀況。〔註162〕

《教會公報》也數度刊載文章論述裹小腳的壞處：

> 今論上帝在生人，不論查甫查某，每人讓他兩腳，本來要讓他能行、
> 快走。查甫的就是要因爲國，因爲家，走東去西。查某的是要讓他
> 服事長輩，教訓子兒，在裡面相幫贊來拖磨，因爲要盡他振動做工
> 的本份，確實得用腳手。現今出在查某因仔縛腳，直直是將大路用
> 的身體歸在沒路用的地方，辜負天的恩情，悖逆天的眞理，違逆天
> 的命令。〔註163〕

文內更歸納出六項綁小腳的壞處，鼓勵教會內的婦女一起革除纏足的風俗。
當時男女地位的差異，由此可見一般，等到纏足解除已是日治時期。值得注
意的是，雖然客家婦女不裹小腳，但也不等於客家男、女地位平等，這只能
說明在西方人眼中，福佬人的男、女地位差異是較爲明顯的。

（三）物質主義

找尋西方傳教士對福佬人的觀察，也可以從描述區域著手，如艋舺、大
稻埕應爲毫無疑問的地點。馬偕在艋舺、大稻埕地區的宣教不易，也因爲如
此，馬偕對這兩個福佬人城鎮描繪甚多。馬偕批判大稻埕的居民對於信仰沒
有感覺，每天早上只想到市場和商店做生意：

> 金錢、現金、金錢、金錢！當孩童還年幼的時候就已經是生意人了，
> 中國的土地你的子民是物質主義者、迷信者、追尋金錢者，你什麼
> 時候會有驚天動地的改變呢？〔註164〕

不僅大稻埕受到馬偕的批判，基於教堂改建屢次受阻之故，馬偕對艋舺的批
評也是不遺餘力。馬偕認爲，艋舺人每天都爲了錢財操勞，重視物質且以迷
信的方式追求錢財，以至於馬偕每次到該地傳教，都遭到不友善的對待。此
外，「若論到恨惡外國人、自傲、自以爲是、虛僞、迷信、縱慾、自大和奸詐，
艋舺都首屈一指。」〔註165〕關於福佬人的物質主義，馬偕曾進一步指出：

〔註162〕William Campbell, *Sketches from Formosa*, p.55；譯文參照《素描福爾摩沙》，
　　　　頁47～48。

〔註163〕不著撰人，〈縛腳的要論〉，《臺灣府城教會報》，第75張，光緒17年7月，
　　　　頁52～55；重刊於臺灣教會公報社編，《臺灣教會公報全覽》（臺南：教會公
　　　　報出版社，1891年）。

〔註164〕George Leslie Mackay著，〈馬偕日記手稿〉，1875年4月24日；譯文參照《馬
　　　　偕日記I：1871～1883》，頁212。

〔註165〕George Leslie Mackay, *From Far Formosa*, pp. 164-165；譯文參照《福爾摩沙紀

> 我們談到「公義」。確實，像漢人這般的世俗取向，放肆且迷信，但
> 仍有良心，不過常被「金錢」所遮蔽。白日將破曉，是的，萬分確
> 定破曉將至，當歡呼聲都獻給耶和華時。〔註166〕

從馬偕的敘述中，可以發現他批判經商營利的「異教徒」福佬人甚深。究其
因，係「異教徒」未受基督福音洗禮，且對宣教構成不少阻礙，才受到馬偕
諸多批判。

　　同時，馬偕也認為有些人並不是為了福音而來，只是為了醫藥：

> 我獨自前去，婦女和孩子們真的從家裡跑出來，追著我要藥品、要
> 拔牙，人們真的很感激。這是好的，「祢偉大的福音廣傳了。」許多
> 人並不真心想聽十字架，他們想聽的是道德的事。錢！錢！！
> 錢！！！所有地方都是如此。〔註167〕

馬偕深知，即使透過醫療宣教的方式吸引了不少人群聚集，不過大多數是為
了貪圖醫療物資而來的異教徒，他們並非為了福音而來。

　　而南部長老教會的甘為霖，也曾在福佬人地區有類似觀察。在宣教版圖
逐步北上的過程中，遭受不少阻礙，如甘為霖進入嘉義城時，出現不少反對
聲浪，使得傳教據點取得不易：

> 此事的後續發展讓我們了解到，要解決漢人社會中所碰見的問題，
> 貧窮以及亮晶晶的銀兩是多麼有用的工具。第四天晚上，我們很驚
> 訝有個人小心翼翼地過來，說他願意把房子賣給我們，條件是必須
> 一次把錢付清。〔註168〕

甘為霖指出，為了賺取銀兩，漢人甘願在排外風氣顯著的氛圍中冒險與外國
人交涉，可見錢財的吸引力。這樣的方式，即便到了彰化城也有同樣的效應：

> 他就像一般的中國人那樣，急忙抓了錢，便期待以一系列的意外
> 事件為藉口，讓他不必交出所有權狀。結果，五十元才落入他的
> 手，馬上就在當天被揮霍一空，所有權狀也散發給曾預支金錢給

　　　事：馬偕臺灣回憶錄》，頁153。此段紀錄可以參照George Leslie Mackay著，〈馬
　　　偕日記手稿〉，1875年4月24日；譯文參照《馬偕日記I：1871～1883》，頁212。
〔註166〕George Leslie Mackay著，〈馬偕日記手稿〉，1885年12月14日；譯文參照
　　　《馬偕日記II：1884～1891》，頁104。
〔註167〕George Leslie Mackay著，〈馬偕日記手稿〉，1885年12月23日；譯文參照
　　　《馬偕日記II：1884～1891》，頁105。
〔註168〕William Campbell, *Sketches from Formosa*, p. 75；譯文參照《素描福爾摩沙》，
　　　頁70。

他的親戚。〔註169〕

由於西方傳教士係挾條約入臺，加上西方宗教的陌生，臺灣民眾對其多所防範，租屋取得不易；然而，甘為霖認為在這樣的排外風氣中，終究還是有人為了錢財，願意涉險讓傳教士租屋。總言之，傳教士基於地區宣教不順之故，批判臺灣漢人的迷信與物質主義；其次，傳教士在宣教經驗中，發現錢財能打破漢人與傳教士之間的隔閡，便認定漢人是物質主義重於信仰的族群。基於此，可以見到宗教差異與文化誤解所產生的錯誤認識，影響傳教士與臺灣漢人的彼此認知，使得傳教士的觀察方式出現偏頗。

二、長老會傳教士對「客家」的觀察

　　十九世紀後期來臺西方傳教士所使用之「客家（Hakkas）」，係自中國華南地區所引進，不過導因於教務推展不順，Hakkas 僅落實在傳教士與教會文獻的書寫當中。〔註 170〕林正慧更指出，來臺的西人們是運用對華南 Hakkas 的既有認知來描述臺灣的客語人群；而臺灣的客語人群，則普遍被另一個方言人群稱為「客人」。〔註171〕至此可知，當時臺灣島內居民係以方言差異作為主要辨識途徑，回過頭來，西方傳教士是否有能力辨識臺灣客方言人群呢？或許，可以從教會文獻內找出一些蛛絲馬跡。

　　一篇甘為霖發表於《使信月刊》（The Messenger）中的文章，點出李庥（Hugh Ritchie,1835～1879）在南岸地區的經營，使教會在客家地區宣教有初步成果，文中更透露傳教士們對客方言的敏感程度：

> 有天傍晚天色變得相當黑，那時我們離目的地仍有兩英哩，我掉進路旁的排水溝中而全身濕透，大概是像人們口中說的「倒頭栽」，我沒甚麼大礙，但見我這樣濕透，為一旁那些又窮又累的男人們帶來一些愉悅呢。總之，我常常想到在我從水溝中被拉出來的時候，初聽到那辨識度極高的聲音，是他們使我不致持續咳嗽。〔註172〕

〔註169〕 William Campbell, *Sketches from Formosa*, p. 184；譯文參照《素描福爾摩沙》，頁 173。
〔註170〕 道明會在臺灣南部的傳教群體以平埔族為主，長期與漢人（特別是客家）處於緊張關係，傳教都無法順利推展，更遑論「客家」稱謂的引進與接受。而長老教會則是因為客語學習的門檻高於閩南語，在專責客家教區且能操客語的李庥牧師過世後，客家地區的宣教進度便大幅停擺。
〔註171〕 林正慧，《臺灣客家的形塑歷程——清代至戰後的追索》，頁 198。
〔註172〕 "*From the Rev. Wm. Campbell*"，臺灣教會公報社編，《使信月刊（25）》，1877 年 11 月，頁 275～276。

可見，對傳教士們來說，辨識 Hakkas 並不是一件困難的事情。值得注意的是，「客家」人所操語言可能不侷限於客語，而能稍微理解福佬話：

> 杜君英是個原住民村莊，座落在離打狗內地約六里遠。我們在那有座成立數年的教堂，禮拜是以廈門話來領導。最近一群客家人來參加禮拜，所以那座教堂很大比例是客家人。幾乎這群人都能或多或少理解廈門話，不過即使理解最好的人也比較希望禮拜是以他們的語言進行。〔註173〕

考量到福佬人在臺灣長期優勢地位，不難理解客家人為何能對福佬話有所理解。同時，巴克禮（Thomas Barclay, 1849-1935）也點出臺灣教務發展待突破的障礙，即客語傳教士人才的缺乏。相較於中國擁有廣大羊群待牧，臺灣的人口數可以說是相形見絀，西方教會自然將重心放在中國宣教區，這一點可以從《使信月刊》的報導篇幅比例清楚發現。也因此，南部長老會在能操客語的李庥過世後，客家地區的教務推展就明顯停滯。

（一）「客家」特色

在馬偕的理解中，「客家」是自中國北部遷至廣東，而後渡海來臺，並具有獨特的語言與生活。〔註174〕客家人勇敢又健壯，無論在中國或臺灣都力圖發展，特別是客家婦女不需纏足，擁有強大的勞動力。在北臺灣的區域，客家人居住在新竹、苗栗地區，漢人（指福佬人）與原住民的交接地。不過馬偕悲觀認為：「他們說的是廣東的一種方言，但是年輕的一代都學福佬話，因此將來客家話恐怕會消失掉。」〔註175〕從歷史的後見之明告訴我們，馬偕的預言並未實現。當時客家人可能基於福佬人的社會優勢，不得不學習福佬話，但卻不一定完全放棄使用客語。

而甘為霖所認知的「客家」，是來自廣東，奸巧、卻負進取心的族群，客家婦女不裹小腳，能夠負重吃苦。此外，客家人更熱衷於讓孩童接受教育。甘為霖感嘆道：

〔註173〕 *"Formosa : Violent Attack on Mr. Barclay and Native Christians"*，臺灣教會公報社編，《使信月刊（29）》，1885 年 10 月，頁 12。

〔註174〕 George Leslie Mackay, *From Far Formosa*, pp. 92-93；譯文參照《福爾摩沙紀事：馬偕臺灣回憶錄》，頁 87～88。

〔註175〕 George Leslie Mackay, *From Far Formosa*, pp. 101-102；譯文參照《福爾摩沙紀事：馬偕臺灣回憶錄》，頁 95～96。

令人遺憾的是，到目前為止，本島上仍沒有傳教士能夠學會客語。

客家人之間充滿了傳福音的機會，希望我們在不久之內得以掌握這

些契機。〔註176〕

顯然客語的學習是教務推展的最大阻礙，若無法順利突破語言的隔閡，便難

以進入客家地區宣教。二崙事件〔註177〕發生時，英國領事也曾建議長老教會，

盡速選派傳教士學習客語，以期在客家地區推展教務：

二崙庄那件事有讓官府辦，是因為領事官逼他；兄弟去入呈都不聽。

有抓 2 人來打，牧師的東西有的還，有的賠不夠額，教我們這樣就

結束。那間厝仍然是歸在我們，不用讓他贖回去；不過此刻教我們

不要聚集，怕又被知道會打擾。我們還在議論看怎樣來修理那間厝，

盼望他日要做禮拜堂。領事官有說，我們牧師要一人學他們的客語，

就可以再來盤算。這個也是我們所愛，不過是缺工；盼望他日牧師

更多人來。〔註178〕

於此，馬偕也有類似的感受：

在吃飽飯後，我希望對著那些想要聽到新的教義的人演講；但很快

地就發現他們聽不懂我所講的語言。當我對他們講廈門話時，他們

不停的講著客家話。〔註179〕

相較之下，中國宣教區的客家宣教顯得順利不少。1877 年之際，甘為霖指出

光是汕頭地區，就至少有三個傳教站已融入客家人。〔註180〕

至於在臺灣的西方傳教士如何理解客家人，也是另一個值得思考的方

向。在《使信月刊》的文字使用上，透露了一些端倪。宋忠堅（Rev. Duncan

〔註176〕William Campbell, *Sketches from Formosa*, pp. 249-250；譯文參照《素描福爾
　　　　摩沙》，頁 239。

〔註177〕巴克禮於二崙教會舉行禮拜時，遭受民眾潑糞攻擊，此案確立教會購地的合
　　　　法所有權。詳見：賴永祥，《教會史話（五）》（臺北：人光出版社，1999 年），
　　　　頁 79～82。

〔註178〕不著撰人，〈教會的消息〉，《臺灣府城教會報》，第 6 張，光緒 11 年 12 月，
　　　　頁 40；重刊於臺灣教會公報社編，《臺灣教會公報全覽》（臺南：教會公報出
　　　　版社，1885 年）。

〔註179〕George Leslie Mackay 著，〈馬偕日記手稿〉，1873 年 5 月 22 日；譯文參照
　　　　《馬偕日記 I：1871～1883》，頁 121。

〔註180〕"*From the Rev. Wm. Campbell*"，臺灣教會公報社編，《使信月刊（25）》，1877
　　　　年 11 月，頁 275。

Ferguson）稱呼客家所使用的詞為 Hakkas，但稱呼福佬人卻使用 Ordinary Chinese，刻意將客家區分於一般漢人之外。〔註 181〕林正慧曾指出這點：「這似乎也是源於對華南土客衝突廣府人對客方言人群非漢種貶抑之辭的影響。」〔註 182〕進言之，這說明了十九世紀後期，西方傳教士在中國地區的知識體系是相互共用的，中國華南客家地區的傳教經驗，深刻影響來臺傳教士的認知，如《使信月刊》就是一個很好的平臺。

不過我們要清楚認知，臺灣的客家與西方傳教士在中國所認知的客家，並不完全相同。基於中國的廣大人口之故，西方教會一直將中國教區當成首要宣教範圍，相對於人口較少的臺灣，並未受到重視。這個差異即清楚地呈現在《使信月刊》的版面之中，中國教區的客家報導篇幅眾多，甚至以專文介紹中國的客家教區或鄉鎮，而臺灣地區的客家多為宣教旅程的紀錄，鮮少特別介紹。因此，傳教士來臺後多藉由《使信月刊》中的觀點，看待臺灣地區的客家，自然與臺灣現實的客家狀況有些許的落差。

（二）「客家」形象

若欲瞭解西方傳教士對臺灣客家的印象，勢必得回歸文本脈絡，從傳教士與「客家」在宣教過程中的互動關係進行分析。即此，筆者在爬梳《教會公報》時，發現一則史料：

> 那處的兄弟曾讓那庄的總理綑綁；他是客人，比較愛嫌道理不好，強迫他們要燒香，若不燒香，就不容允他們在那，恐嚇要搶劫他們。兄弟有的不只盡忠，可惜一、兩人比較沒什麼知道，仍然作伴，是因為沒有膽量才這樣。我們有安慰勉勵他們的心，他們才比較覺悟。〔註 183〕

塗為霖（Rev. William Thow）指出，客人總理阻礙教友信仰，並以暴力脅迫屈服，為此，塗為霖曾親自找總理理論。同樣是塗為霖的遭遇，另一則於《使信月刊》的報導，也呈現相同的「客家」人形象：

〔註 181〕 "*Formosa ： Southern Stations.*"，臺灣教會公報社編，《使信月刊（35）》，1896年 3 月，頁 60。

〔註 182〕 林正慧，〈19 世紀西方人眼中的臺灣 Hakka〉，《臺灣文獻》60：1（2015 年 3月），頁 124。

〔註 183〕 不著撰人，〈涂牧師過後山的事情〉，《臺灣府城教會報》，第 10 張，光緒 12年 4 月，頁 70～71；重刊於臺灣教會公報社編，《臺灣教會公報全覽》（臺南：教會公報出版社，1886 年）。

> 我們經過內埔，一個客家村莊，有著強大的客家勢力，所有人都出
> 來到街上看我們。阿嵐，我們的客家傳教士，就走在我後面，他告
> 訴我見到他們拍手（看起來似乎很生氣），而且聽到他們評論：「這
> 些是有朝一日外國人佔領我們島上之後，我們的穿著！」〔註184〕

對傳教士來說，客家人對西方宗教的抗拒性顯然更甚於福佬人。巴克禮即曾
指出，阿猴（今屏東）的教會受到客家村莊影響，使得教友人數下降。〔註185〕
類似的描述經常可以在南部長老教會的系統內見到，可以推斷是來自於傳教
士與六堆客家之互動經驗。〔註186〕相對來說，北部長老教會的馬偕，就鮮少
在互動經驗中指出客家人形成的宣教阻礙。

　　回過頭來，西方傳教士又是如何看待接受西方宗教的客家人？《使信月
刊》內的一則報導這樣寫著：

> 他在五月十四日造訪了一個位於東勢角的繁榮村落，住在其間的是
> 聰明的客家人。他說道：上帝在我來之前就開了一扇門，且使我擁
> 有用溫暖的心來訴說事實的能力。〔註187〕

接受基督信仰的客家人，便能得到傳教士聰明的讚賞，有別於一般異教的客
家人。馬偕也這樣描述他的客家信眾：

> 在客家人的房子過夜。許多從月眉（今新竹縣峨嵋鄉）來的人也在
> 那裡，一位70歲的老年人，走完全程。從未見過有人有如此大的準
> 備，所有的人都非常熱心，願意去做任何事情。實在是讓人滿心歡
> 喜。〔註188〕

即使到了苗栗地區，也能得到不錯的回應：

〔註184〕 *"Formosa : Letter from Rev. W. Thow"*，臺灣教會公報社編，《使信月刊（29）》，
　　　　1885年7月，頁130。

〔註185〕 *"Our Own Missions. / Formosa."*，臺灣教會公報社編，《使信月刊（34）》，1894
　　　　年5月，頁113。

〔註186〕 如甘為霖曾提及：我要特別提及一位外診病人的例子，他在臺灣府往南兩天
　　　　路程的村落，受到醫師良好的照料。我們一直希望能夠定期在那個地區傳教，
　　　　但是當地桀驁難馴的客家人讓我們的努力落空，並且不許族人參與基督教的
　　　　禮拜聚會。詳見：William Campbell, *Sketches from Formosa*, p145；譯文參照
　　　　《素描福爾摩沙》，頁135。

〔註187〕 *"Native Colportage in Formosa"*，臺灣教會公報社編，《使信月刊（25）》，1877
　　　　年10月，頁55。

〔註188〕 George Leslie Mackay 著，〈馬偕日記手稿〉，1887年11月6日；譯文參照《馬
　　　　偕日記 II：1884～1891》，頁208。

去田寮（今苗栗），那裡有許多客家人等著我們，指出一棟要獻爲禮
拜堂的大房子，他們答應會爲了聖經和詩歌本來聚會。所以我們趕
去獅潭底。那裡大家都進步很快，顯得活潑而熱誠。許多生番出席。
〔註189〕

經由上述的資料得知，基督長老教會基於地域的差別，南部長老教會與「客
家」人的互動經驗，明顯多於北部長老教會，從而產生記錄的豐富性。但即
使如此，我們可以清楚指出，傳教士看待「客」人的依據係以自身的宗教信
仰作爲標準，若是接受基督信仰的「客」人，自然可以得到較佳評價。

另外值得注意的是，現今社會仍存「客家」勤於耕讀的自我認知或一般
形象，然若爬梳十九世紀西方來臺人士文本，可以發現相關論述普遍存在於
非傳教士的論述，如陶德認爲「客家」與樟腦業息息相關、李仙得則指出客
家人善於農耕。從書寫者的背景分析，可以發現這些觀察的背景多與經濟產
業相關；相對來說，傳教士觀察的動機乃基於傳教工作推展，觀察的焦點自
然與宣教順利與否有關。此外，呂實強曾分析中國士紳階層深受儒家思想洗
禮，對西方外教的抗拒程度較一般人激烈；〔註190〕因此，相對重視教育的「客
家」是否也因重視文教，進而容易抗拒西方外教，是相當值得思考的問題，
不過仍需要更多資料的佐證。

三、小結

筆者在史料爬梳時，發現西方傳教士對臺灣漢人的看法，是以自身的宗
教、文化爲基準，然而，看似科學的記錄方式，卻無法隱藏主觀意識的夾帶。
因此，傳教士們如何看待較爲排拒宣教工作的臺灣漢人，是相當值得切入的
觀察點。

在長老會傳教士眼中，福佬人在臺灣漢人中具有優勢的人數，其諸多習
俗與規定反映男尊女卑的思維。而「客家」人則相對積極進取，而且許多客
家人也能使用福佬話進行溝通。不過，「客家」人最大的特徵就是腔調獨特的
客語，也是傳教士進入客家地區的門檻。從實務經驗來看，我們可以說南部
地區的「客家」，比起北部地區的「客家」，更爲排斥傳教士的進入，這使得

〔註189〕George Leslie Mackay 著，〈馬偕日記手稿〉，1892 年 10 月 3 日；譯文參照《馬
　　　　偕日記 III：1892～1901》，頁 56。
〔註190〕呂實強，《中國官紳反教的原因（1860～1874）》。

南北部長老教會對「客家」的紀錄多寡產生差異。不過值得注意的是，若是接受基督信仰的「客家」，通常能得到不錯的讚許。

　　透過傳教士對臺灣福「客」人群的看法，可以得知傳教士文本書寫的脈絡，與其宣教經驗息息相關。換言之，若能符合其主觀價值判斷，便能得到較佳的評價。

第四章 天主教傳教士眼中的臺灣漢人社會

　　菲律賓聖道明會玫瑰省會奉羅馬教廷令，於 1858 年決定派遣會士郭德剛神父及若瑟神父來臺傳教，兩位在 1859 年 1 月 25 日由馬尼拉啓程往廈門。然若瑟神父因不諳閩南語之故，便留在廈門學習，由洪保祿神父代替來臺。於是，兩位神父率領數名中國傳教員，於 1859 年 5 月 10 日從廈門出發，18日下午四時抵達打狗。〔註1〕道明會來臺後主要在南部地區推展教務，北上發展的時間較基督長老會晚，也因爲教區分布位置的關係，傳教士們許多對官員與士紳的紀錄也都和客家相關。道明會基於宣教資源的差異與國際情勢的影響，教務推展並不如長老會順利，也因爲兩者宣教脈絡的差別，在論述上的批判力道有所不同。因此，爲了探討評價與宣教工作順利與否的關係，道明會士的文本便應該獨立探討，藉以和長老會傳教士的紀錄比較。

第一節　道明會傳教士對臺灣官紳的評價

　　由於目前可見的道明會傳教士著作並不如基督長老教會傳教士豐富，且礙於語言的隔閡，可用資料相當有限。因此，本研究主要引用黃德寬所編譯之傳教士書信集《天主教在臺開教記》，分析時兼引其他西方相關人士的紀錄作爲補充，以呈現十九世紀後期道明會傳教士眼中的清代臺灣官紳形象。

〔註 1〕 古偉瀛，〈十九世紀臺灣天主教（1859～1895）──策略及發展〉，收錄於《臺灣天主教史研究論集》（臺北：國立臺灣大學出版中心，2009 年），頁 6。

一、樟腦糾紛前道明會傳教士筆下的臺灣官紳

（一）不友善的態度

前述馬偕與甘爲霖的紀錄，皆爲 1868 年樟腦事件後的經歷，受到的官員與社會阻力皆減緩許多。然而，早在 1859 年便已來臺進行宣教工作的道明會，卻對樟腦事件前的臺灣社會氛圍感受甚深，特別是臺灣官員不友善的排外態度。這些紀錄相當值得參考，並與樟腦事件後來臺的兩位長老教會傳教士觀點作比較，瞭解國際情勢造成臺灣官員態度的改變，進而影響傳教士觀點的變化。

郭德剛指出，臺灣官吏們認爲傳教士是爲了詐取財物或是侵略土地而來到臺灣，因此對傳教士總是抱持排拒的態度，〔註 2〕並且屢次阻擋傳教士租屋作爲傳教據點。〔註 3〕清朝晚期屢經戰爭挫敗，對於西方列強的船堅炮利記憶深刻，因此，官員對藉條約之便來臺宣教的傳教士自然不會有好印象，再加上不瞭解傳教士職務與目的的情況下，對西方人士一體看待，以既有印象投射在傳教士身上。事實上，這樣的情形也隨著傳教士在臺的長久經營而逐漸化解。〔註 4〕

如果傳教士們想要從官員那邊得到友善的回應，就必須依靠領事官的幫忙。如 1867 年郭德剛神父被俘事件，傳教士趕到府城求見官員，當時英國領事在場協助處理，官員便立刻著手處理救援。〔註 5〕官員雖然對傳教士抱持排斥的態度，不過也僅止於希望讓他們知難而退，倘若因此演變爲國際糾紛，必定帶來更多的困擾與紛爭，不是官員所樂見的。再者，英國領事的關心也是傳教士們在臺的最大助力，如馬偕就曾提及領事與相關西方人士對傳教的助益。〔註 6〕

〔註 2〕 Pablo Fernandez O.P.著、黃德寬譯，《天主教在臺開教記》（臺北：光啓出版社，1991 年），頁 44。

〔註 3〕 Pablo Fernandez O.P.著、黃德寬譯，《天主教在臺開教記》，頁 47。如南部基督長老教會的首任傳教士馬雅各，來臺初期也因租屋問題被迫從府城退至打狗，詳閱：Edward Band, Working His Purpose Out : The History of the English Presbyterian Mission. 1847-1947（London : Office of the Presbyterian Church of England）, p. 76。

〔註 4〕 有趣的是，南部長老教曾分析日本傳教教中國順利的原因，認爲日本人較願意接受外來文化，而中國社會則明顯排外，態度不友善。詳見：不著撰人，〈教會的消息〉，《臺灣府城教會報》，第 19 張，光緒 13 年 2 月，頁 10；重刊於臺灣教會公報社編，《臺灣教會公報全覽》（臺南：教會公報出版社，1887 年）。

〔註 5〕 Pablo Fernandez O.P.著、黃德寬譯，《天主教在臺開教記》，頁 76。

〔註 6〕 George Leslie Mackay, From Far Formosa, pp. 318-319；譯文參照《福爾摩沙紀事：馬偕臺灣回憶錄》，頁 307。

（二）敗壞的官箴

郭德剛於 1859 年來臺後開啓道明會在臺灣的傳教事業，長期的宣教經驗使他對臺灣官員有相當深的認識。郭德剛認爲，歐洲人並不眞正瞭解中國人，還會認爲他們溫文有禮且善良。〔註7〕郭德剛指出：

> 這裡的天主教傳教士，是唯一眞正瞭解中國人的，只有他們才會瞭解，在這島上法律只是死文字，毫無氣息的紙屑而已，他們的法律即是強權公理。〔註8〕

郭德剛來臺初期，處處行動都受到官員的阻撓，對於民眾的排外行動也未積極處理，這樣的情形一直到「樟腦糾紛」之後才有顯著改善。

良方濟則認爲，官箴敗壞的重要原因在於官員的武力不足，無法嚴格執行並捍衛法律的地位，才會讓客家人爲非作歹而無力阻止。〔註9〕道明會主要傳教地區在臺灣南部，往來教區時常碰到劫掠等行爲，特別是來自客家人的攻擊。六堆客家有自組的武力組織作爲防衛，擁有相當高的自治權。〔註 10〕黃子寧指出，六堆客家對內聯合練武，自衛鄉里，對外效忠政府，出力平亂，獲得「義民」嘉獎，提高六堆客家的地位實力，卻也帶來更嚴重的族群衝突。〔註 11〕每次發生治安事件時，官方往往無法直接介入處理，這個現象即被良方濟記錄下來。良方濟更進一步指出，「臺灣已經成了盜賊的巢窩，沒有法律，只有強權」，〔註 12〕倘若傳教士受迫害，求助於官員時，

> 官員看我沒有武力做後盾，決定不理睬我的請求。當我親自去拜訪官員，請他答覆時，卻受到侮辱和咒罵，以致我臉紅耳熱的離開那裡。〔註 13〕

〔註 7〕十九世紀西方傳教士來華前，很有可能預先接觸過往來華傳教士的資料、日記等資料，如利瑪竇（Ricci, Matteo, 1552～1610）數度稱讚中國文人與官場文化：「中國官員非常重廉潔」這種觀念在十九世紀傳教士來華後，經過實務經驗便慢慢改變，往往對中國官員轉爲批判的態度。可以參見：Matteo Ricci（利瑪竇）著，劉俊餘、王玉川合譯，《利瑪竇全集2》（臺北：光啓出版社，1986 年），頁 74。

〔註 8〕Pablo Fernandez O.P.著、黃德寬譯，《天主教在臺開教記》，頁 82～83。

〔註 9〕Pablo Fernandez O.P.著、黃德寬譯，《天主教在臺開教記》，頁 80。

〔註 10〕陳麗華，〈從忠義亭到忠義祠──臺灣六堆客家地域社會的演變〉，《歷史人類學學刊》第六卷一、二期合刊（2008 年 10 月），頁 153。

〔註 11〕黃子寧，《天主教在屏東萬金的生根發展（1861～1962）》，頁 232～239。

〔註 12〕Pablo Fernandez O.P.著、黃德寬譯，《天主教在臺開教記》，頁 80。

〔註 13〕Pablo Fernandez O.P.著、黃德寬譯，《天主教在臺開教記》，頁 80。

透過道明會士的紀錄，可以發現他們所見和長老教會傳教士的觀點相當接近，概因當時臺灣官紳對西方來臺人士一體視之，雖然礙於職務之故，必須接受傳教士在臺活動，不過卻不願以友善的態度對待。而且，此時的英國領事仍視通商為首要任務，並未積極介入傳教士的宣教活動，所以兩會傳教士碰到的阻礙自然較多。接下來，就要探討樟腦糾紛後道明會士的體會轉變。

二、樟腦糾紛後官紳態度的轉變

（一）官員態度轉為積極

1868 年樟腦糾紛發生後，接續著安平砲擊事件等衝擊，讓臺灣官民深刻體會西方武力的強勢，開始轉變他們對待傳教士的態度。對傳教士來說，最直接的感受無非是官員對案件處理的態度轉趨積極。如 1869 年，良方濟神父在前往萬金天主堂的路途遭到當地人洗劫，雖然隔天官員即派人向良方濟確認遭劫物品，但他並不抱持樂觀的態度。〔註 14〕數天後，差役帶回大部分受劫物，並保證不會再讓這種情況發生，讓良方濟大感意外，這也是樟腦事件前不可能遇到的狀況。

另一次的案例也可以看到官員積極的處理態度。在高賢明牧師於 1871 年的信件中提到，臺灣區會長楊眞崇牧師派教友送錢給萬金教會的李嘉祿與溝仔墘教會的高賢明，卻在半途被洗劫一空，兩位駐堂神父的印章也一併遺失。楊眞崇立即通知衙門，官員也很快瞭解此事的重要性，爲免演變爲國際糾紛，便立刻派員著手處理，四天後，官員派人送回部分物品，和最重要的兩顆神父印章。高賢明自己提到：

> 我們很高興拿回印章，就不堅持要找到其他失物。當捕快請求我們
> 簽名，證實收到全部失物時，我們也樂意地做了。我們知道，如果
> 捕快沒有辦法得到這張證明，就會受鞭打，我們不想發生這種事。
> 在那張證明上，我也附筆感謝官員的協助和合作。〔註 15〕

受到樟腦糾紛的衝擊，臺灣官員瞭解西方國家的船堅炮利，面對與傳教士相關的紛爭更爲謹愼，深怕處理不當引發更大的風波。類似高賢明這樣和善的「官民合作」也是樟腦事件前不可見的現象，即使後來的發展依舊阻礙重重，

〔註 14〕 Pablo Fernandez O.P.著、黃德寬譯，《天主教在臺開教記》，頁 91。
〔註 15〕 Pablo Fernandez O.P.著、黃德寬譯，《天主教在臺開教記》，頁 97。

但已不復樟腦糾紛前那般險惡。

（二）清法戰爭的影響

　　如果說樟腦糾紛使傳教士在臺宣教的阻力降低，那麼清法戰爭對傳教士來說就是另一波衝擊，特別是來自法國爲主的天主教。受到樟腦糾紛與安平砲擊等事件動盪，臺灣官民皆深刻感受西方列強的船堅炮利，即使心中仍抱持排外情緒，卻也因投鼠忌器而不敢恣意妄爲。然而，清法戰爭時期法國長期封鎖臺灣海域，不但使臺灣民眾反外情緒持續高漲，連傳教士自身也感受到這份強烈的敵意。〔註 16〕其中，一般民眾無法分辨西方人國籍的差別，時常將西方人一體視之，如馬偕曾提及，臺灣民眾因爲清法戰爭對外國人更感憤怒，〔註 17〕甚或出言恐嚇，〔註 18〕藉著攻擊漢人教民洩憤、〔註 19〕趁機劫掠教堂的情況。〔註 20〕塗爲霖認爲，若法國對臺灣南部發動攻擊，將會使得傳教士與本地教民遭受攻擊。〔註 21〕甘爲霖則發現，即使是清法戰爭結束後，民眾依然對外國人抱持防衛心態，增加宣教的困難。〔註 22〕因此，清法戰爭的影響不可謂不大。

〔註 16〕戰爭爆發後，英領事費里德（A. Frater）曾發布通告，希望西方在臺人士謹慎行動，避免遠至鄉村地區。詳見：John Dodd. *Journal of a Blockaded Resident in North Formosa, During the Franco-Chinese War, 1884-5*, p. 13.

〔註 17〕George Leslie Mackay 著，〈馬偕日記手稿〉，1884 年 11 月 10 日；譯文參照《馬偕日記 II：1884～1891》，頁 34。

〔註 18〕George Leslie Mackay 著，〈馬偕日記手稿〉，1885 年 5 月 5 日；譯文參照《馬偕日記 II：1884～1891》，頁 64。

〔註 19〕George Leslie Mackay 著，〈馬偕日記手稿〉，1885 年 4 月 25 日；譯文參照《馬偕日記 II：1884～1891》，頁 62～63。

〔註 20〕George Leslie Mackay 著，〈馬偕日記手稿〉，1885 年 4 月 23 日；譯文參照《馬偕日記 II：1884～1891》，頁 62。George Leslie Mackay 著，〈馬偕日記手稿〉，1885 年 5 月 4 日；譯文參照《馬偕日記 II：1884～1891》，頁 64。George Leslie Mackay 著，〈馬偕日記手稿〉，1885 年 5 月 5 日；譯文參照《馬偕日記 II：1884～1891》，頁 64～65。George Leslie Mackay 著，〈馬偕日記手稿〉，1885 年 5 月 6 日；譯文參照《馬偕日記 II：1884～1891》，頁 65。George Leslie Mackay 著，〈馬偕日記手稿〉，1885 年 5 月 7 日；譯文參照《馬偕日記 II：1884～1891》，頁 65。

〔註 21〕"*Report of Formosa Mission for 1884 by Rev. W. Thow*"，臺灣教會公報社編，《使信全覽（29）》，1885 年 5 月，頁 94。

〔註 22〕不著撰人，〈澎湖的消息〉，《臺灣府城教會報》，第 20 張，光緒 13 年 2 月，頁 11；重刊於臺灣教會公報社編，《臺灣教會公報全覽》（臺南：教會公報出版社，1887 年）。

　　清法戰爭後，天主教也將傳教區域推展至北部。1887 年閏四月，西班牙籍傳教士何安慈未經該國領事先行知會臺北府淡水縣查照許可，便擅自在大稻埕（約今臺北市大同區、士林區）與和尚洲（今蘆洲）租屋傳教。此時清法戰爭剛落幕不久，臺灣民眾對於法國的侵擾記憶猶新，加上法國素為天主教大國，在臺宣教的法籍傳教士比例甚高，種種原因的積累激起紳民不滿，陷入一觸即發的緊張局面。由於此事關係中外交涉，淡水知縣汪興禕便通報巡撫劉銘傳處置。最後，由於何安慈僅持遊歷護照，且租屋程序不合，教堂招牌被移走。屢經交涉後，劉銘傳與其約法三章：

　　一、何鐸德開堂設教，必須照約則僻靜之所，不得在大街通衢有礙
　　　　民居地方。
　　二、所傳之教務須同耶穌一樣勸人為善，教士須立品待人，堂內不
　　　　得收養婦女及包庇匪類恃教不受尊長約束。
　　三、凡遇教民家中婚喪之事，教士不得前往干預以避嫌疑，俾彼此
　　　　輯睦而免滋事。〔註23〕

此事暫告落幕後，何安慈於 1888 年 6 月在和尚洲另購土地建立傳教據點。

　　第一條約定中，「不得在大街通衢有礙民居地方」乃基於「風水」之故。早在 1870 年的天津教案後，清法兩國即訂定傳教章程八條，其中提到：

　　至教中買地建堂以及租賃公所，應同真正之原業主，報明該管地方
　　官查覈，有無風水窒礙。如經地方官覈准，仍須本地人民不相嫌惡，
　　均無異詞。〔註24〕

當時清朝官員即以「風水」之故作為教堂建造與租賃之阻礙，強調這是官府也無法解決的問題。〔註 25〕1881 年八月，福州將軍穆圖善（1823～1887）、閩浙總督何璟（1818～1888）與福建巡撫岑毓英（1829～1889）更通告地方軍民等人士，傳教士或教民租賃房屋作為教堂，應先通報領事送知地方官員審查。如有違風水之實，地方紳民亦先通報官府處置，不得

〔註23〕詳細過程可以參照：馮用編，《劉銘傳撫臺前後檔案》（臺北：臺灣銀行，1969
　　　　年），頁 111～113。中央研究院近代史研究所編，《教務教案檔》第五輯（臺
　　　　北：中央研究院近代史研究所，1977 年）第 2122 號附件，2074-2077。
〔註24〕寶鋆等纂，《同治朝籌辦夷務始末》（臺北：文海出版社，1971 年），卷 82，
　　　　頁 7527。
〔註25〕16、17 世紀之交來華的利瑪竇，亦曾因風水問題與地方人士發生衝突。詳見：
　　　　林金水，〈利瑪竇在中國的活動與影響〉，《歷史研究》，1983 年第 1 期，頁 26。

妄自滋事。〔註26〕洪健榮指出,「風水」除了成爲地方紳民反教的工具外,也代表兩種不同世界觀(即宗教認知)的分歧與對立。同時,「風水」也成爲官員阻擋西方列強的施力點。〔註27〕

　　然若對照傳教士的紀錄,則可以發現不少有趣的差異。良方濟曾在 1886年的信件提到,何安慈認爲北上宣教的前景相當看好,希望能儘快往臺灣北部推展教務。〔註28〕很快地,已在北部活動許久的馬偕就察覺何安慈的身影,〔註29〕馬偕更認爲道明會士藉著賄賂官員使租屋案情無法順利推展。〔註30〕案件審查結束後,何安慈因不符程序而必須離開,馬偕爲此感到相當振奮:

> 所以昨天這案子結案,勝利!勝利!幾個禮拜以來,神父們和一些
> 以爲可以從他們那裡得到好處的人,在禮拜堂前面大搖大擺、神氣
> 活現。現在終究被嘲笑,被鄙視,被制止了。這兩個人垂頭喪氣。
> 你們卑鄙的陰謀垮掉了。我知道祢的作爲,正義再度戰勝了祢所憎
> 恨的。〔註31〕

何安慈租屋一事,乃因程序不合遭撤銷。但對馬偕來說,在意的是道明會侵犯長老教會的傳教場域,且何安慈先前接受信徒迎接時,是高調地乘坐轎子離開,這對馬偕來說是相當刺眼的。也因爲如此,馬偕在日記中對何安慈的批判更是不遺餘力,「西班牙的神父站在他們自己的門口好一陣子,然後走進屋裡把門關上。城裡的人都嘲笑他們,因爲他們先前的自大」。〔註32〕從當時天主教與基督教競爭的背景來看,馬偕這樣的想法也是情有可原,基於歷史

〔註26〕淡新檔案校註出版編輯委員會,《淡新檔案・第一編行政(二)》(臺北:國立臺灣大學圖書館,1995 年),頁 27～28。

〔註27〕洪健榮,〈十九世紀後期來臺傳教士對風水民俗的態度〉,《輔仁歷史學報》29(2012 年 9 月),頁 201。

〔註28〕Pablo Fernandez O.P.著、黃德寬譯,《天主教在臺開教記》,頁 120。

〔註29〕George Leslie Mackay 著,〈馬偕日記手稿〉,1887 年 4 月 17 日;譯文參照《馬偕日記 II:1884～1891》,頁 179。

〔註30〕目前除了《馬偕日記》中的指控,尚未有證據可以證明何安慈藉由賄賂影響審判,這恐怕只是馬偕因爲宣教受到挑戰,而對官員提出的批判罷了。而官員的謹慎處理,對馬偕來說卻是收受賄賂,這個指控恐怕太過沉重。詳見:George Leslie Mackay 著,〈馬偕日記手稿〉,1889 年 7 月 8 日;譯文參照《馬偕日記 II:1884～1891》,頁 330。

〔註31〕George Leslie Mackay 著,〈馬偕日記手稿〉,1889 年 8 月 1 日;譯文參照《馬偕日記 II:1884～1891》,頁 336。

〔註32〕George Leslie Mackay 著,〈馬偕日記手稿〉,1889 年 8 月 11 日;譯文參照《馬偕日記 II:1884～1891》,頁 338。

關懷與時代的侷限性，研究者並不能因此批判或否定馬偕的論點。不過，假使研究者只參照馬偕的紀錄作分析，恐怕會因此認定何安慈是位自大的的神父，充滿眾多卑鄙的手段與低劣的賄賂手法。因此，透過不同角度的史料參酌與補充，便是相當重要的研究課題，可以補足單一史料的不足與侷限。

三、小結

　　1859 年就來臺宣教的道明會，不但與長老教會的觀察類似，認為清代臺灣官紳對待傳教士相當不友善，且無法公正執行司法審判，讓傳教士時常碰一鼻子灰。藉由資料的比較，也讓我們清楚看見樟腦糾紛對傳教士在臺宣教的影響，官員害怕事件衍伸為國際糾紛而不敢置之不理。

　　另一個影響道明會傳教士在臺處境，則是清法戰爭。由於法軍的侵擾對臺灣北部紳民具有重大衝擊，且天主教與法國關係甚深，激起紳民對於天主教的不滿。從中也看到官員及民眾以「風水」作為阻擋傳教士進入的工具，讓傳教士相當苦惱。同時，清朝官員因不合程序而撤銷何安慈租屋案一事，在宣教競爭敵對的馬偕眼中卻成了批判的場域，是相當有趣的現象，讓我們看到不同角度記錄下的史料，各自的論點侷限與價值觀差異。此外，從中也見到文本性質的類同性，道明會書信集與《馬偕日記》同屬私人文本，在內心感觸與批判性上，都較公開出版品更直接，較容易瞭解作者想法。

第二節　道明會傳教士對臺灣漢人的觀察

　　1858、1860 年兩次英法聯軍，清廷被迫簽訂天津條約、北京條約，開放 16 個港口，並允許西方人在中國傳教、經商和旅行。當此之時，臺灣西部的安平、打狗、淡水與雞籠四港，也成為條約開放港；〔註33〕西方傳教士亦紛紛前來臺灣島上建立據點，從事宣教工作。〔註34〕

　　1858 年（咸豐八年），教廷傳信部得知消息後，立刻通知道明會總會長歐志神父（Fr. Antonio Orge, OP），並授權准許玫瑰省道明會士，準備重返臺灣的傳教工作。馬尼拉方面接到命令後，幾個星期內就派遣郭德剛神父啟程前往臺

〔註33〕 戴寶村，〈清季淡水開港之研究〉（臺北：國立臺灣師範大學歷史研究所，1984年）；林滿紅，《茶、糖、樟腦業與臺灣之社會經濟變遷：1860～1895》（臺北：聯經出版公司，1997 年）。

〔註34〕 莊吉發，〈清代臺灣基督教的教堂分布及其活動〉，《清史論集（十四）》（臺北：文史哲出版社，2004 年），頁 267～301。

灣。他在 1859 年一月廿五日離開馬尼拉，前往福建與廈門的洪保律神父會合，偕同另外三位中國傳教員來臺，於同年五月十八日抵達打狗（今高雄）。〔註35〕

　　鑒於天主教道明會與基督教長老會有著不同的宣教脈絡，兩會對臺灣福、「客」的看法應該分開討論。回顧十九世紀後期道明會在臺宣教工作，比起長老教會更爲艱困，兩者差異在於財力差距與人力缺乏，除此之外，道明會在南部的宣教工作與客家人有較多互動。因此，若透過道明會士的文本觀察，分析宣教阻礙是否會影響傳教士的看法，是更適合不過。

一、道明會傳教士對福佬人的觀察

　　綜觀十九世紀後期長老教會傳教士的文本資料，針對紀錄對象都有系統性的整理，相較之下，道明會士所見資料則爲書信形式，資料較爲零散。考量於此，爲了呈現兩會宣教脈絡的差異，資料的處理方式勢必得有所不同。若要從道明會傳教士的資料內找尋福佬人的身影，或許可以從描述的區域著手，府城臺南應爲毫無疑問的地點。

　　1867 年，一樁道明會士租屋案件，府城民眾以風水爲由逼迫教堂遷移；不過，郭德剛仍然執意入住，隔年教堂被毀。〔註36〕郭德剛認爲，這些敵人想盡各種方法，就是爲了迫害他，使他不得不終止宣教工作，離開臺南。當官員見到郭德剛沒有武力的支援，便不理睬他的請求，甚至以侮辱和咒罵作爲回應。〔註37〕郭德剛指出，臺灣的天主教傳教士是唯一眞正瞭解中國人的，他們的法律就是強權公理，中國人看重的是勢力，或能買到勢力的金錢。只有當信仰普及後，才能避免這種混亂的情形。〔註38〕由此，可以感受郭德剛對於宣教工作受阻的憤恨不平，也瞭解郭德剛認爲，基督信仰普及是改變漢人的唯一途徑。或許，風水信仰只是臺灣民眾排拒傳教士行動的說詞罷了，然而，我們卻可以從中看見東、西方文化的價值觀差異，以及透過自身片面知識理解異文化的侷限。

〔註35〕 江傳德編纂，《天主教在臺灣》（臺南：聞道出版社，2008 年），頁 30～31。
黃德寬譯，《天主教在臺開教記》（臺北：光啓出版社，1991 年），頁 18～19。

〔註36〕 中央研究院近代史研究所編，《教務教案檔》第二輯，第 965、1000、1024～1026 號附件，頁 1274～1276、1312～1315、1379～1384。

〔註37〕 Fernandez, Pablo O.P, One Hundred Years of Dominican Apostolate in Formosa. (Taipei : SMC Publishing Inc, 1994), pp. 97-99；Fernandez, Pablo O.P.著、黃德寬譯，《天主教在臺開教記》，頁 81～82。

〔註38〕 Fernandez, Pablo O.P, One Hundred Years of Dominican Apostolate in Formosa, p. 99；Fernandez, Pablo O.P.著、黃德寬譯，《天主教在臺開教記》，頁 83。

二、道明會傳教士對「客家」的觀察

相較於道明會士對福佬人的紀錄之寡，由於其宣教區域與「客家」人互動甚密，故對「客家」的紀錄就顯得相當豐富，之所以形成如此懸殊的差異，原因或許可以分類爲二。其一，西方人引進華南 Hakkas 的詞彙，用來標註臺灣客方言人群，也受到華南土客械鬥之影響，認爲客家人非漢人（視福佬人爲漢人），因此特別標記。其二，道明會在平埔地區的傳教阻力多來自附近的客家人，所以對「客家」的紀錄自然較多。兩者因素中，前者已有林正慧進行討論，也並非本文重點。〔註39〕下面將探討道明會傳教士與「客家」的互動關係，是否影響傳教士對其看法的變化。

黃子寧曾指出，對於人力、財力和武力都落居下風的萬金人，西方宗教不僅僅是一個新的宗教，也是一股新的勢力，保護他們不受客家人壓迫。即使傳教士認爲民眾對他們擁有權勢是錯誤的認知，不過傳教士卻忽略了能夠上告官府，對民眾來說就是一種權力。〔註40〕黃氏清楚點出道明會在平埔地區宣教順利的緣故，以及其和客家人互動密切之原因。

而萬金平埔地區與客家的互動模式甚爲頻繁，特別是經濟方面的往來。其一爲借貸，「『借貸』幾乎可以說是萬金人對五溝水人最共通的集體記憶」，這可能是兩者的鄰近關係，也可能是五溝水客家人對萬金的土地有興趣。〔註41〕其二則爲僱工關係，萬金和赤山的平埔族，會到四溝水、五溝水或大林、成德等客家庄當短期僱工，補貼家計。〔註42〕第三是領養棄嬰的緣故，萬金地區的平埔族有領養客家女嬰的現象，而論經濟狀況平埔族更爲不佳，重男輕女的想法是最大關鍵。〔註43〕第四則是萬金平埔族與附近客家庄的通婚關係。〔註44〕就是因爲如此，當道明會進入平埔地區宣教時，教會本身的勢力，以及教會所能提供的土地廉租與經濟援助，便作用於萬金民眾的入教意願和護教心情。〔註45〕這樣的情勢變化使附近地區

〔註39〕 林正慧，《臺灣客家的形塑歷程——清代至戰後的追索》（臺北：臺大出版中心，2015 年）。
〔註40〕 黃子寧，《天主教在屏東萬金的生根發展（1861～1962）》，頁 126。
〔註41〕 黃子寧，《天主教在屏東萬金的生根發展（1861～1962）》，頁 213～219。
〔註42〕 黃子寧，《天主教在屏東萬金的生根發展（1861～1962）》，頁 219～223。
〔註43〕 黃子寧，《天主教在屏東萬金的生根發展（1861～1962）》，頁 219～231 。
〔註44〕 黃子寧，《天主教在屏東萬金的生根發展（1861～1962）》，頁 232～239。
〔註45〕 黃子寧，《天主教在屏東萬金的生根發展（1861～1962）》，頁 136。

的客家人感到焦慮，開始排斥西方傳教士的宣教工作。良方濟便抨擊，客家人是臺灣老百姓中最大膽無禮的，也是教會的致命對頭，捏造各種謠言迫使傳教工作陷入困境。客家人則認為傳教士到萬金莊，是為了搶奪礦產和霸佔領土。〔註46〕

　　前段所述乃基於文化誤解所產生之衝突，除此之外，若從宣教工作的脈絡進行探究，也可以瞭解為何道明會士對「客家」之紀錄如此豐富。由於傳教士係挾條約來臺宣教，平埔族長期受到周遭漢人逼迫，便希望透過引進傳教士的勢力，改變其處境。〔註47〕同樣地，傳教士由於在漢人地區宣教不易，也希望能在平埔族地區另闢新天地。在郭德剛遭到客家綁架的例子中，良方濟指出：

> 民眾們覺得傳教士權勢很大，連政府官員都支持傳教士，也只有傳教士能幫助他們不受客家人的壓迫，為了公平起見，他們願成基督徒，幫助傳教士。〔註48〕

然而，教會對郭德剛遭綁事件的處理方式，卻是交付贖金，使得部分信徒對教會勢力感到失望，認為入教已無法保障自己的安全。〔註49〕傳教士指出，這些平埔信徒急迫需要教會的保護，因為客家人時常迫害當地民眾、燒毀農稼，而且客家人相當勇猛、負報復心，加上懸殊的兵力，使得宣教工作的推展相當困難。〔註50〕良方濟更認為，客家人並不把官員放在眼裡，他們知道官員無力阻止，所以時常為非作歹。〔註51〕李嘉祿也批評，客家人對靈魂和精神生活是毫不關心。〔註52〕因此，倘若教友中有客家人的出現，會使得傳

〔註46〕Fernandez, Pablo O.P, One Hundred Years of Dominican Apostolate in Formosa, p. 78；Fernandez, Pablo O.P.著、黃德寬譯，《天主教在臺開教記》，頁68。

〔註47〕Fernandez, Pablo O.P, One Hundred Years of Dominican Apostolate in Formosa, p. 70；Fernandez, Pablo O.P.著、黃德寬譯，《天主教在臺開教記》，頁64。

〔註48〕Fernandez, Pablo O.P, One Hundred Years of Dominican Apostolate in Formosa, p. 92；Fernandez, Pablo O.P.著、黃德寬譯，《天主教在臺開教記》，頁78。

〔註49〕Fernandez, Pablo O.P, One Hundred Years of Dominican Apostolate in Formosa, pp. 92-93；Fernandez, Pablo O.P.著、黃德寬譯，《天主教在臺開教記》，頁78。

〔註50〕Fernandez, Pablo O.P, One Hundred Years of Dominican Apostolate in Formosa, p. 94；Fernandez, Pablo O.P.著、黃德寬譯，《天主教在臺開教記》，頁79。

〔註51〕Fernandez, Pablo O.P, One Hundred Years of Dominican Apostolate in Formosa, p. 95；Fernandez, Pablo O.P.著、黃德寬譯，《天主教在臺開教記》，頁80。

〔註52〕Fernandez, Pablo O.P, One Hundred Years of Dominican Apostolate in Formosa, p. 102；Fernandez, Pablo O.P.著、黃德寬譯，《天主教在臺開教記》，頁85。

教士感到相當可貴，因爲「他們原是教會最頭痛的人」。〔註53〕由此可知，基於「客家」人對宣教工作的阻礙，傳教士提出這麼多批判的論述，就顯得不意外了。

三、小結

　　道明會與長老會有著不同脈絡的宣教經驗，透過他們之間的文本差異，可以探討宣教工作經驗對其看法的影響。整體而言，受到社會排外風氣與資源差異的關係，道明會初期宣教較爲不易，時常遭受抗拒與攻擊。這樣的情形隨著樟腦事件的發生，才有所改善。對傳教士來說，只有基督信仰普及才能使情況有所改善。當道明會進入平埔地區時，其西方勢力與提供平埔族廉租土地等方式，造成附近客家人的焦慮，轉而抵抗西方傳教士的宣教，傳教士便時常指責客家人壓迫平埔族，阻礙宣教工作。

　　經由兩會的比較可以發現，基於兩會在漢人社會皆宣教不易之故，都相當程度提出，批判福佬與「客家」的看法。其中，道明會的宣教工作與「客家」接觸較爲頻繁，受到的阻力相對較大，對客家的批評也較多。相反地，若是臺灣的漢人願意接受基督信仰，通常能得到傳教士的讚許。因此，我們可以明白指出，傳教士看待臺灣漢人的依據係以自身的宗教信仰作爲標準，若是接受基督信仰的漢人，自然可以得到較佳的評價。

第三節　西方傳教士對漢人的傳教經驗

　　透過前面的文本分析，讓我們瞭解西方傳教士對漢人族群的看法，雖然可能受到中國傳教區的影響，但大多來自於傳教經驗所得，亦即其評價關係與傳教脈絡緊緊相扣。因此，若能進一步分析道明會與南、北部長老教會各自的傳教經歷，更能讓我們理解其看法的差異性。

一、道明會對漢人的傳教經驗

　　道明會係十三世紀時聖道明於西班牙創立，主要特色爲度貧窮生活，進入城市向市民宣道。當時教宗特別賦予該修會「宣道」權，故該修會最早稱爲「宣道兄弟會」（Order of Preschers），後來爲了紀念聖道明才改爲「道

〔註53〕Fernandez, Pablo O.P, One Hundred Years of Dominican Apostolate in Formosa, p. 111；Fernandez, Pablo O.P.著、黃德寬譯，《天主教在臺開教記》，頁91。

明會」。〔註54〕1840 年，西方列強挾優勢武力，逼迫中國進入歐美國家建立之世界體系，1844 年，法國更進一步要求弛禁天主教。至 1846 年，西方傳教士已可進入中國本土傳教、租買田地與建造教堂。〔註55〕1858 年，臺灣被納入通商口岸後，再度開啓西方宗教的傳教機會。

菲律賓聖道明會玫瑰省會奉羅馬教廷令，於 1858 年決定派遣會士郭德剛神父及若瑟神父（Rev. Jose Dutoras, O.P.）來臺傳教，兩位在 1859 年 1 月 25 日由馬尼拉啓程往廈門。然若瑟神父因不諳閩南語之故，便留在廈門學習，由洪保祿（Rev. Angel Bofurull, O.P.）神父代替來臺。兩位傳教士租屋受阻之故至衙門面見官員，然因語言不通加上官員猜忌，得到不友善的對待，關入監牢內，後來靠一位外籍鴉片商人的擔保，才終於獲得釋放。〔註56〕

1863 年，黎茂格（Rev. Miguel Limarques, O.P.）神父被任命爲萬金的本堂神父，然因當時客家人與原住民相爭激烈，黎神父只住數日便回；郭德剛於 5 月間親自再去，卻遭遇暴力事件而受傷。〔註57〕黃子寧指出，清代下淡水地區的客家人在經濟、教育、社會地位或政治實力，都遠勝其他族群，使得平埔族在相對貧窮、社會地位低下、加上信仰不和等因素影響之下，在清領時期的相處，幾乎以衝突械鬥爲主。因此，教會與外籍神父進入此地便難以避開紛爭，客家人難免因爲對西方人士的陌生而感到緊張，「教案」就不見得是宗教信仰的層面所引發。〔註58〕隔年，客家人先以「傳教士剜取死人之心臟及肝臟」爲由，攻擊萬金教會。不過，萬金教會也因教務發展順利，於同年成立萬金堂區。〔註59〕1866 年的 11 月 27 日，萬金教堂於夜間遭受攻擊，教會建築、器具全部付之一炬。〔註60〕諸如此類，萬金教會屢遭攻擊之情況並非其他教區足以比擬，也因此，傳教士們對於此地的客家人特別「印象深刻」。

〔註54〕楊嘉欽，《從歐洲到臺灣：道明會玫瑰省臺灣傳教研究》（新北：花木蘭文化出版社，2014 年），頁 1。

〔註55〕楊嘉欽，《從歐洲到臺灣：道明會玫瑰省臺灣傳教研究》，頁 100～101。

〔註56〕黃子寧，《天主教在屏東萬金的生根發展（1861～1962）》（臺北：臺灣大學出版委員會，2006 年），頁 22。

〔註57〕古偉瀛，〈十九世紀臺灣天主教（1859～1895）──策略及發展〉，收錄於《臺灣天主教史研究論集》（臺北：國立臺灣大學出版中心，2009 年），頁 10。黃德寬譯，《天主教在臺開教記》，頁 50。

〔註58〕黃子寧，《天主教在屏東萬金的生根發展（1861～1962）》，頁 212。

〔註59〕黃子寧，《天主教在屏東萬金的生根發展（1861～1962）》，頁 45。

〔註60〕黃德寬譯，《天主教在臺開教記》，頁 52～53。

圖 12　今萬金聖母聖殿

二、長老會對漢人的傳教經驗

（一）南部英國長老教會

　　1865年5月24日，馬雅各在杜嘉德及英國聖經公會牧師偉亞烈（Alexander Wylie）的陪同下，帶領吳文水、陳子路、黃嘉智等八人搭船來臺，於5月28日抵達打狗港，從旗後（今高雄旗津）上岸。幾天後，馬雅各即來到臺南府城，然無漢人願意出租房屋，最後才在打狗關處長馬威廉（William Maxwell）的協助下，在府城外的看西街進行醫療傳教。由於無需收費、療效甚佳，病患不斷增加，造成當地傳統醫者的焦慮；加上民眾懷疑西洋傳教士來臺動機，開始產生「取人身上的器官，晒人肉乾」等謠言。群眾以連串的攻擊行動要逼迫馬雅各離開，雖然後來知縣親臨現場勸諭，但基於安全考量，馬雅各乃於7月13日離開臺南府城，結束24天的醫療傳教。〔註61〕

〔註61〕中央研究院近代史研究所編，《教務教案檔》第二輯，第970號附件，頁1278
～1279。另外也詳細記載於《*The Messenger*》中："*Letter from D.R. J. Maxwell, Takao, Formosa, 1865.07.21*"，臺灣教會公報社編，《使信月刊（19）》（臺南：教會公報出版社，2006年複刊本），1872年10月，頁358～360；高長，〈臺南教會的來歷〉，《臺灣府城教會報》，第151張（1897年10月），頁78～80；Edward Band, Working His Purpose Out : The History of the English Presbyterian Mission. 1847-1947.（London : Office of the Presbyterian Church of England, 1948）p. 76。

要說到南部長老教會著名的傳教案例，非「白水溪事件」莫屬。1874 年（同治十三年），鑒於白水溪（今臺南市白河區）教會推廣順利，甘爲霖準備擴建禮拜堂以利傳教工作推展，不過卻遭到當地店仔口頭人吳志高（1826～1880）以妨礙「風水」爲由反對。〔註62〕在甘爲霖婉拒吳志高以討論風水爲名的邀約後，隔年一月，吳志高派人將白水溪教堂燒毀，〔註63〕甘爲霖聲稱：「那些行兇者的目的不是搶劫，而是謀殺。」〔註64〕這也是甘爲霖在臺傳教所遭遇的最大挫折。不過關於此事的過程，甘爲霖初期的書寫與《教務教案檔》的記載較爲相近，反而和回憶錄《Sketches from Formosa》有些許出入。

此事經過嘉義縣令陳祚的調查，發現白水溪距離店仔口十餘里，被燒毀的教堂也與吳姓祖墳距一山之遙，若以風水之說來看實在太過牽強。〔註65〕洪健榮指出，吳志高所宣稱的教堂有礙其祖墳民居風水的說法，不過是一種掩人耳目的片面之詞罷了，即「風水」成了吳志高反教的工具。〔註66〕換句話說，與其說吳志高是爲了風水而反教，不如說是其在地領導地位與地方聲望受到挑戰而發動的騷擾事件。風水只是從傳統社會文化中找一個理由，更重要的是基督教的傳入結合當地平埔族，危害了吳志高的利益。

當我們仔細盤點南部長老教會在傳教過程中所記錄的「客家」，可以發現其身影並不若道明會的紀錄那般鮮明。筆者認爲原因可能有二：其一、如前所述，從《使信月刊》的報導篇幅來看，比起中國教區的廣大人群來說，臺灣教區已經不是發展重點，更遑論人數更少的客家人，自然不曾進入長老教會的傳教重點之中。其次，就傳教區域來說，南部長老教會的推展路徑並未如萬金教區那般，直接與「客家」人接觸，甚至被圍繞。因此，南部長老教

〔註62〕 "*Letter from Rev. W. Campbell*"，臺灣教會公報社編，《使信月刊（23）》，1875年，頁118～121。William Campbell, *sketches from Formosa*, pp. 94-95；譯文參照《素描福爾摩沙》，頁87。

〔註63〕 臺南長老大會，《南部大會議事錄（二）》（臺南：教會公報出版社，2003年），頁125～127。詳細過程可以參照：中央研究院近代史研究所編，《教務教案檔》第三輯（臺北：中央研究院近代史研究所，1975年），第1073號附件，頁1442～1445。

〔註64〕 William Campbell, *Sketches from Formosa*, pp. 100-101；譯文參照《素描福爾摩沙》，頁92。

〔註65〕 詳細過程可以參照：中央研究院近代史研究所編，《教務教案檔》第三輯，第1073號附件，頁1442～1443。

〔註66〕 洪健榮，〈十九世紀後期來臺傳教士對風水民俗的態度〉，《輔仁歷史學報》29（2012年9月），頁176。

會對「客家」的負面書寫不若道明會那般豐富，也是可以理解的事。

（二）北部加拿大長老教會

馬偕在北部的傳教歷程中，最為人所知的便是艋舺教案。1877 年八月，為了繼續推展教會版圖，馬偕透過教徒陳永順，於草店尾街（今萬華貴陽街附近）承租房地作為教堂。不過，此舉卻引來艋舺三邑總理蔡達淇（泉州）、貢生林紹堂（霧峰林家）與職員黃龍安（泉州）、白其祥（泉州）和吳解元等人，聯名向淡水同知陳星聚稟告，指出當地士紳原擬於草店街尾興築試館供士子留宿，若教堂成立恐引糾紛。其次，居民傳聞馬偕欲將房屋修築加高，此舉有礙風水。艋舺教堂外不時有聚集叫囂，馬偕與當地士紳間的緊張氣氛，幾乎是一觸即發。〔註 67〕陳星聚先照會英國副領事司格達（B. C. George Scott），並向馬偕取得保證，教堂並毋加高打算後，才平息這次風波。〔註 68〕

未料，馬偕卻因考量屋型不合教堂樣貌，於同年十一月動工修整，此舉立刻引發當地紳民不滿，告官指出馬偕違反先前承諾，教堂加高有礙當地風水。林紹堂、黃龍安、益興號王馬赤、合益號洪祥與蔡達淇率領紳民兩百餘人，毀壞馬偕所拆教堂的舊料。〔註 69〕事後，司格達稱馬偕並未違反約定，因前約僅言「不欲加高於眾屋之上」，與「教堂不加高」之意思不同。〔註 70〕雖然此事至此落幕，不過這次與「風水」的交手，顯然在馬偕心中留下深刻印象。

自艋舺教案中可以看到，雖然泉州籍福佬人係排外抗教的主體，然馬偕並未對此多做書寫。與其認為馬偕無法分辨漢人的祖籍差異，毋寧說當漢人共同遭遇外來的西方人士時，往往會把對抗西方人當作首要目標，祖籍反而不是那麼重要，他們對馬偕來說都是抗教的「異教徒」。〔註 71〕這從 1884 年爆發的清法戰爭便可以清楚發現，馬偕在日記裡提到：「有七間禮拜堂被夷為

〔註 67〕陳冠州、Louise Gamble（甘露絲）主編，《北臺灣宣教報告——馬偕在北臺灣之紀事（一）1868～1878》（臺北：明燿文化事業有限公司，2012 年），頁 41。

〔註 68〕中央研究院近代史研究所編，《教務教案檔》第三輯，第 1097 號附件，頁 1522～1523、1527。

〔註 69〕中央研究院近代史研究所編，《教務教案檔》第三輯，第 1097 號附件，頁 1531～1533、1527。同樣記載於 *British Parliamentary Papers: Essays and Consular Commercial Reports, 1877-79*（Shannon: Irish University Press.1971），p. 373.

〔註 70〕中央研究院近代史研究所編，《教務教案檔》第三輯，第 1097 號附件，頁 1540。

〔註 71〕陳東昇，〈十九世紀後期西方傳教士對臺灣漢人的看法〉，《臺灣文獻》48：2（2017 年 9 月），頁 28。

平地」。〔註72〕也由於「客家」一直未進入馬偕的傳教重點之中，所以對客家的紀錄當然不像道明會那般豐富。

圖 13　艋舺教會

〔註72〕George Leslie Mackay 著，〈馬偕日記手稿〉，1885 年 1 月 23 日；譯文參照《馬偕日記 II：1871～1883》，頁 46。

第五章　西方傳教士對「異教徒」的觀點

　　西方傳教士在來到臺灣後，以看似嚴謹且詳細的寫作方式，翻譯臺灣漢人社會的異國度文化，但是書寫內容卻是經過挑選的，是以其基督信仰的價值觀看與評價。這些獨特的內容除了是傳教士所指派的，也順道挑選出臺灣漢人社會中令西方人無法理解的特性，這些內容都經由傳教士重新編排與再現，被書寫的臺灣漢人沒有抵抗的機會。

　　自西方來到東方宣教的傳教士，藉由異地書寫建構自己眼中的臺灣，材料的挑選自然是以奇特、西方所未見的景象，如此一來不但可以吸引西方讀者的目光，更可以形塑一般西方人所未見的、書寫者自身的獨特視角。而遠在歐、美地區的西方人，因為對於遙遠的臺灣感到陌生，所以便透過這些具有實際觀察經驗，有書寫權威性的傳教士們的紀錄，瞭解臺灣的面貌。只是閱讀者往往會忽略，這些文字都是傳教士們分配與整理過的內容，所見到的是西方人（特別是傳教士）視角中的臺灣，並不是真實的臺灣，也可以說只是片面的臺灣形象。

　　回到書寫者的立場，傳教士們寫下親身經歷的感受，看似公正而客觀，不過評價的角度其實與傳教工作是否順利有關，當然無法排除主觀的意見。[註1]書寫者為了呈顯自身觀察的獨特之處，會將書寫重點置於西方所未見的文化特色，可能是女性、政治、文化層面，當然更包含了不同的宗教觀。傳教士用他們一神、天啟式的信仰價值來考察臺灣的多神信仰社會，自然產生許多格格不入的宗教觀察，特別是傳教工作受阻時更為明顯。傳教士們認為：

〔註 1〕　陳東昇，〈十九世紀後期西方傳教士對臺灣漢人的看法〉，頁 1～37。

「臺灣這個信仰混亂的社會，需要透過神的恩典才能得救」，所以漢人異教徒就和基督徒呈現對立的兩邊，只有入教才是真正的答案。

　　所以說，雖然傳教士在當時博物學盛行的風氣下，以看似整齊、有秩序的方式排列臺灣社會的觀察情況，但是我們仍要清楚知道，在排列前的文本挑選狀態，實實在在是傳教士選擇後的材料，是「臺灣被傳教士論述」的過程。換言之，傳教士運用這樣的書寫方式，形成一套西方來臺傳教士對臺灣的知識系譜。此外，值得注意的是，如何透過傳教經驗的書寫，營造自己在歐美故鄉、教會界的英勇形象，甚至獲得更多傳教資源挹注，也是文本書寫過程中不可避免的因素。

第一節　西方傳教士的文本性質

　　筆者認為在運用這些史料之際，也應該瞭解文本性質，以免進入西方傳教士的思維領域中而不自知。此處將會分析北部長老教會資料，以及南部長老教會中佔有重要分量的《使信月刊》（The Presbyterian Messenger）與《教會公報》，還有道明會士的書信集，好讓更多人認識相關資料的文本性質。

一、北部長老教會資料

　　由於北部加拿大長老教會傳教士數量較少，馬偕近乎等同北部教會的代名詞，基於其豐富的文本與鮮明的個性，在探討之前應該對其背景有所瞭解。馬偕生於 1844 年 3 月 21 日的加拿大安大略省（Ontario）牛津縣（Oxford）左拉村（Zorra），是蘇格蘭移居加拿大第二代。[註2] 身為加拿大長老教會的首任海外傳教士，馬偕於 1871 年 10 月 19 日離開故土，經一個月的航行後，馬偕終於抵達香港，並參訪汕頭、廈門等教區，隨後於 12 月 30 日在打狗上岸，至阿里港與李庥學習臺語、巡視教區。

　　從馬偕所遺留的文本來看，馬偕的個性相當強烈且鮮明，批判事物不遺餘力，特別是對異教文化的評價。雖然字裡行間可以見到不少帶有偏見的字

〔註 2〕 以馬偕為主題的相關著作十分豐富，文內恕不列舉。有關馬偕的相關介紹可以參考陳俊宏，《重新發現馬偕傳》（臺北：前衛出版社，2000 年）；鄭仰恩，《宣教心、臺灣情：馬偕小傳》（臺南：人光出版社，2001 年）；吳學明，《臺灣基督長老教會研究》（臺北：宇宙光出版社，2006 年）；林昌華，《來自遙遠的福爾摩沙》（臺北：日創社文化，2006 年）；吳學明，《近代長老教會來臺的西方傳教士》（臺北：日創社文化，2007 年）。

詞，但也能讓我們瞭解馬偕的想法和價值觀，從中分析西方文化和宗教如何觀看臺灣的宗教、文化。

馬偕在回憶錄的一段話，透露他評斷外在事物的出發點：

> 我受託的任務是清楚的，就是教會的王和首領所交託的：「到世界各地去向眾人傳福音。」即使可能還會做其他方面的事，但這個受託的任務必得達成。而且，所做的任何其他方面之事，也都必須是有助益於達成此任務的。……我到臺灣的目的，就是把上帝恩典的福音送入未信基督的人心中，當他們皈依基督後，幫他們建立他們的信仰。我在一開始就已明確清楚，而且不容任何事物來使這目的變得黯淡或次要。〔註3〕

對西方傳教士而言，漢人受傳統宗教信仰影響，形成種種迷信觀念與習俗，以及儒家傳統與基督教教理的扞格，使得傳教工作在漢人社會較難推展。〔註4〕由於基督信仰是所謂的「天啟式」宗教，具強烈一神信仰特質，強調天地萬物皆為上帝所創，只有上帝可以賜福並預知未來，從而產生強烈排他性。〔註5〕所以傳教士往往依自己的知識體系，對於與自身宗教信仰、文化認知有明顯差異的異教、異文化，乃至於非白人種族，貼上「負面的標籤」。同樣信仰基督宗教的馬偕，自然無法免除於外。承上，以下便試舉數例證之。

（一）異教「迷信」／福音「自由」

馬偕對於臺灣僧侶的形象，是「無知」、「迷信」的：「在臺灣北部，僧侶所代表的就是不學無術的形象」。〔註6〕相對的，若能接受上帝的福音，就可以從中得救：

> 與學生一起外出散步，看著學生賽跑運動實在有趣，在這裡基督教並不讓人過像和尚般悲苦的生活，而是讓人快樂且勇敢。讓我們為全能的主奮勇作戰。〔註7〕

〔註3〕 George Leslie Mackay, *From Far Formosa,* p.135；譯文參照《福爾摩沙紀事：馬偕臺灣回憶錄》，頁125。

〔註4〕 吳學明，《從依賴到自立——終戰前臺灣南部基督長老教會研究》，頁43〜44。

〔註5〕 洪健榮，〈十九世紀後期來臺傳教士對風水民俗的態度〉，頁191。

〔註6〕 George Leslie Mackay 著，〈馬偕日記手稿〉，1874年2月7日；譯文參照王榮昌等譯《馬偕日記I：1871〜1883》（臺北：玉山社，2012年），頁157〜158。

〔註7〕 George Leslie Mackay 著，〈馬偕日記手稿〉，1874年11月25日；譯文參照《馬偕日記I：1871〜1883》，頁190。

馬偕的另一則觀察，也可以見到清楚的傳教士對異教的負面批判：

> 有一些從蘇澳南方來的人要我去那裡建立禮拜堂。還有一個佛教僧
> 侶過來，談了很久有關死後平安的事。毫無疑問的，有一些可憐無
> 知的生靈正在尋求拯救，但還不願意出來接受白白賜予的福音。懶
> 惰到極點，他們仍然緊抓著迷信不放。〔註8〕

字裡行間都透露著馬偕以基督信仰看待臺灣的宗教文化，若是信仰異教的
人，便是「無知」的形象。相反地，接受上帝「白白賜予的福音」的人，便
能得到拯救，擺脫「迷信」的形象。

臺灣的喪禮儀俗也同樣遭受批判：

> 有個喪禮隊伍經過，莫名其妙，棺材頂上綁了個白公雞。啊！那祖
> 先牌位放在一個近親抬著的轎子裡，這自然是要看起來孝順，但卻
> 真虛假。可憐的臺灣人何時才會自由。〔註9〕

在馬偕的認知中，信仰異教是不自由的，是受到拘束的，必須透過改宗入教
才能獲得解脫，才能得到「自由」。無獨有偶，南部長老教會的傳教士梅監務
（Rev. Campbell N. Moody）〔註10〕也指出，唯有透過基督信仰的洗禮，才能
從這些迷信恐懼中解脫出來。〔註11〕

對此，洪健榮分析：「在信奉基督教的西方人士看來，傳統風水習俗固然
是『迷信』，但在部分漢族紳民的心目中，基督教本身又何嘗不是擁有些『迷
信』色彩的儀式或教義？」〔註12〕而我們得到這樣的訊息，只是因為馬偕掌
握了詮釋的話語權，建構起他想像中「迷信」的臺灣宗教文化。

（二）生番「非人」

由於北部長老教會人手較少，西方來臺傳教士中，馬偕幾乎是獨自一人
行旅宣教，足跡遍布北臺灣，自然也留下許多與原住民接觸的印象。不過，

〔註8〕 George Leslie Mackay 著，〈馬偕日記手稿〉，1889 年 8 月 10 日；譯文參照王
榮昌等譯《馬偕日記 II：1884～1891》（臺北：玉山社，2012 年），頁 338。

〔註9〕 George Leslie Mackay 著，〈馬偕日記手稿〉，1885 年 11 月 16 日；譯文參照《馬
偕日記 II：1884～1891》，頁 99。

〔註10〕 梅監務於 1865 年出生在蘇格蘭拉納克郡（Lanarkshire）的波特威爾，1880 年
進入格拉斯哥大學大學就讀文學院，1884 年在自由教會學校（Free Church
College）研讀神學。1895 年，梅監務與同樣受派至臺灣的蘭大衛醫生（David
Landsborough）一同出發，同年 12 月 18 日抵達臺灣安平港。

〔註11〕 Campbell Moody. *The Heathen Heart: An Account of the Reception of the Gospel
among the Chinese of Formosa*, pp. 144-145.

〔註12〕 洪健榮，〈十九世紀後期來臺傳教士對風水民俗的態度〉，頁 193。

來自西方的馬偕，顯然對於原住民的瞭解與現今有所不同。

> 利用所有的時間佈道、醫治以及談話。整段時間群眾都聚集在旁，
> 住在山上的人友善但比較粗魯，高興的時候和善、生氣的時候可怕，
> 並且會串通起來耍陰謀。〔註13〕

山上原住民的情緒是陰晴不定、情緒落差大，也比較粗魯的，也且會奸詐地
耍陰謀。馬偕將自己所觀察的原住民形象細節當成通則，判定臺灣原住民是
一成不變的形象，最終成為西方人對臺灣原住民的固定描繪文本，而被書寫
的原住民自始至終都無法反抗。

從另外一段馬偕在新店對原住民的敘述，更可以清楚看見馬偕對於原住
民的看法：

> 再次出去巡視，然後回到新店。14 位生番再次來我住的地方探望
> 我。幾乎都是裸體，全身紋身，不過還是人類。不只是，也很活潑。
> 不過仍是未開發的岩石。〔註14〕

馬偕認為，裸體又紋身的原住民「還是人類」，是「未開發的岩石」。顯然，
就馬偕原本的認知，原住民恐怕還處於「非人」的地位，才會在觀察完原住
民後，認為這些原住民其實還算是人類。而且，這些未開化的原住民，就如
同「未開發的岩石」，等待福音的洗禮。

臺灣北部長老教會資料確實能補充中文史料不足，可以讓我們看見更立
體的臺灣社會，但是一旦牽涉到宗教與文化層面的觀察，便要小心傳教士主
觀意見的帶入。傳教士往往以自身的宗教價值觀作為瞭解與判斷依據，對於
無法理解或不能認同的異教文化，冠以許多負面的評價，藉此營造自己信仰
文化的高度與正確性。故引用者不可不慎。

二、南部長老教會資料

相對於北部長老教會，南部長老教會的傳教士人數較為充足，幾乎每一
位傳教士都佔有重要地位，無法取一人而代之。而《臺灣教會公報》與《使
信月刊》，算是最具代表性，且具充分影響力的資料了。

〔註13〕George Leslie Mackay 著，〈馬偕日記手稿〉，1874 年 12 月 20 日；譯文參照《馬
　　　　偕日記 I：1871～1883》，頁 193。

〔註14〕George Leslie Mackay 著，〈馬偕日記手稿〉，1886 年 1 月 14 日；譯文參照《馬
　　　　偕日記 II：1884～1891》，頁 111。

（一）《使信月刊》

《使信月刊》為英國長老教會海外宣教刊物，內容包含十九世紀海外傳教士在中國及臺灣等地的宣教紀錄，除了宣教實務外，也會介紹宣教地區的社會網絡，從知識交流層面來看，《使信月刊》是傳教士交換資訊的平臺之一。不過我們必須清楚知道，相較於中國擁有廣大羊群待牧，臺灣的人口數可以說是相形見絀，西方教會自然將重心放在中國宣教區，這一點可以從《使信月刊》的報導篇幅比例清楚發現。〔註15〕因此在資訊吸收的影響程度，勢必是中國教區的影響力大於臺灣教區。

《使信月刊》也是海外傳教士互相展示知識、建立權威的場所。傳教士報導派駐地的風土民情，透過文本的權威榮耀使自己取得教會界的重要地位，即使書寫內容可能超越當地真實情況。但是透過這樣的文本製作，不只創造當地的知識，更形成一套長期被信服、被採用的系統論述，成為西方人認識異地的最佳參考手冊。這些文本對傳教士及宣教工作來說，具有真實且清楚描繪的特性；但是對在地人的真實性如何，就不是那麼重要了。

除此之外，南、北部長老教會顯然彼此互相交流訊息：

> *Our readers will remember that, in consequence of the war with France,*
> *which was very active in the northern part of Formosa, inflicting serious*
> *injury upon the Canadian mission there.*〔註16〕

清法戰爭後，北部長老教會受到相當大的損害，許多教堂被拆毀，南部長老教會也接收到這樣的訊息，並在《使信月刊》上討論。只是，此份資料屬於公開性的報紙，所以在書寫的語句、批判的力道，明顯都不如前述的《馬偕日記》那般直接而嚴厲，而且受限於通信投稿及刊登版面有限，報導內容容易忽略細節。或許，對於這些傳教士來說，「紳士的身影」是他們希望家鄉人士所認知的，如此也能幫助他們得到更多來自家鄉的奉獻，有助於福音推展。

（二）《教會公報》

《教會公報》為臺灣最早出刊並持續發行之報紙，期間經歷數次更名，

〔註15〕陳東昇，〈十九世紀後期西方傳教士眼中的臺灣漢人社會〉（臺北：國立臺灣師範大學臺灣史研究所碩士論文，2015年），頁72。

〔註16〕"*Reopening of Formosa*"，臺灣教會公報社編，《使信月刊（29）》，1885年4月14日，頁128。

早期發行人與主筆者多為西方傳教士。〔註 17〕其登載內容層面甚廣，以教會
訊息為出發點，觀察面向含括宗教、社會、文化、教育、經濟與國際時事等
等，對臺灣民間宗教信仰的批評不遺餘力，深具教會觀點代表性。〔註 18〕然
現今學界對於教會公報的研究，仍不脫教會研究、文學研究兩大範疇，運用
在臺灣社會觀察面的作品，仍屬少數。

　　用語及書寫內容直白，是教會公報的一大特點，這些可以從內容標題看
出來。像是〈論風俗〉、〈論偶像〉、〈殘忍的乩童〉等文章標題，都能直接看
出《教會公報》創辦目的係為鞏固信徒凝聚力。甚至，乙未之際的《教會公
報》內容也顯示，南部長老教會對於日本領臺心存期待，派遣林學恭藉著赴
澎湖傳教的機會，向日本將領請安，以營造未來友善的傳教空間。〔註 19〕

　　在此，也舉數例證明《教會公報》的重要性。在 1888 年發生的大庄事件，
筆者曾經指出，馬偕對此事的認知是「有 5,000 名中國士兵前往懲處生番和偏
遠地區的漢人」。〔註 20〕然而，《教會公報》刊登來自東岸信徒的報導，卻有
明顯不同的觀點：

> 在 6 月甘老爹（官員）有向百姓拿租，真殘忍，強迫拿銀，都不能
> 慢的。百姓不甘願，後來沒拜上帝的人和阿美仔會聚；在 6 月 25
> 日，有殺老爹四人，兵丁七、八十人都死。現時，水尾營、璞石閣
> 營、新開園營都滅無啦！慘啊！不知後來會怎樣！〔註 21〕

經此比較可以發現，《教會公報》的內容顯然與現今研究較為接近。因為此則
消息是來自於當地第一線的信徒所觀察，與馬偕經由清朝官方通知的認知自
然不同。此例充分佐證《教會公報》的重要性。

　　只是同樣係西方傳教士所主筆的史料，當然無法免除其基督宗教信仰的
帶入。在 1887 年的一則史料中，就可以見到西方傳教士對漢人傳統信仰的批

〔註 17〕　張妙娟，《開啟心眼：臺灣府城教會報與長老教會的基督徒教育》，102。
〔註 18〕　相關介紹可以參考：吳學明，〈臺灣府城教會報及其史料價值〉，收錄於《臺
　　　　　灣基督長老教會研究》，頁 187～210。
〔註 19〕　不著撰人，〈澎湖的消息——林學恭在東石來信〉，《臺灣府城教會報》，第 124
　　　　　張，光緒 21 年 6 月，頁 29；重刊於臺灣教會公報社編，《臺灣教會公報全覽》
　　　　　（臺南：教會公報出版社，1895 年）。
〔註 20〕　陳東昇，〈馬偕眼中的清代臺灣官員〉，頁 188～189。
〔註 21〕　不著撰人，〈後山的消息〉，《臺灣府城教會報》，第 41 張，光緒 14 年 10 月，
　　　　　頁 74；重刊於臺灣教會公報社編，《臺灣教會公報全覽》（臺南：教會公報出
　　　　　版社，1888 年）。

評。內文指出，由府城分靈至北港的二媽，在 3 月 14 日回府城探望大媽時，碰到搶轎隊伍引發亂鬥，造成不少損傷。由於雙方的爭執持續不斷，在北港二媽回程的路上，武營還派兵前往提防騷動。不過意外的是，由於沿路居民護送轎隊相當長的距離，住家引起的火災竟無足夠的人力撲滅，造成不小的損失。《教會公報》寫道：「可見敬佛會害人真慘啊」。〔註22〕傳教士再度將「異教」冠上負面的標籤，異教徒因為崇拜偶像而遭遇災害、造成損失。換言之，接受基督信仰的漢人才是具有文明的社會，傳教士藉由對異教的批判，形塑信仰福音的好處，只有信仰福音才能「得救」。

從《教會公報》的內容可以發現，因為本刊物的創刊目的是為了推展信徒教育以利傳播福音，並鞏固信徒信仰的堅實度。所以在行文上的用詞較為強烈，對於異教文化的批判也是不遺餘力，更能呈顯西方傳教士係以基督信仰的觀點，觀看與評價臺灣漢人社會面貌，並將觀察的內容集合成文本。就這點來說，明顯與《使信月刊》有不同的特色差異，在引用之際更應該謹慎。

三、道明會資料

目前晚清道明會所留資料中，最著名的莫非《天主教在臺開教記》，幾乎可以說是自清末來臺後最重要的參考文獻。其主要內容為道明會士與母會通信報告內容，書寫內容當然隨著道明會士的宣教步伐移動，環繞著佈教工作、因宣教產生的社會觀察，以及與長老教會競爭的過程。也因為此份資料是屬於書信性質，與前述長老教會的公開出版品不同，所以敘述與語氣都較為直接，近似《馬偕日記》那般不加修飾，更能看出道明會士內心真正感受。

然而可惜的是，翻譯者黃德寬曾於〈出版者的話〉中說明：「本社對文中一些過於突顯與基督教弟兄相互較勁的語氣，均稍加刪改」。〔註23〕所以許多尖銳或是不友善的詞句都被潤飾了，甚至在從西班牙文譯為英文時，就已未忠於原味逐字翻譯，是比較可惜的地方。而這正是筆者的研究缺陷之一，無法直接閱讀西班牙原文，如此一來便不能直接觸碰十九世紀後期，道明會士心中最原始的感受。

〔註22〕 不著撰人，〈迎佛吵架〉，《臺灣府城教會報》，第 22 張，光緒 13 年 4 月，頁 29；重刊於臺灣教會公報社編，《臺灣教會公報全覽》（臺南：教會公報出版社，1887 年）。

〔註23〕 Fernandez, Pablo O.P.著、黃德寬譯，《天主教在臺開教記》，頁 6。

　　在內容上，可以發現道明會士與長老教會相當大的差異，就是長老教會傳教工作較具自主權，且有外交官的保護，因此進展速度較道明會士更具有優勢。而道明會士在信件的語氣，時常呈現內在心理與外在物資較為困乏的一面，這正是「度貧窮生活，向城市居民宣道」的一大特色。〔註24〕基於宣教版圖之故，道明會士與客家人頻繁的互動內容也是一大特色，其中當然有族群關係、經濟關係、政治關係等因素，都是異文化接觸後所產生的火花。〔註25〕道明會士也將觀察到的每一個細節都當作漢人社會的普遍形象，如：「為此，基督徒必須加倍小心，如果他要到溝仔墘——漢人、客家人大本營——就得提高警覺，否則，一定會遭遇不幸」；〔註26〕「客家人是臺灣老百姓中最大膽無理的，也是我們的致命對頭」。〔註27〕透過這種經驗書寫方式，道明會士形塑了一個他們認知中的臺灣漢人（特別是異教徒）社會實況。

　　而道明會士們對異教徒，特別是客家人的批判，除了是基於宣教工作不順之外，亦根源於他們是以西方文化與基督信仰的觀點，觀看臺灣社會。在書寫的過程中，同時更在形塑自己對於臺灣漢人社會的知識權威，所以在引用此份文本時，除了要瞭解宣教脈絡，也要分辨出基於基督信仰文化下的觀察方式，如：「這裡的天主教傳教士，是唯一真正瞭解中國人的，只有他們才會瞭解，在這島上法律只是死文字，毫無氣息的紙屑而已，他們的法律即是強權公理……唯有信仰普及後，才能避免這種混亂的情形」。〔註28〕這些傳教工作遭遇的阻礙情形，都成了道明會士指派給臺灣漢人，甚至限縮到臺灣客家的普遍特性。如此一來，臺灣漢人社會便和歐洲基督信仰社會成為對立的兩個世界，接受福音者屬於知識權力掌握者，異教徒便成為混亂、不文明，需要接受洗禮的一方。

〔註24〕詳盡的研究可以參照：楊嘉欽，《從歐洲到臺灣：道明會玫瑰省臺灣傳教研究》（新北：花木蘭文化出版社，2014年）。

〔註25〕詳盡的研究可以參照：黃子寧，《天主教在屏東萬金的生根發展（1861～1962）》（臺北：臺灣大學出版委員會，2006年）

〔註26〕Fernandez, Pablo O.P, One Hundred Years of Dominican Apostolate in Formosa. (Taipei : SMC Publishing Inc, 1994), p.71；Fernandez, Pablo O.P.著、黃德寬譯，《天主教在臺開教記》，頁64。

〔註27〕Fernandez, Pablo O.P, One Hundred Years of Dominican Apostolate in Formosa, p.77；Fernandez, Pablo O.P.著、黃德寬譯，《天主教在臺開教記》，頁68。

〔註28〕Fernandez, Pablo O.P, One Hundred Years of Dominican Apostolate in Formosa, p.99；Fernandez, Pablo O.P.著、黃德寬譯，《天主教在臺開教記》，頁83。

第二節 排外與世俗性

一、排外的態度

中國士大夫長久以來奉「儒家思想」為主流，視外國人為「夷狄」，對儒家文化抱持高度的自尊。〔註29〕十九世紀時清朝對外戰爭連年失敗，臣民皆驚訝於西方的船堅炮利，然而，這非但沒有消除對外族文化的排斥態度，還增添了士大夫對自身文化的危機意識。臺灣的部分，特別在開港通商後，對於依約來臺的西方人士，抱持著高度的懷疑和不確定性，往往將西方人士一體看待。亦即，臺灣漢人也以自身對西方來臺人士的局部觀察，當作西方人的普遍形象，如此一來，西方傳教士也就被置入這樣的想像窠臼內。這樣的排外態度，對於長期遊走在臺灣社會的傳教士來說，更是印象深刻，透過傳教士的紀錄，可以讓我們更瞭解當時的臺灣社會氛圍。

如馬偕來臺初期，與嚴清華外出拜訪朋友的路途中，被民眾發現西方人的身份後，遭受到不友善的對待，不但有黑狗攻擊、孩童吼叫，甚至出現辱罵和石頭攻擊的行為。〔註30〕馬偕另一次在錫口（今臺北市松山區）宣教，不但被丟擲石頭，周圍更環繞著「外國狗」、「外國鬼」、「殺死他」等辱罵聲。〔註31〕除了這些攻擊外，攻擊性的告示張貼也是習以為常，馬偕這麼說著：「畫像中的我長著長鼻子，手上拿著大刀，用來割取眼睛和心臟。『卑鄙！卑鄙！卑鄙！』」〔註32〕他進一步指出，這些告示大多張貼於寺廟附近，係意圖阻撓福音的傳播。〔註33〕然而，有趣的是，隨著馬偕宣教附帶的醫療行為，還是

〔註29〕 針對中國儒家社會的反教思維，可以參照：呂實強，《中國官紳反教的原因（1860～1874）》（臺北：中央研究院近代史研究所，1973年）。

〔註30〕 George Leslie Mackay 著，〈馬偕日記手稿〉，1872年月5日2日；譯文參照《馬偕日記 I：1871～1883》，頁51。George Leslie Mackay, *From Far Formosa*, p. 144；譯文參照《福爾摩沙紀事：馬偕臺灣回憶錄》，頁133。

〔註31〕 George Leslie Mackay 著，〈馬偕日記手稿〉，1872年9月26日；譯文參照《馬偕日記 I：1871～1883》，頁70。有趣的是，梅監務提到臺灣人民對西方傳教士的陌生，造就傳教士的性別都能成為討論議題。詳見：Campbell Moody. *The Heathen Heart: An Account of the Reception of the Gospel among the Chinese of Formosa.*, p. 33.

〔註32〕 George Leslie Mackay 著，〈馬偕日記手稿〉，1873年2月26日；譯文參照《馬偕日記 I：1871～1883》，頁104。

〔註33〕 George Leslie Mackay 著，〈馬偕日記手稿〉，1873年2月26日；譯文參照《馬偕日記 I：1871～1883》，頁104。〈馬偕日記手稿〉，1873年2月27日；譯文參照《馬偕日記 I：1871～1883》，頁105。

讓他受到不少民眾的歡迎：

> 整天留在這個城市當中分發單張、藥品，並且傳揚拯救的福音。我
> 們走在城牆上繞行城市周圍，背後跟著一大群激動的群眾，有時緊
> 跟在後，有時跑到我們的前面，口中高聲的嘶吼怒罵著，而其他人
> 不停對著我們投擲泥塊、破磚等等。當我們回到豬圈之時，數十人
> 不停地擠進來要求我醫治他們的疾病，真是奇怪的對比。〔註 34〕

在當時醫療、環境衛生不佳的情況下，並不難理解為何有如此差異，就連甘
為霖也曾提及馬偕進行拔牙對宣教的助益。〔註 35〕也因此，醫療宣教一直是
傳教士們最廣泛使用的傳教方法。〔註 36〕

　　與馬偕約略同時期來到臺灣的甘為霖，則指出「樟腦事件」對西方人在
臺處境的助益，並認為相較於中國的漳州、泉州，臺灣民眾對待西方人的態
度著實友善不少。〔註 37〕甘為霖時常在佈道時發送基督教書籍和小冊子，藉
以吸引民眾聚集，他認為這些漢人也都謙遜有禮，有時還會熱情款待傳教士
們。〔註 38〕不過這個策略看在道明會士眼裡，卻是相當不以為意。道明會士
認為發送書本的成效不彰，〔註 39〕不但無法直接代表信徒人數的增長，這些
書本到了異教徒的手裡，也只是淪為腳下的鞋底罷了。〔註 40〕巴克禮也承認，
在宣教過程中發送書籍是成效不彰的，因為異教徒多不識字。〔註 41〕即使如
此，還是可以從這裡看到兩個教派之間的資源差異，以及傳教手法的對比。

〔註 34〕George Leslie Mackay 著，〈馬偕日記手稿〉，1873 年 5 月 23 日；譯文參照
　　　　《馬偕日記 I：1871～1883》，頁 121。

〔註 35〕William Campbell, *Sketches from Formosa*, p. 153；譯文參照《素描福爾摩沙》，
　　　　頁 144。

〔註 36〕已有學者分析傳教士醫療行為所夾帶的半殖民性質，詳見：傅大為，〈從馬偕
　　　　談清末臺灣的半殖民醫療〉，收錄於《馬偕博士收藏臺灣原住民文物——沉寂
　　　　百年的海外遺珍》（臺北：順益臺灣原住民博物館，2001 年），頁 34～41。

〔註 37〕William Campbell, *Sketches from Formosa*, p. 17；譯文參照《素描福爾摩沙》，
　　　　頁 6。

〔註 38〕William Campbell, *Sketches from Formosa*, p. 33；譯文參照《素描福爾摩沙》，
　　　　頁 22。不過甘為也承認，有部分投機份子覬覦傳教書籍的價值。詳閱：William
　　　　Campbell, Sketches from Formosa, p. 229；譯文參照《素描福爾摩沙》，頁 216
　　　　～217。

〔註 39〕Pablo Fernandez O.P.著、黃德寬譯，《天主教在臺開教記》，頁 134。

〔註 40〕Pablo Fernandez O.P.著、黃德寬譯，《天主教在臺開教記》，頁 54～55。

〔註 41〕巴克禮，〈在恆春縣行遊傳道〉，《臺灣府城教會報》，第 20 張，光緒 13 年 2
　　　　月，頁 15～16；重刊於臺灣教會公報社編，《臺灣教會公報全覽》（臺南：教
　　　　會公報出版社，1887 年）。

　　至於早在臺灣正式開港前即來臺的道明會士，更能體會「樟腦事件」對外國人士在臺活動的影響。郭德剛提到，除了遭受輕視外，這些異教徒也會以言語辱罵他，「但是，在一切凌辱中，最令我傷心的是，他們說傳教士只是到這裡說故事而已。」〔註42〕顯然傳教工作不受尊重，才是傳教士們最在意的事。雖然如此，當傳教士收到邀約，主動表示願意接受福音時，卻對於邀約的動機感到懷疑，寧願多費時間觀察。〔註43〕馬偕也多次在日記中對入教者的動機提出質疑：「我不斷的被請求在那裡建立宣教站，但是都被耽誤了。因為一方面想要試驗他們，另一方面有別的地方的工作在忙。」〔註44〕綜觀傳教士們這些謹慎的思量，都是為了避免「靠番仔勢」影響傳教工作。〔註45〕

　　東西方之間因為文化差異產生誤解，自然而然地透過自己的價值觀，「想像」異文化的形象，這種情況不只發生在傳教士身上，臺灣的「異教徒」也是如此。吳著為鹹埔仔教會初代信徒，以竹筏運送貨物為生，入教後改以捕魚為業。吳著深夜回家時，堂弟為他開門卻不敢靠近他，妻子不敢與吳著同桌進食，甚至不敢將他吃剩的飯菜倒給豬吃。〔註46〕

　　林學恭也是另一個顯著的例子，他在信教前曾質問同庄的教徒郭省，「你怎麼去入番仔教，這個教決斷毋通入，因為這號教是教人不奉祀神佛，不敬祖先，是異端的教，心若好就夠額，何必要入教，你毋通去入這款滅祖滅宗的教。」其應邀至嘉義禮拜堂（今嘉義市東門教會）後，適逢傳教者吳意講道，林學恭：

> 看人閉目在祈禱，懷疑是在念咒語。詳細看拜堂內沒有上帝的像，也沒燒香。哼！真的是異端的邪教。毛孔直豎，心肝噗噗惝，不敢進去，只有站在門外觀察一切。〔註47〕

〔註42〕Pablo Fernandez O.P.著、黃德寬譯，《天主教在臺開教記》，頁48～49。

〔註43〕Pablo Fernandez O.P.著、黃德寬譯，《天主教在臺開教記》，頁105、107。

〔註44〕George Leslie Mackay 著，〈馬偕日記手稿〉，1891年6月16日；譯文參照《馬偕日記 II：1884～1891》，頁478。

〔註45〕此概念即教會研究的重要議題之一——「靠番仔勢」，詳細可以參見：吳學明，〈臺灣基督長老教會入臺初期的一個文化面向——「靠番仔勢」〉，《鄉土文化研究所學報》1（1999年12月），頁101～130。

〔註46〕Campbell Moody. *The king's guests: a strange Formosan fellowship*. (London: H. R. Allenson, Ltd.), 1932, pp. 105～106.

〔註47〕安貧生，〈信仰美談——赤馬叔〉，《臺灣府城教會報》，第654、655張，昭和14年9、10月，頁13～14、9～11；重刊於臺灣教會公報社編，《臺灣教會公報全覽》（臺南：教會公報出版社，1939年）。

一般的外教民眾以傳統信仰的認知，看待不熟悉的西方外來宗教，以為傳教士也會施法，並以此勾引民眾入教，與教徒共食亦會受其傳染。而且，西方宗教禁止偶像崇拜，不敬神佛，祖先的信仰，與傳統民俗衝突甚巨，「入教，死沒人哭」便是類似的論述。換句話說，對於臺灣漢人而言，西方的禮拜儀式不也是迷信的一種，故「迷信」的評價端視評論者的立場背景而論。西方傳教士因為掌握了知識的詮釋權，為了強化其宣揚福音的正確性，給予漢人傳教宗教「負面」評價標籤，以利穩固自身的知識群力，研究者自然不能端憑傳教士的敘述就訂下結論，以免進入書寫者的視角而不自知。

排外的情況也隨著國際情勢出現變化，其中最具代表性的就屬清法戰爭。戰爭初期，英國駐淡水領事費里德即發出通告，希望在臺僑民注意自身安全，避免因為西方人士身分受到牽連。〔註48〕不過，北部加拿大長老教會受到戰事牽連甚深，據馬偕統計共 7 座教堂被毀，〔註49〕馬偕認為接下來的求償任務是相當大的挑戰。〔註50〕劉銘傳則鑒於當時情勢不穩，除了加強查辦之外，希望能暫緩賠償之事。〔註51〕然而基於偕醫館在戰爭時期的醫療貢獻，以及馬偕英國籍的背景之故，他在戰後的賠款商談，以及後續的宣教推展都相當順利，可以說是國際情勢變化下的受益者。只是，清法戰爭還是持續影響傳教士的宣教工作，甘為霖即體會甚深：

> 他傳道理的時候，若說他是臺灣過來，人們比較願意聽；若說道理是從外國來的，人就比較不喜歡。這是因為前年大法國人去攻打澎湖，那時有入他們的廟宇將佛搶出來生火。後來甘牧師去，人們還有在懷疑驚怕他是外國來的細作要來探他們的消息。〔註52〕

〔註48〕John Dodd. *Journal of a Blockaded Resident in North Formosa, During the Franco-Chinese War, 1884-5*, p. 10。

〔註49〕George Leslie Mackay 著，〈馬偕日記手稿〉，1885 年 1 月 23 日；譯文參照《馬偕日記 II：1871～1883》，頁 46。南部的長老教會也得知北部教會受創嚴重，「Our readers will remember that, in consequence of the war with France, which was very active in the northern part of Formosa, inflicting serious injury upon the Canadian mission there」，詳見："*Reopening of Formosa*"，臺灣教會公報社編，《使信月刊（29）》，1885 年 4 月，頁 128。

〔註50〕George Leslie Mackay 著，〈馬偕日記手稿〉，1885 年 8 月 14 日；譯文參照《馬偕日記 II：1884～1891》，頁 83。

〔註51〕中央研究院近代史研究所編，《中法越南交涉檔》第六輯（臺北：中央研究院近代史研究所，1962 年），第 1957 號附件，頁 3394。

〔註52〕不著撰人，〈澎湖的消息〉，《臺灣府城教會報》，第 20 張，光緒 13 年 2 月，

相較於此，雖然天主教道明會係以法國背景為主體，然此時的傳教區域向在南部，因此受害較淺。由此可見，國際情勢對臺灣異教徒排外情緒的影響甚為顯著。不過，隨著傳教士在臺的長期耕耘，排外的情緒漸漸減弱，直到乙未割臺時才又引起排外的氛圍。〔註53〕

二、愛錢的世俗性

馬偕認為，漢人具有強烈的世俗取向，經常被「金錢」蒙蔽，〔註54〕每個漢人都充滿現實的想法，〔註55〕尤其是艋舺與大稻埕。馬偕批判艋舺居民仇視外國人的態度，驕傲、無知、迷信等缺陷，認為他們若無法悔改只能在天堂中獲得低微的地位。〔註56〕馬偕又抨擊大稻埕居民眼裡只有金錢，是十足的物質主義者、迷信者，需要驚天動地的改變。〔註57〕對照馬偕傳教版圖的推展，稍後的 1877 年即因教堂改建受阻而爆發艋舺教案，由此不難瞭解為何馬偕對這兩地的批判如此強烈。

根據道明會士李嘉祿的觀察，即使來臺宣教已久，迫害教會的人也減少許多，但還是必須面對老百姓「物質主義」的挑戰。〔註58〕李嘉祿如此抨擊：

> 本地人只關心世上的事，對精神方面無所謂，也不管死後的遭遇，
> 因而也不在乎生活中善惡問題。像結婚後若沒有子嗣就隨意離婚；
> 有經濟壓力時，就賣個孩子；這是基督徒不許做的事，所以一般人
> 不願接受信仰。〔註59〕

頁 11；重刊於臺灣教會公報社編，《臺灣教會公報全覽》（臺南：教會公報出版社，1887 年）。。

〔註53〕 其一，許多民眾無法清楚分辨外國人士的國籍，時常將外國人士一體視之；其二，即使能分辨外國人士的國籍，仍乘動亂之際趁火打劫。也因此，當日本入臺之際，許多西方傳教士便成了排外情緒宣洩的對象。

〔註54〕 George Leslie Mackay 著，〈馬偕日記手稿〉，1885 年 12 月 14 日；譯文參照《馬偕日記 II：1884～1891》，頁 104。

〔註55〕 George Leslie Mackay 著，〈馬偕日記手稿〉，1874 年 12 月 4 日；譯文參照《馬偕日記 I：1871～1883》，頁 191。然而，馬偕卻認為一般的農民皆是勤奮、誠實、好德性的。George Leslie Mackay, *From Far Formosa*, pp. 115-116；譯文參照《福爾摩沙紀事：馬偕臺灣回憶錄》，頁 108。

〔註56〕 George Leslie Mackay 著，〈馬偕日記手稿〉，1875 年 4 月 24 日；譯文參照《馬偕日記 I：1871～1883》，頁 212。

〔註57〕 George Leslie Mackay 著，〈馬偕日記手稿〉，1875 年 4 月 24 日；譯文參照《馬偕日記 I：1871～1883》，頁 212。

〔註58〕 Pablo Fernandez O.P.著、黃德寬譯，《天主教在臺開教記》，頁 131。

〔註59〕 Pablo Fernandez O.P.著、黃德寬譯，《天主教在臺開教記》，頁 132。

馬偕指出，這些處在黑暗中的異教徒，即使面臨死亡之際，還是無法擺脫金錢的誘惑。〔註60〕甘爲霖則認爲，金錢可以解決漢人社會中的所有問題。〔註61〕梅監務對此現象亦觀察入微：

> 漢人異教徒相對是「非倫理」、「非宗教」，他們和神沒有虔誠的交往，亦不瞭解神的歷史和德性。他們很少祈禱，若祈禱也不會是爲了靈性的祝福、正確的生活和罪的赦免；而是爲了豐收、生意興隆、旅途成功、長壽、財富，以及大而興旺的家族。〔註62〕

漢人的民間信仰屬現世功利取向，與基督教的終極關懷不同，梅監務認爲漢人拜神不是爲了得到神的赦免，而是不脫福、祿、壽三者之間的現實利益。馬偕提到，異教徒們是爲了發財而求助於偶像，然後視神應允的多寡來決定還願的幅度，令他感到相當可悲。〔註63〕甘爲霖也批判，許多人都以不正確、甚至迷信的眼光看待洗禮，希望藉由洗禮獲得好處，這是相當荒謬的。〔註64〕另外值得注意的是，郭德剛曾指摘長老教會以發放聖經吸引的民眾，其實並沒有真正改宗入教，平常生活和異教徒沒有兩樣，持續奉祀「他們金錢且沉湎於情慾中的神」。〔註65〕

第三節　「敗壞」的風俗

　　「敗壞」（pāi-hoāi）一詞看似聳動，卻是西方傳教士在臺宣教過程中，對臺灣漢人社會的風俗觀察。雖然過往亦有研究者透過傳教士文獻探討臺灣風

〔註60〕 George Leslie Mackay, *From Far Formosa,* pp. 194-195；譯文參照《福爾摩沙紀事：馬偕臺灣回憶錄》，頁 184。

〔註61〕 William Campbell, *Sketches from Formosa*, p. 75；譯文參照《素描福爾摩沙》，頁 70。

〔註62〕 Campbell Moody. *The Heathen Heart: An Account of the Reception of the Gospel among the Chinese of Formosa*, p. 88.

〔註63〕 George Leslie Mackay, *From Far Formosa*, p. 128；譯文參照《福爾摩沙紀事：馬偕臺灣回憶錄》，頁 118～119。

〔註64〕 William Campbell, *Sketches from Formosa*, p. 31；譯文參照《素描福爾摩沙》，頁 20。甘爲霖也提到，許多異教徒會詢問傳教士可以藉由傳教工作獲得多少好處，這對傳教士感到相當挫折。William Campbell, *Sketches from Formosa*, p. 206；譯文參照《素描福爾摩沙》，頁 195。

〔註65〕 Pablo Fernandez O.P.著、黃德寬譯，《天主教在臺開教記》，頁 54～55。對這些收受聖經讀本的漢人來說，紙張的價值才是他們願意收取的誘因。

俗，不過尚未見到系統性的整理，且仍有部分議題未被關注。〔註66〕即此，本節將運用傳教士文本與《教會公報》中，有關「纏足」、「吸食鴉片」與「嫁娶儀式」的敘述，分析西方傳教士如何看待臺灣漢人社會的風俗。

一、纏足

　　纏足的風俗在漢人社會流傳許久，雖然日治時期才開始鼓吹放足，總督府也在1915年明令禁止纏足；〔註67〕然而，早前西方傳教士就已發現漢人纏足的現象，也鼓勵信徒停止纏足的風俗。馬偕時常在行旅中發現纏腳的女性：

> 走到滬尾城裡，看到一名綁小腳的媽媽追著莫約12歲的兒子要打
> 他，她手裡拿的竹子有1吋厚，4呎長。她最後抓到他，用棍子發
> 狠的猛打頭、手、臉、背等等。〔註68〕

甘為霖認為，雖然纏足看似小事一樁，實際上卻對女生的身體和社會狀況造成摧殘。〔註69〕誠然，像是臺灣的客家女性，因為沒有纏足的關係，所以能外出背負重物，賺取收入；〔註70〕再者，纏足也影響女性的行動力，當遭遇危難時無法快速逃離；〔註71〕尤有甚者，更直接造成雙腳的傷害，偕醫館即有相關的治療經驗。〔註72〕梅監務也指出：

> 漢人婦女還要纏足，如果長在稻米成長地區，比在西方的女人更有
> 優勢。當他們煮完飯菜，清洗碗筷，並洗完家人的衣服，就沒有其
> 他工作要做了，除了看顧小孩。營銷幾乎都已讓男人完成了。〔註73〕

〔註66〕 如戴寶村，〈臺灣的石戰舊俗〉，《歷史月刊》7（1988年9月），頁122～123。
楊佳霖，〈從祛疾避疫到狂歡暴動的「蒙昧惡俗」：論臺灣端午節的石戰習俗〉，
《臺灣文獻》62：2（2011年6月），頁245～274。

〔註67〕 吳文星，〈日據時期臺灣的放足斷髮運動〉，《中央研究院民族學研究所專刊乙
種之十六》（1986年6月），頁69～108。

〔註68〕 George Leslie Mackay 著，〈馬偕日記手稿〉，1889年6月8日；譯文參照《馬
偕日記 II：1884～1891》，頁325。

〔註69〕 William Campbell, *Sketches from Formosa*, p. 55；譯文參照《素描福爾摩沙》，
頁47～48。

〔註70〕 William Campbell, *Sketches from Formosa*, pp. 249-250；譯文參照《素描福爾摩
沙》，頁239。

〔註71〕 George Leslie Mackay, *From Far Formosa*, p. 193；譯文參照《福爾摩沙紀事：
馬偕臺灣回憶錄》，頁182～183。

〔註72〕 George Leslie Mackay 著，〈馬偕日記手稿〉，1889年7月24日；譯文參照《馬
偕日記 II：1884～1891》，頁334。

〔註73〕 Campbell Moody, *The Heathen Heart: An Account of the Reception of the Gospel
among the Chinese of Formosa*, pp. 67-68.

也因爲這樣的社會現象，女性扮演的角色看似輕鬆，卻也缺乏經濟自主能力，進而影響她們在家中的地位。甘爲霖即批判纏足是個「愚昧的習俗」。〔註74〕

纏足自女性年幼時便施行，馬偕提到他見過一個可憐的女孩，在狹小的房門口喊叫，手裡還抓著被綁住的小腳。〔註75〕馬偕曾試著詢問，該如何幫助纏足的女性解除痛苦，不過得到的卻是漠不關心的嘲笑，馬偕爲此感嘆，纏足與歐洲的「束腰」同屬虛榮與無知。〔註76〕也因此，若是纏足女性願意參與禮拜，傳教士總是特別欣喜。〔註77〕《教會公報》曾刊載纏足後的樣態：

> 怎麼可惜中國的女孩子，卻有那個綁腳的風俗勒。從年幼來包、來纏，久而久之，就像斷掉，細步匀匀的跮腳行。講叫短、細是水，就直到讓七呎的身軀，好像百斤重，行踏艱難，活動不會自然。〔註78〕

同時，也列出七項應該拒絕纏足的原因，分別是：其一，男主外、女主內，女性應該服事長輩、教訓子女，協助照顧家務；其二，孝順乃百行之根源，若損壞身體便是不孝；其三，虎毒不食子，父母應該有慈心，不能傷害女兒身體；其四，纏足的走路方式容易招惹姦淫，敗壞人心；其五，纏足的女性不但無法幫助丈夫耕種，連危難時也成爲累贅；其六，纏足是違背天的道理，特別教會內的信徒應該決心脫離。文末，更鼓勵教會內纏足的女性們解放纏足，引領社會間的學習風潮，改換此種傷風敗俗的行爲。其行文中不時引用孔子等古人名言，特別是孝道的提倡，希望藉此提高民眾的接受度；不過歷史的後見之明告訴我們，纏足的風俗真正解除，已是日本殖民統治臺灣時期了。

〔註74〕 William Campbell, *Sketches from Formosa*, p. 55；譯文參照《素描福爾摩沙》，頁47～48。

〔註75〕 George Leslie Mackay 著，〈馬偕日記手稿〉，1889年5月25日；譯文參照《馬偕日記 II：1884～1891》，頁320。

〔註76〕 George Leslie Mackay 著，〈馬偕日記手稿〉，1889年5月29日；譯文參照《馬偕日記 II：1884～1891》，頁321。同時，在宣教時也可能遭外教人士詢問，「西方婦女爲何只束腹部而不束腳」。詳見：George Leslie Mackay, *From Far Formosa*, pp. 301-302；譯文參照《福爾摩沙紀事：馬偕臺灣回憶錄》，頁290。

〔註77〕 Fernandez, Pablo O.P.著、黃德寬譯，《天主教在臺開教記》，頁66。William Campbell, *Sketches from Formosa*, pp. 22-23；譯文參照《素描福爾摩沙》，頁10～11。

〔註78〕 不著撰人，〈縛腳的要論〉，《臺灣府城教會報》，第75張，光緒17年7月，頁52～55；重刊於臺灣教會公報社編，《臺灣教會公報全覽》（臺南：教會公報出版社，1891年）。

二、吸食鴉片

　　十九世紀後期臺灣吸食鴉片的情形相當普遍，傳教士來臺初期也深受其擾，馬雅各在臺南行醫，欲切除患者生蛆萎縮的腿時，被家屬指稱其目的係為製造鴉片。〔註79〕而且，馬雅各也利用奎寧治療，切除白內障和膀胱結石的手術治療不少病患，其精湛的醫術與遠播的名聲，很快就引起當地漢醫的恐慌，造謠傳教士取腦漿與眼睛製造鴉片。〔註80〕臺灣開港初期，民眾對西方傳教士與西方先進醫療技術相當生疏，神奇的治療效果超越漢醫與民眾原有的認知，僅能以既有的認知概念來想像；加諸一般民眾對於西方人士相當陌生，無法清楚分辨傳教士與西方商人的差別，往往一體視之，便容易產生誤會。也因此，在宣教過程中，時常有人懷疑傳教士是鴉片商人，〔註81〕或指責西方商人販賣鴉片。〔註82〕如馬偕曾被問過「要不要買樟腦？」、「有沒有賣鴉片？」、「鴉片真的是用人的眼睛做的嗎？」等問題。〔註83〕

　　傳教士在臺行旅時，也經常接觸吸食鴉片的人。馬偕在竹塹的旅店投宿時，有一群苦力大聲喊叫、互相辱罵地進入房內，躺下吸食鴉片，持續一整夜的吵鬧讓他無法入睡。〔註84〕轉至中壢的旅店時，狀況也相差無幾，「一股讓人昏迷的鴉片味道、門口餵豬的髒臭氣味、整個環境的吵雜聲，都讓我這個尚未習慣的人受不了」，〔註85〕顯見當時北臺灣的鴉片氾濫情況。南部的甘為霖，也對鴉片氾濫的情況有所體會，他曾在茅港尾（今臺南市下營區茅港村）發現一家鴉片館，門口寫著「極樂」（Complete Happiness）兩個大字，他為此感嘆「近年來福爾摩沙濫用鴉片的情形越來越嚴重，而且人們似乎早已

〔註79〕Fernandez, Pablo O.P.著、黃德寬譯，《天主教在臺開教記》，頁60。

〔註80〕W.A. Pickering, *Pioneering in Formosa : recollections of adventures among mandarins, wreckers, & head-hunting savages*,p. 78；譯文參照《歷險福爾摩沙》，頁110。

〔註81〕William Campbell, *Sketches from Formosa*, p. 221；譯文參照《素描福爾摩沙》，頁209。

〔註82〕William Campbell, *Sketches from Formosa*, p. 212；譯文參照《素描福爾摩沙》，頁200。

〔註83〕George Leslie Mackay 著，〈馬偕日記手稿〉，1875年6月17日；譯文參照《馬偕日記I：1871～1883》，頁225。

〔註84〕George Leslie Mackay 著，〈馬偕日記手稿〉，1872年10月24日；譯文參照《馬偕日記I：1871～1883》，頁77～78。

〔註85〕George Leslie Mackay, *From Far Formosa*, pp. 179-180；譯文參照《福爾摩沙紀事：馬偕臺灣回憶錄》，頁169～170。

把羞恥心丟在一旁，對扯上鴉片買賣或吸食一事，一點也不在意。」〔註 86〕此外，從東石搭船前往馬公時，八個水手之中有五個抽鴉片，讓船艙黑煙密布。〔註87〕即使到了澎湖，「也有很多人藉著抽鴉片，來紓解風濕和嚴重的頭疼。」〔註88〕鴉片的氾濫程度可見一斑。

　　為了幫助煙癮者脫離鴉片，傳教士相當依靠鴉片丸的幫助，不過他們指出，鴉片丸摻入嗎啡等藥物，目的是為了減輕煙癮痛苦，有些人卻因此販賣鴉片丸，作為鴉片的替代品，此舉造成更大的傷害。因此，若要脫離吸食鴉片的行列，還是得依靠堅定的決心。〔註 89〕《教會公報》曾分析菸癮者對鴉片丸的錯誤依賴。首先，服用鴉片丸對身體的傷害更甚於吸食鴉片，所以不要以為可以完全依靠鴉片丸戒除鴉片。文內更以當時的香港為例，當中國人犯罪被英國關入監牢，煙癮者在沒有鴉片可以吸食，又沒鴉片丸可以服用的情況下，只能靠意志力戒除鴉片，可見最重要的還是戒除的決心。其次，因為鴉片丸具有止痛效果，所以許多信徒會攜出販售；更有父母在子女咳嗽或是肚疼時，將鴉片丸當作治療藥物，雖然的確有止痛效果，不過並非真正治癒。〔註 90〕此外，梅監務曾經抱怨，許多信徒將戒除鴉片當成信仰得救的證據，這種「外部評論的觀點」無法令人不滿意。〔註91〕

　　直到日本進入臺灣後，臺灣遵照日本與各國的條約，日本也開始控制鴉片進口，以醫療用途為主，傳教士亦將此消息通知教會人士。〔註92〕相反地，

〔註 86〕 William Campbell, *Sketches from Formosa*, pp. 220-221；譯文參照《素描福爾摩沙》，頁 208～209。

〔註 87〕 William Campbell, *Sketches from Formosa*, p. 177；譯文參照《素描福爾摩沙》，頁 166。

〔註 88〕 William Campbell, *Sketches from Formosa*, p. 170；譯文參照《素描福爾摩沙》，頁 160。

〔註 89〕 不著撰人，〈教會的消息〉，《臺灣府城教會報》，第 21 張，光緒 13 年 3 月，頁 18；重刊於臺灣教會公報社編，《臺灣教會公報全覽》（臺南：教會公報出版社，1887 年）。

〔註 90〕 不著撰人，〈論用鴉片丸的危險〉，《臺灣府城教會報》，第 49 張，光緒 15 年 6 月，頁 46；重刊於臺灣教會公報社編，《臺灣教會公報全覽》（臺南：教會公報出版社，1889 年）。

〔註 91〕 Moody, Campbell N. *The Heathen Heart: An Account of the Reception of the Gospel among the Chinese of Formosa*, p. 123.

〔註 92〕 不著撰人，〈總督的告示要禁鴉片〉，《臺灣府城教會報》，第 76 張，明治 29 年 3 月，頁 21；重刊於臺灣教會公報社編，《臺灣教會公報全覽》（臺南：教會公報出版社，1896 年）。

甘為霖批評日本政府如此有建設性的公告，臺灣民眾卻不當一回事。〔註93〕

三、結婚儀式

　　與前述相同，當前有關臺灣婚俗禮儀改變的研究，主要關注在日治時期的變化；研究者進一步指出，1905 年就有臺人提出變革呼聲，迨至 1915 年風俗改良運動興起後，才有較大的轉變。〔註94〕不過，其實在清末時期，教會內部早已對臺灣漢人統婚俗禮儀提出針砭，呼籲信徒不要「趁世俗（跟隨世俗）」。

　　結婚儀式進行時，與會人士不是親戚就是朋友，眾人無不歡欣喜悅，盼望新人相親相愛。新娘在客廳按照禮俗奉茶時，大家原本應該滿心敬重，不過卻有一些無知的人喜歡戲謔，用淫亂的話語與無理的事情要求照辦。甚至，有些人更枉顧安全，放炮燒臉（pàng-phàu sio-bīn）或是酗酒不散，直至半夜三更，滿口無禮之語還沾沾自喜，絲毫不會感到羞愧。主人雖然氣憤，卻礙於情面不敢發怒，若是有人出言相勸，反而容易因細故起口角而絕交。所以勸告信徒們，千萬不能「鬧新娘房」，以免和世俗沒有分別。同時，也勸告信徒不要與外教人士通婚，更不要輕易離婚，以免違背上帝配合的旨意。〔註95〕雖然傳教士此刻已針對臺灣漢人的傳統婚俗儀式，提出改革呼聲，不過仍限於教會內部而已。

　　進入日治時期後，《教會公報》於 1898 年再度刊文呼籲改革，並條列了十二款注意事項。（1）男女雙方皆應成年才能結婚，以免有損壽命、無法相善對待，以及不懂如何教育子女。（2）男女合婚後，除非犯了姦淫，否則不該離婚，以免違背上帝的配合。（3）信徒不該與外教人士結婚，如同「好與壞無法作伴，光與暗不能交陪」，教會職工更應嚴格查核。（4）結婚前三個禮拜，就應將男女姓名告知本堂，確定大家都沒意見後才能合婚。（5）結婚所用的禮物可以按照各地風俗，但不能摻入異端（ī²-toan）迷信；因為世俗所用的禮，有些是為了閃避兇邪惡煞，有的則是保護夫妻恩愛一世，或者增添子孫福氣，總括來說都是迷信。（6）教會內部的合婚仍應有喜帖，不過內容不

〔註93〕 William Campbell, *Sketches from Formosa*, p. 285；譯文參照《素描福爾摩沙》，頁 276。

〔註94〕 張維正，〈邁向「文明」：日治前期臺灣漢人的婚俗變遷（1895～1920）〉，《臺灣文獻》65：1（2014 年 3 月），頁 129～175。

〔註95〕 不著撰人，〈嫁娶著好規矩〉，《臺灣府城教會報》，第 76 張，光緒 17 年 8 月，頁 58～59；重刊於臺灣教會公報社編，《臺灣教會公報全覽》（臺南：教會公報出版社，1891 年）。

能違背上帝的眞理。（7）信徒不能飼養童養媳，等成人後嫁給自己的兒子，這樣的風俗必須禁止。（8）有些人會在父母過世後，就趕緊結婚沖喜，悲傷與歡喜相疊是不合人情的，信徒千萬不能如此。（9）萬萬不可鬧新娘房，這是不合時宜的行爲。（10）嫁女兒不是買賣，千萬不要計較聘金的多寡，意圖藉由嫁女兒賺錢是錯誤的。（11）男女結婚應當年齡相仿。（12）不該爲了貪圖名聲而奢侈花費，造成往後的負擔，節儉誠實才符合眞理。〔註96〕

　　上述洋洋灑灑列了十二項條目，有些是基於基督教義而定，有些則是因爲當時社會現況而生。如教會內部的通婚，使基督信仰不致因信仰差異而中斷，也加強教會內部的聯繫。〔註97〕王政文亦指出，出身底層的第一代信徒，透過信仰傳承、教會教育與相互聯姻的方式，後代不僅建立基督化的家庭，更建立一個人際關係綿密的婚姻網絡與信仰群體。〔註98〕從結果論來說，教會內部通婚確實對教會信仰的凝聚有正面幫助。此外，在日治時期仍然見到教會批評「鬧新娘房」的行爲，顯見《教會公報》的閱讀社群與影響力仍限於教會內部。總和來說，教會內部對於傳統婚俗的批判，仍出自基督教義的價值觀，與其有違者便易得到「異端（îⁿ-toan）」的評價。

第四節　「迷信」的評價

　　十九世紀後期，西方傳教士入臺宣教，由於東、西方之間的文化差異，傳教士在記錄過程中提出不少批判。其中，最爲傳教士批評的是漢人社會的「迷信」（superstition）現象，包括偶像崇拜、祖先崇拜及風水民俗。因此，爲了探究西方傳教士看待臺灣「異教徒」的評價依據，便分別以這三項觀察作爲切入點。

一、偶像崇拜

　　的確，在臺灣沒有宗教，只有混亂。不公平不正義的氣氛充斥衙門，

〔註96〕不著撰人，〈勸戒嫁娶的條規〉，《臺灣府城教會報》，第155張，明治31年2月，頁14～15；重刊於臺灣教會公報社編，《臺灣教會公報全覽》（臺南：教會公報出版社，1898年）。

〔註97〕查時傑，〈光復初期臺灣基督長老教會的一個家族——以臺南高長家族之發展爲例〉，《國立臺灣大學歷史學報》18（1994年12月），頁158。

〔註98〕王政文，〈十九世紀臺灣基督徒的社會形象與地位〉，《海洋文化學刊》15（2013年12月），頁33～58。

人們忽視道德問題，善良的人反而受到嘲弄，甚至受迫害。信仰是
陌生的東西，卻很快地受到僞善的玷汙，有人接受它是爲了利用它。

李嘉祿〔註99〕

　　道明會士李嘉祿的這段話，道出了西方來臺傳教士對臺灣「異教」的普
遍看法，也提醒我們注意，部分信徒入教的心態爲功利取向，無論是意圖「靠
番仔勢」，或是意圖藉由入教改變生活；並未眞正瞭解基督教內涵，更非眞心
接受福音。馬偕數次批判漢人的物質主義、世俗取向與迷信，必須獲得改造
的機會。〔註100〕馬偕同時也分析，臺灣和中國的異教同樣混雜、黑暗與可怕，
是儒家思想結合道家思想，以鬼神崇拜爲體制，迷信神靈並使用符咒，後來
結合印度傳入的佛教，使得各自精華被糟蹋，宗教情操也遭到破壞。〔註101〕
而這些西方人士眼中的迷信，也體現在漢人的宗教儀式中，連清法戰爭時期
短暫來臺法國士兵亦有所耳聞，「有人跟我說他們有一大堆奇奇怪怪的迷信，
比方說：可以走在刀片上不被割傷；神明的頭上長鹿角等，眞是各有各的口
味。」〔註102〕著名的探險家必麒麟也記錄道，在他一次險遇海難的經驗中，
船上的漢人不停地祈求各方神明，諸如媽祖、老天爺、甚或耶穌，只爲了能
平安度險，這樣的方式令他感到相當驚奇。〔註103〕顯然地，漢人的多神信仰
對西方人的宗教觀來說，具有相當大的差異性。

　　漢人的多神信仰，廣泛體現在大自然的崇拜。馬偕曾在一棵受到民眾祭
拜的榕樹下授課，馬偕認爲這棵樹受到崇拜的原因是樹幹上的巨瘤，於是透
過這棵樹來講解上帝造物的神聖。〔註104〕馬偕也指出，廟宇充滿著臺灣各處，

〔註99〕Pablo Fernandez O.P.著、黃德寬譯，《天主教在臺開教記》，頁110。
〔註100〕George Leslie Mackay 著，〈馬偕日記手稿〉，1875 年 4 月 24 日；譯文參照《馬
　　　　偕日記 I：1871～1883》，頁 212。George Leslie Mackay 著，〈馬偕日記手稿〉，
　　　　1885 年 12 月 14 日；譯文參照《馬偕日記 II：1884～1891》，頁 104。George
　　　　Leslie Mackay 著，〈馬偕日記手稿〉，1886 年 5 月 11 日；譯文參照《馬偕日
　　　　記 II：1884～1891》，頁 129。
〔註101〕George Leslie Mackay, *From Far Formosa,* pp. 125-126；譯文參照《福爾摩沙
　　　　紀事：馬偕臺灣回憶錄》，頁 116～117。
〔註102〕Jean L.著，鄭順德譯，《孤拔元帥的小水手》（臺北：中央研究院臺灣史研究
　　　　所，2004 年），頁 31。
〔註103〕W.A. Pickering. *Pioneering in Formosa : recollections of adventures among
　　　　mandarins, wreckers, & head-hunting savages,* p. 84；譯文參照《歷險福爾摩
　　　　沙》，頁 116～120。
〔註104〕George Leslie Mackay 著，〈馬偕日記手稿〉，1874 年 2 月 4 日；譯文參照《馬
　　　　偕日記 I：1871～1883》，頁 154。

舉凡樹下、橋頭邊等地，皆可見到神像。然而祈求者卻往往是爲了財富而來，努力的擲筊過程中也不斷交換許願的代價，若祈求的目的特別重要時，則堅持到獲得「神」的肯定爲止。〔註105〕甘爲霖則是在傳講上帝時，碰到「異教徒」積極地對「神」的角色做連結，認爲主耶穌就是漢人中的某個神明；同時，「異教徒」也因爲不瞭解基督教義的「原罪」，不但未能信仰耶穌基督以贖罪，還將其視爲現實的罪惡，極力否定傳教士所說「人都有罪」的「指控」。〔註106〕由此可知，漢人無所不拜的多神信仰，小自土地公、大至玉皇上帝都是祭拜的神祇，看在一神信仰的傳教士眼中，自然格格不入。

　　傳教士們也發現，有許多「異教徒」因爲多神信仰的關係，並不排斥藉由「入教」來獲得附帶的好處。許多信徒入教後，仍將舊有的祭拜習慣帶入西方信仰之中，或者維持舊有宗教與西方信仰的交替祭拜習慣，期盼能兼獲西方宗教及舊有信仰的庇佑，〔註107〕這也顯見當時的漢人普遍以自身文化觀點來理解西方宗教文化，可見在陌生的文化背景下所產生的文明誤解，並非西方人所獨有。許多漢人在不瞭解基督教義的情況下，便會直接開口詢問入教的獲益，「我來聽道理，你每個月要給我們多少錢」〔註108〕，或詢問傳教士身上所穿的精緻外套，一碼布要多少錢？以及傳教士這樣宣教，一個月能賺多少錢？〔註109〕甚至有「異教徒」認爲，傳教士與「法師」一樣具有祈福的能力，希望傳教士能賜予運氣，諸如此類功利取向的問題，對傳教士來說更是無稽之談。〔註110〕甘爲霖即曾感慨表示：

> 真正令我感到惋惜的是，還是有許多人以不正確、甚至迷信的眼光，來看待洗禮這件事。他們以爲洗禮就是終點，認爲只要費盡心力到達洗禮這一刻，後續的努力就可以停止，然後等著看會有什麼好事發生降臨。有些人更荒謬地認爲，洗禮的水就能帶來祝福，殊不知

〔註105〕 George Leslie Mackay, *From Far Formosa*, p. 128；譯文參照《福爾摩沙紀事：馬偕臺灣回憶錄》，頁 118〜119。

〔註106〕 William Campbell, *Sketches from Formosa*, p. 206；譯文參照《素描福爾摩沙》，頁 195。

〔註107〕 Campbell Moody. *The Heathen Heart: An Account of the Reception of the Gospel among the Chinese of Formosa*, p. 110.

〔註108〕 Pablo Fernandez O.P.著、黃德寬譯，《天主教在臺開教記》，頁 60〜61。

〔註109〕 William Campbell, *Sketches from Formosa*, p. 206；譯文參照《素描福爾摩沙》，頁 195。

〔註110〕 George Leslie Mackay 著，〈馬偕日記手稿〉，1886 年 5 月 11 日；譯文參照《馬偕日記 II：1884〜1891》，頁 129。

這些恩典只有上主能賞賜。〔註111〕

尤有甚者，梅監務提及，部分信徒因爲生活並未入教而獲得明顯改善，數周後再度回歸異教之中。〔註112〕對於漢人來說，信仰基督教後的改變大多體現於外在形式上，如小孩免於燙傷、逃脫盜匪威脅、奇蹟治癒疾病等，並非傳教士所期盼的心靈轉換。〔註113〕這除了是漢人帶入舊有的信仰觀點，亦可能係入教者多爲「一半趁世俗、一半趁道理」，寄託改信而改善原本生活，自然將觀察投注在外在表象，這也是初期信徒多居社會底層的原因。〔註114〕王政文則指出，初到臺灣的基督教尚未形成社群，慕道友或信徒尚未建立強而有力的人際網絡，因而慕道友在改宗後，很可能因爲沒有同伴的支持，而又離開信仰。〔註115〕總結來說，不論是因入教未能改善生活而脫教也好，或是未能持續得到社群支持而離開也罷，都可以見到漢人因爲對西方文化、宗教認識未深，無法深刻認識西方宗教的內涵，導致信仰不深，容易因爲外在環境影響而鬆動，甚或回到傳統信仰之中。

也因此，隨著傳教工作的推展與經驗的累積，傳教士們發現要求入教者並非完全爲了「信主得救」而來，而是別有目的。〔註116〕馬偕即曾數度因爲尚未釐清求道者的企圖，以及傳教工作忙碌的關係，推辭設立宣教站的邀請。

〔註111〕 William Campbell, *Sketches from Formosa*, p. 31；譯文參照《素描福爾摩沙》，頁 20。在漢人的葬禮中的「乞水」，會以沾水毛巾擦拭亡者遺體，這樣的習俗與西教的洗禮相衝突，難免引發誤會。《教會公報》內也有相關記載：不著撰人，〈論喪事〉，《臺灣府城教會報》，第 57 張，光緒 16 年 2 月，頁 11～13；重刊於臺灣教會公報社編，《臺灣教會公報全覽》（臺南：教會公報出版社，1890 年）。

〔註112〕 Campbell Moody. *The Heathen Heart: An Account of the Reception of the Gospel among the Chinese of Formosa*, p. 120.

〔註113〕 Campbell Moody. *The Heathen Heart: An Account of the Reception of the Gospel among the Chinese of Formosa*, p. 126.

〔註114〕 吳學明將初代基督徒分爲以下數種，或遭遇現世困頓者、或因醫療受惠感念者、或爲靠洋勢入教者、或恐懼先前犯過，怕遭神處罰者、或受傳教士雇用而入教者。諸種初代信徒多爲家境貧困、企望求神化解困頓者、原先祭祀之神明無法解決困境者，更有不少信徒在入教前，品行違反當世社會價值者。吳學明，〈臺灣基督長老教會的傳教與三自運動──以南部教會爲中心〉（國立臺灣師範大學歷史學系，2001 年），頁 68～82。

〔註115〕 王政文，〈天路歷程：臺灣第一代基督徒研究（1865～1895）〉（臺北：國立臺灣師範大學歷史學系，2009 年），頁 90。

〔註116〕 此概念即教會研究的重要議題之一──「靠番仔勢」，詳細可以參見：吳學明，〈臺灣基督長老教會入臺初期的一個文化面向──「靠番仔勢」〉，《鄉土文化研究所學報》1（1999 年 12 月），頁 101～130。

〔註117〕良方濟則批判許多為非作歹的人加入基督教，企圖藉由英國領事在臺權力，影響官員執行司法審判的態度。〔註118〕由上述可知，多神信仰的漢人宗教觀，對能提供庇佑的神明都來者不拒，也不排斥「上帝」的崇拜；不過，其實背後隱藏的是國際情勢的脈絡。由於英國在臺經營已久，英國領事有很長一段時間兼理各國事務，具有相當大的影響力，這也對基督教的發展提供為數可觀的助力，最顯著的例子自然就是「樟腦糾紛」，使得臺灣排外氛圍有所削減。

　　為了斷絕入教者與「異教」舊有的連結，傳教士時常公開焚毀入教者所拋棄的「偶像」。馬偕即數度在大眾面前焚燒「偶像」，除了斷絕入教者與異教的「接觸」，也達到權力宣示的目的，宣告偶像祭拜無用，唯有真主可以賜予福音。此外，馬偕也時常進行收集工作，充實他在淡水的博物館。〔註119〕馬偕認為焚燒「偶像」具有相當好的成效，入教者在觀看焚毀過程後，因為「偶像」的無力感和無作為，表現出輕蔑的反應，此即「聖別禮拜」。〔註120〕甘為霖也在焚毀「偶像」時，帶領信徒一同吟唱聖歌，藉此強化對上帝的信仰，等待福音的到來。〔註121〕綜觀之，焚燒神像的方式除了切斷入教者與舊有異教偶像的連接，更具有權力宣示的作用；不過，仍有部分入教者，終究回歸「偶像」祭拜的行列，顯見並非所有入教者都瞭解聖別禮拜的意義，可能僅視為入教的手段之一。而馬偕以博物館的方式呈現異教文物，除了展現其長期在臺的耕耘成果，也受到當時代的世界風氣影響，以西方的學術、宗教思維，重新排列異教文物，展現基督教的世界觀。

　　對傳教士來說，唯有改宗入教，「異教徒」才有接受文明的機會。馬偕對於異教人士的攻擊可說是不遺餘力，他認為「在臺灣北部，僧侶所代表的就

〔註117〕 George Leslie Mackay 著，〈馬偕日記手稿〉，1891 年 6 月 16 日；譯文參照《馬偕日記 II：1884～1891》，頁 478。

〔註118〕 Pablo Fernandez O.P.著、黃德寬譯，《天主教在臺開教記》，頁 107。

〔註119〕 George Leslie Mackay, *From Far Formosa,* p. 219；譯文參照《福爾摩沙紀事：馬偕臺灣回憶錄》，頁 208。梅監務也談過焚燒神像的公開懺悔作用：Campbell Moody. *The Heathen Heart: An Account of the Reception of the Gospel among the Chinese of Formosa*（Edinburgh: Oliphant, Anderson & Ferrier），1907, p. 60.

〔註120〕 George Leslie Mackay, *From Far Formosa,* p. 231；譯文參照《福爾摩沙紀事：馬偕臺灣回憶錄》，頁 221。

〔註121〕 William Campbell, *Sketches from Formosa,* p. 90；譯文參照《素描福爾摩沙》，頁 83。

是不學無術的形象」，〔註122〕也不時批判道士的無知、頑固和盲目。〔註123〕
《教會公報》即曾刊文批評媽祖信仰的害處。內文提到，嘉義城的居民集資
邀請北港朝天宮的二媽進城。回程途中運送不慎，媽祖神像跌至溪底，事後
轎夫遭到綑綁、凌辱，北港方面也寫信給嘉義頭人，要求到北港做醮，或至
湄洲開眼請神。事後，同行受辱的信徒憤怒的說，以後再也不供那座不會保
佑人的木頭；有人則戲謔媽祖看太久的戲，在轎子內睡著才摔下去；還有人
說神像是因爲口渴，所以到溪底喝水。報導最後寫道，在嘉義城交出 30 銀做
醮後，這件事方告落幕。〔註124〕從上述兩則報導可以發現，傳教士眼中的媽
祖只是一座「偶像」，並不是眞神，信仰偶像的「異教徒」除了無法得到文明
的救贖，也容易遭致禍害。因此，若似劉銘傳這般，禁止「野蠻的七月節」
的儀式，便能得到傳教士的讚許。〔註125〕

二、祖先祭拜

　　梅監務曾分析，漢人異教徒最難拋棄的傳統文化，要屬祖先崇拜。〔註126〕
馬偕認爲，基督教和中國儒家社會同樣強調「孝順」的重要，因此多次在傳
教時藉由孝道的宣揚來吸引群眾的圍觀，可以克服異教徒對傳教士的「偏
見」，使福音更趨近他們的心中。〔註127〕不過，與祖先崇拜相關的傳統喪葬儀
式，卻讓馬偕相當感冒：

　　　　和順仔去艋舺，在那裡見到嚴進來，禮拜堂建造得很快。有個喪禮

〔註122〕George Leslie Mackay 著，〈馬偕日記手稿〉，1874 年 2 月 7 日；譯文參照《馬
　　　　偕日記 I：1871～1883》，頁 157～158。

〔註123〕George Leslie Mackay 著，〈馬偕日記手稿〉，1874 年 12 月 11 日；譯文參照
　　　　《馬偕日記 I：1871～1883》，頁 192。

〔註124〕不著撰人，〈教會的消息〉，《臺灣府城教會報》，第 8 張，光緒 12 年 2 月，頁
　　　　51；重刊於臺灣教會公報社編，《臺灣教會公報全覽》（臺南：教會公報出版
　　　　社，1886 年）。

〔註125〕George Leslie Mackay, *From Far Formosa,* pp. 130-131；譯文參照《福爾摩沙
　　　　紀事：馬偕臺灣回憶錄》，頁 120～121。

〔註126〕Campbell Moody. *The Heathen Heart: An Account of the Reception of the Gospel
　　　　among the Chinese of Formosa*, p. 110.梅監務也曾撰文批評，傳說中創造神主
　　　　牌的丁蘭是不孝子，是其用來掩蓋逼死母親的方法而已。梅監務，〈沒人倫〉，
　　　　《臺灣府城教會報》，第 291 張，光緒 34 年 6 月，頁 46～47；重刊於臺灣教
　　　　會公報社編，《臺灣教會公報全覽》（臺南：教會公報出版社，1909 年）。

〔註127〕George Leslie Mackay, *From Far Formosa*, p. 133；譯文參照《福爾摩沙紀事：
　　　　馬偕臺灣回憶錄》，頁 122～123。

　　隊伍經過，莫名其妙，棺材頂上綁了個白公雞。啊！那祖先牌位放

　　在一個近親抬著的轎子裡，這自然是要看起來孝順，但卻眞虛假。

　　可憐的臺灣人何時才會自由。〔註128〕

同樣基於對「孝順」的尊崇，漢人社會相當強調葬禮儀式的隆重，這對基督
教背景的馬偕來說自然顯得格格不入。由於漢人在親人過世後仍需持續祭
拜，以保佑家族發展順利；然而，這與基督教義相背而馳，更遑論諸多喪葬
與死後祭拜的儀式。因此，傳教士時常對漢人的葬禮多所批判：

　　若是讓人害死的，或是和人有冤仇惹禍致到死的，就讓他舉劍跟桃

　　枝，頭髮打散，腳穿草鞋，頭塞黃紙聯。出聲跟他講，害你，和你

　　有冤仇的人，你就去找他。這就是異端。〔註129〕

顯然，對傳教士來說，唯有接受福音才有自由的希望。〔註130〕

　　馬偕也指出，祖先祭拜阻礙一切的改革與進步，使得司法無法公正執行；
然而，由於祖先祭拜在漢人社會中存在已久，是基督教最不易克服的難題：

　　因爲它已成爲每個人生活中的一部分，在每個人的心中有著難以卸

　　下的情感，所以，需要無比的確信和勇氣才能脫離它的奴役，也才

　　敢於面對親朋好友的辱罵，因爲他們視一個對祖宗不盡靈性責任的

　　人爲最無人性與殘忍的人。〔註131〕

如馬偕傳教初期的信徒吳益裕（1843～1902），當他的母親得知他已經改宗入
教，便以死恐嚇，連周遭的親戚、鄰居都介入施壓。馬偕指出，若不是後來
因爲醫療傳教的關係，恐怕也無法換得其母親的支持。〔註132〕道明會的高賢

〔註128〕George Leslie Mackay 著，〈馬偕日記手稿〉，1885 年 11 月 16 日；譯文參照
　　　　《馬偕日記 II：1884～1891》，頁 99。然而，關於劉銘傳禁止「七月節祭拜」
　　　　的記錄，目前僅存於〈馬偕日記〉，其眞實性尚待考證。

〔註129〕劉慕清，〈論喪事〉，《臺灣府城教會報》，第 59 張，光緒 16 年 4 月，頁 26～
　　　　28；重刊於臺灣教會公報社編，《臺灣教會公報全覽》（臺南：教會公報出版
　　　　社，1890 年）。

〔註130〕十六世紀後期來華的利瑪竇認爲，中國的祭拜文化是爲了宣揚孝順的重要：
　　　　「那是爲了教導子孫和無知的人孝敬仍然在世的父母。看到有地位的人，侍
　　　　奉過世的仍像在世的，自然是一種教訓。」詳細參見：Matteo Ricci（利瑪竇）
　　　　著、劉俊餘、王玉川合譯，《利瑪竇全集 1》（臺北：光啓出版社，1986 年），
　　　　頁 74。

〔註131〕George Leslie Mackay, *From Far Formosa,* pp. 133-134；譯文參照《福爾摩沙
　　　　紀事：馬偕臺灣回憶錄》，頁 123。

〔註132〕George Leslie Mackay 著，〈馬偕日記手稿〉，1872 年 11 月 12 日；譯文參照
　　　　《馬偕日記 I：1871～1883》，頁 82～83。

明也曾清楚指出臺灣民眾改宗入教的阻礙：

> 還有不少的人心地善良，但因一些阻礙而不能成為教友；這些阻礙
> 大都是出自父母的威嚇，如果繼續聽道理或領洗，就不能繼承財產。
> 在中國人的眼中，繼承財產是很重大而實惠的事情，所以不難想到，
> 有許多潛在的教友，卻因為這種阻礙而作罷。只有極少數的人皈依，
> 他們滿懷聖寵和勇氣，終能克服困難，他們信得身後又虔誠。每次
> 見到他們，就覺得我們的辛勞有很大的賞報，也體驗到我們是天主
> 的工具，以引領他的子民，這是我們最大的喜樂。〔註133〕

類似的情形，可以從另外一個例子更清楚體現改宗入教的困難之處。馬偕曾
經提到，在水返腳（今新北市汐止區）教會的陳姓家庭，家中長子在聽聞福
音後便決定入教，隨後也將兩個弟弟一起帶入教會，此舉引發他們父親的不
滿。父親認為，若是三名兒子盡皆入教，往後就沒有人可以祭拜他；因此，
不但禁止他們再到教會，還強迫他們拿香祭拜。〔註134〕透過這些家庭紛爭可
以發現，一般民眾改宗入教的最大阻礙在於「祭拜祖先」的摒棄，儀式奉行
不僅限於自身而已，還擴及到家族情感的聯繫，以及家族財產的繼承，故時
有外教人士稱「入教，死無人哭」。也因此，往往不是自己決定脫離就可以實
現，還受制於周遭的親情糾葛。

為了幫助信徒脫離祖先祭拜的儀式拘束，傳教士也煞費苦心，其中最直
接又有效的方式就是「焚燒牌位」，亦即前述「聖別禮拜」。如馬偕要求改宗
入教的民眾，將原本祭拜的「偶像」與「牌位」清除，連同紙錢、香和旗幟
等物品，一同在圍觀大眾前焚毀。〔註135〕值得注意的是，傳教士在排除異教
的同時，也注意到「牌位」對漢人的多重功用。如甘為霖提到，祖先牌位除
了象徵先人與後代同在外，還具有財產繼承證明的作用，因此，在焚毀前還
需要先進行祖譜的記錄。〔註136〕如此顯見，傳教士在傳教過程中，除了將福

〔註133〕Pablo Fernandez O.P.著、黃德寬譯，《天主教在臺開教記》，頁96。

〔註134〕George Leslie Mackay, *From Far Formosa*, pp. 162-163；譯文參照《福爾摩沙
紀事：馬偕臺灣回憶錄》，頁150～151。類似例子還可以參考：George Leslie
Mackay 著，〈馬偕日記手稿〉，1886年10月31日；譯文參照《馬偕日記 II：
1884～1891》，頁153。

〔註135〕George Leslie Mackay, *From Far Formosa*, p. 231；譯文參照《福爾摩沙紀事：
馬偕臺灣回憶錄》，頁221。

〔註136〕William Campbell, *Sketches from Formosa*, p. 90；譯文參照《素描福爾摩沙》，
頁83。

音傳入「異教徒」的心中，也試圖瞭解異教文化的內涵，以求拆解異教的結構。

　　入教民眾清除「牌位」的舉動，時常帶來模仿效應。馬偕曾提到在新社一地，決定改教的一家三戶人，將神像與祖先牌位交給馬偕後，其他人也承諾將會效法施行，使得馬偕對於這樣的改變感到相當開心。〔註137〕綜觀傳教士施行清除並公開焚毀「牌位」的行動，除了藉此斷絕入教民眾再度重返祭拜行列外，也具有公開宣示的效果，吸引周圍「異教徒」起而效法。在大眾面前焚毀「牌位」的施作，則可以達到權力象徵的作用，代表異教的祖先祭拜並無作用，終究還是回歸真主的懷抱，受到福音的洗禮。或許是受到當時代的學術風氣影響，馬偕亦時常將這些「偶像」、「牌位」等行頭，運至其所設立之博物館，供做展示用途。〔註138〕除了做為傳教成果的陳設展覽，也有權力展示的效果，以基督教思維重新排列與解構異教文化。

　　值得一提的是，傳教士並非將漢人的行為都歸咎於異教信仰。如梅監務觀察漢人不拯救溺水者的習慣，指責「這些異教徒即使不是殘忍，至少也是自私的」。然而，在前一段的論述中，梅監務提及昔德蘭人（Shetlanders）因為迷信水鬼（The Spirit of the Deep）搶食而不敢拯救溺水者；相反地，卻忽略漢人固有的「抓交替」習俗。〔註139〕這樣的見解差異，與其說是以基督教的觀點看待異教徒，倒不如說是出自其東方想像的框架。

三、風水民俗

　　自十七世紀以來，隨著閩粵籍移民「內地化」的風水實踐，在臺灣形成「在地化」的鄉土認同，傳統風水民俗也隨著漢人聚落，逐漸落實在地方紳民的生活中，並構織成廣泛的社會文化現象。〔註140〕進入十九世紀後，西方傳教士依約來臺進行宣教工作，經常在推展教務時接觸漢人的「風水」觀念，傳教士們在交涉過程中留下許多紀錄，這些文本都是相當值得探討的議題。過往已有洪健榮關注此議題，以西方傳教士看待傳統風水禁忌的態度為切入

〔註137〕George Leslie Mackay 著，〈馬偕日記手稿〉，1891 年 3 月 15 日；譯文參照《馬偕日記 II：1884～1891》，頁 457。

〔註138〕George Leslie Mackay, *From Far Formosa,* p219；譯文參照《福爾摩沙紀事：馬偕臺灣回憶錄》，頁 208。

〔註139〕Campbell Moody. *The Heathen Heart: An Account of the Reception of the Gospel among the Chinese of Formosa*, pp. 34,43-44.

〔註140〕洪健榮，《龍渡滄海：清代臺灣社會的風水習俗》（臺北：花木蘭文化出版社，2015 年），頁 304～305。此書係作者博士論文改寫而成，洪健榮，〈清代臺灣社會的風水習俗〉（臺北：國立臺灣師範大學歷史研究所，2003 年）。

點，探討傳教士論著等相關檔案的敘述。〔註141〕而筆者認為，西方傳教士視野中的漢人的風水觀念與風水所衍生的相關議題，是相當值得探究的；即此，接下來將分析西方來臺傳教士的文本，探究其對於風水民俗的評價方式。

早在十六世紀來華的利瑪竇曾批評：

> 無論家庭、城市、省縣、或全國，遇到了什麼不幸，中國人都歸咎於運氣不好，或歸罪於家中、城內、或皇宮裡什麼東西放的位置不對。他們從來也不想那是上天的懲罰，因為某些私人或公務人員原該禁止或補救某些事情，卻沒有盡到責任。〔註142〕

對於自西方文化、宗教培養而出的利瑪竇來說，風水概念從來不在他的知識體系裡面，所以他也無法理解為何漢人會篤信風水，而不將懲罰與上帝作連結。利瑪竇也告訴我們，風水迷信就落實在日常生活中，不分階層皆謹守著：

> 但有一種對西方人來說是很新奇的，即是選擇地方，為造房屋，或葬死人；他們說這是根據地下各種龍之部位來決定，如龍頭、龍尾、龍腳。他們認為這不只能決定一個家庭的命運，甚而一個城市，一個省份，以及一國之興衰，皆有繫於此。〔註143〕

漢人對於風水的信仰與依賴，隨著移民的腳步散落各地，臺灣亦是重要的根據地。歷史的後見之明告訴我們，風水觀念即使到了現代依然具有影響力，更遑論十九世紀後期。此時期的西方傳教士對於「風水」留下不少觀察記錄，接下來便透過他們的論述，瞭解他們評價的依據與價值觀。

1874年，甘為霖基於白水溪教會的教務進展順利，便決定擴建禮拜堂以圖進一步發展。同年底，白水溪附近店仔口居民吳志高等人，認為教堂屋舍有礙吳家祖墳風水，便以此為由邀請甘為霖親赴協商。甘為霖認為教堂擴建地點並未更動，且離吳家祖墳甚遠，「有礙風水」是相當荒謬（ridiculous）的理由，便婉拒邀約。〔註144〕未料次年元月，吳志高的部眾焚毀白水溪教堂，甘為霖在回憶錄中提到自己差點喪命其中。〔註145〕經過嘉義知縣陳祚的調查，認為白水溪與店仔口相距十餘里，被焚毀的教堂更離吳姓祖墳有一山之

〔註141〕洪健榮，〈十九世紀後期來臺傳教士對風水民俗的態度〉，頁143～184。

〔註142〕Matteo Ricci（利瑪竇）著，劉俊餘、王玉川合譯，《利瑪竇全集1》，頁71。

〔註143〕Matteo Ricci（利瑪竇）著，劉俊餘、王玉川合譯，《利瑪竇全集1》，頁70。

〔註144〕臺灣教會公報社編，《使信月刊（23）》，1875年，頁118～119。William Campbell, *sketches from Formosa*, pp. 94-95；譯文參照《素描福爾摩沙》，頁87～88。

〔註145〕不過在事發後初期，甘為霖致領事的報告函中，提到自己並未受傷，與《教務教案檔》的紀錄吻合。

遙，四處更無其他房舍分布，應無風水妨礙之可能。〔註146〕換句話說，吳志高排拒傳教士的原因，更可能是其在地領導地位與地方聲望受到挑戰，「風水」只是社會文化中可以找尋的一個理由罷了。

　　對甘爲霖來說，風水之說本來就屬無稽之談，自然不甚在意；而吳志高卻以此爲由，燒毀教堂、阻礙宣教工作，當然讓甘爲霖無法接受。從甘爲霖的紀錄中，我們更可以見到其對吳志高的憤怒：

> 吳志高是個惡名昭彰的人物，行爲猖狂、無法無天，在過去幾年帶給當地官府極大的困擾和焦慮。他透過各式的迫害、詐欺手段，據說現在已累積了豐厚的財產。〔註147〕

風水之說對甘爲霖而言係荒誕至極，而以「風水」爲由，阻礙宣教工作的吳志高更是罪大惡極，從甘爲霖的論述中，可以見到他對「風水」和「信仰風水者」的評價依據。

圖 14　吳志高故居現址

〔註146〕中央研究院近代史研究所編，《教務教案檔》第三輯，第 1073 號附件，頁 1442～1443。
〔註147〕William Campbell, *Sketches from Formosa*, p. 93；譯文參照《素描福爾摩沙》，頁 86。

　　北部的馬偕，也在 1877 年有類似風水禁忌的遭遇。早前，馬偕於 1875 年造訪艋舺之時，深刻感受到強烈的排外風氣。〔註 148〕1877 年八月，爲了繼續推展教會版圖，馬偕透過教徒陳永順，於草店尾街（今萬華貴陽街附近）承租房地作爲教堂。不過，此舉卻引來艋舺三邑總理蔡達淇（泉州）、貢生林紹堂（霧峰林家）與職員黃龍安（泉州）、白其祥（泉州）和吳解元等人，聯名向淡水同知陳星聚稟告，指出當地士紳原擬於草店街尾興築試館供士子留宿，若教堂成立恐引糾紛。其次，居民傳聞馬偕欲將房屋修築加高，此舉有礙風水。艋舺教堂外不時有聚集叫囂，馬偕與當地士紳間的緊張氣氛，幾乎是一觸即發。〔註 149〕陳星聚先照會英國副領事司格達（B. C. George Scott），並向馬偕取得保證，教堂並毋加高打算後，才平息這次風波。〔註 150〕

　　未料，馬偕卻因考量屋型不合教堂樣貌，於同年十一月動工修整，此舉立刻引發當地紳民不滿，告官指出馬偕違反先前承諾，教堂加高有礙當地風水。林紹堂、黃龍安、益興號王馬赤、合益號洪祥與蔡達淇率領紳民兩百餘人，毀壞馬偕所拆教堂的舊料。〔註 151〕事後，司格達稱馬偕並未違反約定，因前約僅言「不欲加高於眾屋之上」，與「教堂不加高」之意思不同。〔註 152〕雖然此事至此落幕，不過這次與「風水」的交手，顯然在馬偕心中留下深刻印象。

　　1885 年清法戰爭結束後，馬偕運用教堂被毀之賠款重建艋舺、新店和錫口三處教堂。〔註 153〕馬偕提到，錫口教堂興建時，圍觀居民認爲：「多傻啊，竟要推倒它！現在它更大、更好了。」〔註 154〕馬偕更指出，人們認爲以前拆毀教堂的行動實在愚蠢：

〔註 148〕George Leslie Mackay 著，〈馬偕日記手稿〉，1875 年 4 月 24 日；譯文參照《馬偕日記 I：1871～1883》，頁 212。

〔註 149〕陳冠州、Louise Gamble（甘露絲）主編，《北臺灣宣教報告——馬偕在北臺灣之紀事（一）1868～1878》（臺北：明燿文化事業有限公司，2012 年），頁 41。

〔註 150〕中央研究院近代史研究所編，《教務教案檔》第三輯，第 1097 號附件，頁 1522～1523、1527。

〔註 151〕中央研究院近代史研究所編，《教務教案檔》第三輯，第 1097 號附件，頁 1531～1533、1527。同樣記載於 *British Parliamentary Papers: Essays and Consular Commercial Reports, 1877-79*（Shannon: Irish University Press, 1971），p. 373.

〔註 152〕中央研究院近代史研究所編，《教務教案檔》第三輯，第 1097 號附件，頁 1540。

〔註 153〕George Leslie Mackay 著，〈馬偕日記手稿〉，1885 年 10 月 29 日；譯文參照《馬偕日記 II：1884～1891》，頁 95。

〔註 154〕George Leslie Mackay 著，〈馬偕日記手稿〉，1885 年 11 月 25 日；譯文參照《馬偕日記 II：1884～1891》，頁 100。

看！現在教堂的塔反而比我們的廟還高，而且比我們原先拆掉的還
大間。我們如果把這間拆了，他就還會再造一間更大的。我們是沒
辦法阻擋這位番仔宣教師的。〔註155〕

清法戰爭期間，民眾對教堂的攻擊多屬排外情緒的宣洩，或趁亂破壞、行竊，
與風水的關聯其實相當薄弱。不過馬偕卻藉由這次的機會，興建高聳的教堂，
挑戰長久以來列為禁忌的「風水」思維，宣示宣教行動不容阻撓的決心。顯
然的，馬偕認為這次的轉變相當成功，使當地紳民不再以風水為由，阻礙傳
教工作。〔註156〕於此，亦可見到馬偕宣教的強硬個性。

　　天主教遭遇風水的阻礙也不算新鮮事。1867 年，郭德剛在臺南府城東門
外租屋舍堂，遭到當道舉人吳尚震等人阻擋，認為教堂有礙民居方向，意圖
逼迫遷移。不過郭德剛還是執意入住，隔年（1868）教堂被毀。〔註157〕1887
年清法戰爭後，何安慈北上推展宣教，在大稻埕、和尚洲租地設堂，此舉造
成地方紳民不滿，更引起馬偕高度關注。由於何安慈未經該國領事先行知會
臺北府淡水縣查照，確認教堂有無妨礙民居方向；再加上甫經清法戰後，北
臺居民記憶猶新，連帶遷怒於天主教會。此事經劉銘傳親自處理後，何安慈
被迫退租離開。〔註158〕傳教士受風水困擾之深，由此可見。

小結

　　從上述分析可以發現，傳教士對於中、西文化的共通或歧異點具有深刻
的體會，也懂得在宣教時利用共通點吸引「異教徒」的眼光與認同。不過，
在評價異教徒時，難免無法逃脫自身宗教觀點的侷限，使得部分評論略顯偏
頗，需要斟酌再三。而且，在文本書寫上也呈現不同程度的批判性，如《馬
偕日記》為私人文本，不似公開出版品需要顧慮他人感受，馬偕便在內文大
力批判「卑鄙！卑鄙！卑鄙！」，從而呈顯出馬偕的強硬性格，以及文本的性
質差異。即便如此，傳教士在臺宣教的努力成果依舊值得肯定，透過他們對

〔註155〕George Leslie Mackay, *From Far Formosa*, p. 202；譯文參照《福爾摩沙紀事：
　　　　馬偕臺灣回憶錄》，頁 191。
〔註156〕George Leslie Mackay 著，〈馬偕日記手稿〉，1887 年 12 月 10 日；譯文參照
　　　　《馬偕日記 II：1884～1891》，頁 215～216。
〔註157〕中央研究院近代史研究所編，《教務教案檔》第二輯，第 965、1000、1024～
　　　　1026 號附件，頁 1274～1276、1312～1315、1379～1384。
〔註158〕中央研究院近代史研究所編，《教務教案檔》第五輯（臺北：中央研究院近代
　　　　史研究所，1977 年）第 2122 號附件，2074～2077。

於異教文化的瞭解，便可體會他們在臺長期的耕耘與投入成果，著實無法抹滅。

　　甘爲霖指出，基督教的文明推展逐漸受到肯定，許多非基督徒的父母也將孩子送到教會學校，接受傳教士的指導，培養良好的行爲模式；學生返家後，也都能樹立優良的典範。〔註159〕因此，漢人對待傳教士與基督教的態度，也逐漸從排斥轉爲歡迎。〔註160〕不僅如此，甘爲霖認爲基督教的文明，更是日本推行統治的助力：「與中國的異教相比，基督教更有助於推廣文明、秩序和啓蒙，而這些正是他們打算在此地推展的目標」。關於基督教的文明推展，甘爲霖這麼描述著：

> 日本的官員——不論本身是不是基督徒——發現，只要有基督教會及基督教社區存在，那個地方的人就會比其他異教徒鄰居更加坦率、誠實、守法。其中有些官員本身也是基督徒，後來就成爲我們的好朋友及幫手。至於那些非基督徒，或者是可能對基督教在他們日本本地的廣泛流傳感到遺憾的人，也都比較樂見這宗教在福爾摩沙漢人之間傳播開來。也許，令這些官員印象深刻的，是基督教對於島上已開化原住民的教化。即使用世俗眼光來看，這些族人所獲得的拯救，也讓他們變得更剛強、更獨立。〔註161〕

　　總而言之，對於十九世紀後期西方來臺傳教士來說，臺灣是一塊猶待啓蒙的黑暗之地。排外的氛圍、世俗性，「敗壞」的風俗以及「迷信」的墮落，在在都顯示這塊土地上的「異教徒」需要得到耶穌基督的救贖。而傳教士所宣揚的福音，就是「異教徒」得到眞正信仰的唯一路徑，只有信仰上帝才會得救。即使天主教與基督教教義有別，對臺灣「異教徒」的看法卻頗爲一致，也都嘗試努力將福音傳入人們心中，感化人們，走向文明的方向，也得到靈魂的救贖。

〔註159〕 William Campbell, *Sketches from Formosa*, pp. 252-253；譯文參照《素描福爾摩沙》，頁 242～243。

〔註160〕 William Campbell, *Sketches from Formosa*, p. 295；譯文參照《素描福爾摩沙》，頁 284～285。

〔註161〕 William Campbell, *Sketches from Formosa*, p. 296；譯文參照《素描福爾摩沙》，頁 285。

第六章　結　論

　　1858、1860 年兩次英法聯軍，清廷被迫簽訂天津條約、北京條約，開放 16 個港口，並允許西方人在中國傳教、經商和旅行。當此之時，臺灣西部的安平、打狗、淡水與雞籠四港，也成為條約開放港；西方傳教士紛紛前來臺灣島上建立據點，從事宣教工作。傳教士在教務推展過程中，留下大量文本資料，書寫內容包羅萬象，諸如教務發展、國際情勢、社會文化、與教育推廣等層面。然而，雖然教會資料豐富多元，卻鮮少見到研究者針對文本書寫的脈絡進行分析。即此，筆者便運用傳教士回憶錄等相關資料，並結合《教會公報》、《使信月刊》等教會重要史料，分析傳教士書寫文本與宣教經驗的脈絡。

　　天主教道明會首先在 1859 年抵臺，宣教範圍隨著時間發展由南向北擴張，受到漢人社會普遍排外影響，宣教對象以平埔族為主。一方面是平埔族人試圖藉由傳教士的力量抵抗客家人，且傳教士在漢人地區宣教不易，希望另闢宣教的新天地。另一方面則是客家人對傳教士的進入感到不安，因此傳教士與客家人的衝突頻傳。隨著國際時勢的變化，對傳教士影響甚大。諸如樟腦糾紛中，西方強勢的武力使得排外情況趨緩；又如清法戰爭的危脅，使得民眾對西方宗教帶有敵意。南部英國長老教會則是於 1865 年，由馬雅各來臺為首，主要宣教版圖為臺灣南部地區，稍晚更進入東部地區。長老教會在漢人社會的宣教同樣不甚順暢，不過基於資源豐富、醫療宣教與領事助力等影響，宣教工作不似道明會般阻礙重重。北部加拿大長老教會入臺，係於 1872 年馬偕進入淡水為先，宣教範圍在臺灣北部地區以及噶瑪蘭地區。馬偕幾乎等同於十九世紀北部長老教會的代名詞，其憑藉拔牙技術不斷擴張版圖，偕

醫館對清政府的貢獻，也使得教務推展獲得肯定。不過，在馬偕逝世後，部分地區教務明顯衰退。

天主教與基督教入臺後，在有限的空間與人群中，展開激烈的「牽羊」競爭，即使到了日治時期都仍持續。對臺灣人民來說，兩教均為西方傳入，敬拜上帝、耶穌之宗教，難以分辨差異，信徒時常隨兩教角力變動，各自尋覓好處。因此，雙方相互攻訐的史料甚為豐富，不下於對臺灣「異教」的批判。在雙方的宣教差異上，可以分為財力差異、領事助力與醫療傳教等，這些資源的落差與宣教的順暢程度環環相扣。此外，西方宗教也有共同的阻礙，如疾病侵擾、國際情勢衝擊，都與宣教工作緊密不分。即此，我們可以得知，同樣來自西方文化的傳教士，在遭遇異己教派競爭時，都成為彼此眼中的敵人，理所當然遭受批判。

傳教士在宣教過程中，留下大量文本紀錄對社會現象的觀察，這些紀錄都是他們主觀意識的評斷，必須回歸宣教經驗，才能瞭解文本書寫的脈絡。如馬偕認為臺灣官紳普遍抱持不友善的態度，及敗壞的官箴，需要得到信仰的救贖；不過，對馬偕宣教有所助益的劉銘傳、李彤恩和陳輝煌，卻得到相當高的讚許。若回歸馬偕的宣教經驗，便可得知其評斷的依據與宣教順利與否息息相關，如此便不致流於片面的陳述；此外，《馬偕日記》的私人文本性質，也在毫不保留的批判論述上展露無遺。而南部長老會的甘為霖對臺灣官紳的看法，在一定程度上也與馬偕有所重疊。如不友善的態度與敗壞的官箴，我們可以發現這些看法都是來自於宣教工作的阻礙，使得傳教士耿耿於懷；反過來，屬於革新派的丁日昌與劉銘傳等人，因為較能接受西方文化，故獲得甚高評價。值得注意的是，由於吳志高對甘為霖的宣教工作與生命安全影響甚鉅，我們可以發現甘為霖對吳志高的批判甚為用力；不過，若從清朝官方與地方民眾的觀點來看，吳志高卻對臺灣社會貢獻不少。換句話說，評價的差異就源於各自觀看的立場，與實際互動後的經驗。

西方傳教士入臺後，在漢人地區的宣教阻礙較多，留下不少對臺灣漢人的紀錄。長老會傳教士即指出，福佬人在臺灣具有人數優勢，並存在男尊女卑的文化。相對地，傳教士憑藉客語的獨特性區分出客家人，並指出客家人具有積極的族群性格，進入客家地區的最大阻礙則是客語的學習。由於客家地區的宣教較為不易，因此留下不少宣教經驗的記載；不過，若是接受基督信仰，也能獲得不錯的讚許。此外，從中可以見到南、北客家的差異性，南

部客家地區較爲排拒西方宗教。

　　而道明會士在臺宣教，亦對臺灣社會記載甚多，按其文本脈絡可以比較樟腦糾紛前後的社會情境轉換。在樟腦糾紛前，道明會士認爲臺灣官紳抱持不友善的態度，而且官箴違失，使得臺灣成爲沒有法律只有強權的地方；在樟腦糾紛後，官員受到西方強勢武力的震撼，態度轉爲積極。不過，傳教士在臺處境經常受到國際情勢的影響，如清法戰爭掀起排外風潮，一般民眾無法分辨西方人士的國籍差別，將憤怒宣洩在傳教士身上。

　　西方宗教在臺灣漢人地區宣教不易，其中，道明會士在客家地區的宣教困難，更是其宣教史的一大特色。對道明會士來說，福佬人對西方宗教甚爲排拒，甚至利用風水妨礙等理由，作爲阻礙宣教的藉口。至於客家人不但會捏造謠言，迫使宣教工作陷入困境，更時常以武力威脅傳教士的安全，連臺灣官員都無力阻止。因此，倘若信徒中出現客家人，便會讓傳教士感到相當可貴。而這些書寫的紀錄，都和傳教經驗密切相關，傳教士將自身傳教所經歷的過程，帶入書寫的脈絡之中，影響對臺灣漢人的評價。

　　自西方來到東方宣教的傳教士，藉由異地書寫建構自己眼中的臺灣，材料的挑選自然是以奇特、西方所未見的景象，如此一來不但可以吸引西方讀者的目光，更可以形塑一般西方人所未見的、書寫者自身的獨特視角。而遠在歐、美地區的西方人，因爲對於遙遠的臺灣感到陌生，所以便透過這些具有實際觀察經驗，有書寫權威性的傳教士們的紀錄，瞭解臺灣的面貌。只是閱讀者往往會忽略，這些文字都是傳教士們分配與整理過的內容，所見到的是西方人（特別是傳教士）視角中的臺灣，並不是眞實的臺灣，也可以說只是片面的臺灣形象。

　　傳教士以其西方文化、宗教知識爲背景，作爲觀察臺灣異教文化的途徑，從而提出許多批判之處。因文化差異所產生的誤解，使西方傳教士感受排外氛圍甚深；傳教士也認爲異教徒汲汲營利，卻無心宗教是令人感慨的。此外，傳教士批評臺灣漢人社會充斥著「敗壞」的風俗，纏足違背孝道，且有礙身體健康，迫害女性的行動；其次，民眾也要下定決心戒除鴉片，不能只想依靠藥物；再者，應該拋棄舊有的結婚儀式，以免有違上帝旨意，信徒也不要與外教人士通婚，以保持信仰延續，這些除了是出自基督教義所訂，也有幾乎社會現況的考量。然而，讓傳教士更爲注目的是臺灣異教徒的「迷信」。首先面臨的就是偶像祭拜，漢人的多神信仰挑戰西方傳教士的宗教觀，而漢人

也將自身的信仰價值帶入西方宗教，兩者基於不同角度的觀察，使得文化認知產生誤解。此外，隨著傳教經驗的積累，傳教士也逐漸認知到，許多投入西方宗教的信徒，其實是著眼於國際情勢的發展，希望得到傳教士的保護。儘管如此，傳教士還是持續推行教務，並透過焚燒「偶像」的「聖別禮拜」，或者語言、文字批判的方式，挑戰異教信仰。其次，傳教士也認知到祖先祭拜是難以根除的漢人信仰，這也是許多改信者所面對的最大挑戰。同樣地，焚燒牌位的「聖別禮拜」是傳教士最常採取的手段，藉此切斷改信者與舊有異教的連結。最後，傳教士抨擊風水民俗廣泛存在於漢人的生活周遭。不過，傳教士面對風水的阻礙時，往往選擇直接挑戰，不屈服於西方宗教知識外的異教迷信。綜言之，傳教士透過西方文化與宗教知識的取徑，觀看異文化與宗教的內容，在他們認知體系之外，往往容易遭受批判。而傳教經驗的積累，也影響他們評價異文化的態度，關鍵點就在於傳教順利與否，當阻礙形成之時，隨之而來的便是攻擊與譴責。

　　十九世紀後期西方來華傳教士所留下的文本佔有相當分量，廣泛記載他們在中國宣教與遊歷的觀察，當中也不乏基於西方文化對中國的想像。過往的研究，往往將這些傳教士的文本當作「史實」來運用，藉以補充中文史料的不足或缺漏，甚或進行批判。然若仔細觀察，便可發現這些西方傳教士所遺留的文本，在生產過程中有相當大的侷限性，時常帶有高傲與偏見的看法。此外，不同屬性的史料在內容呈現也存在差異性，諸如日記、書信等私人文本，批判內容甚為露骨；相對地，回憶錄、新聞報紙等公開出版品，評論語調則平緩許多。

　　其次，目前有關傳教士文本，以及教會文獻等資料，主要廣泛運用在教務發展以及教案研究等範疇，這些研究固然有其重要性，也奠定教會研究的重要基礎。然而，卻鮮少見到有關研究，分析文本書寫脈絡與宣教經驗之間的關聯性。而文本書寫者的背景也造就其記錄的視角不同，如商人背景的陶德和外交官背景的李仙得，觀察重點與政治、經濟層面相關；同樣地，以宣教為抱負而遠道來臺的傳教士，書寫的主題亦圍繞傳教工作為中心，這些都可以從他們的文本紀錄中清楚發現。即此，本文不僅探討西方傳教士核心文本內容，更希望透過分析西方文化與宗教的價值觀，瞭解文本在製造過程中的侷限性。同時，進一步瞭解在十九世紀後期東、西方文化交流頻繁之際，西方文化背景的傳教士如何看待他們想像中的臺灣社會。

　　西方傳教士來到臺灣後，以看似嚴謹且詳細的寫作方式，翻譯臺灣漢人社會的異國度文化，但其實書寫內容是經過挑選的，是以其基督信仰的價值觀看與評價。傳教士們寫下親身經歷的感受，看似公正而客觀，不過評價的角度其實與傳教工作是否順利有關，當然無法排除主觀的意見。所以說，雖然傳教士以看似整齊、有秩序的方式排列臺灣社會的觀察情況，但是我們仍要清楚知道，在排列前的文本挑選狀態，實實在在是傳教士選擇後的材料，是「臺灣被傳教士論述」的過程。

　　回到書寫者的立場，傳教士們寫下親身經歷的感受，看似公正而客觀，不過評價的角度其實與傳教工作是否順利有關，當然無法排除主觀的意見。書寫者為了呈顯自身觀察的獨特之處，會將書寫重點置於西方所未見的文化特色，可能是女性、政治、文化層面，當然更包含了不同的宗教觀。傳教士用他們一神、天啟式的信仰價值來考察臺灣的多神信仰社會，自然產生許多格格不入的宗教觀察，特別是傳教工作受阻時更為明顯。傳教士們認為：「臺灣這個信仰混亂的社會，需要透過神的恩典才能得救」，所以漢人異教徒就和基督徒呈現對立的兩邊，只有入教才是真正的答案。所以說，雖然傳教士在當時博物學盛行的風氣下，以看似整齊、有秩序的方式排列臺灣社會的觀察情況，但是我們仍要清楚知道，在排列前的文本挑選狀態，實實在在是傳教士選擇後的材料，是「臺灣被傳教士論述」的過程。換言之，傳教士運用這樣的書寫方式，形成一套西方來臺傳教士對臺灣的知識系譜。此外，值得注意的是，如何透過傳教經驗的書寫，營造自己在歐美故鄉、教會界的英勇形象，甚至獲得更多傳教資源挹注，也是文本書寫過程中不可避免的因素。

　　從十九世紀後期西方傳教士的文本，看見他們眼中的臺灣漢人社會，並分析文本書寫的脈絡，使我們瞭解史料的特性及其侷限性。然而，傳教士與教會的相關資料甚為多元，還有諸多面向值得開發。其中，就時間層面來說，教會文獻的記載可以衍伸至日治時期，甚至戰後的臺灣社會面貌，特別是以《教會公報》為主軸的探討，足以瞭解臺灣社會變化，以及教會發展與順應時局的脈絡。就空間層面而言，則可以探討教會對臺灣原住民社會的觀察；此外，若從更廣的角度來看，又可以運用《使信月刊》為主的資料，討論西方傳教士在中國地區的宣教行動，以及他們對中國地區的觀察。總而言之，傳教士與教會機構的研究資料相當豐富，研究議題也難予窮盡，值得更多人投入參與！

附　錄

表一：十九世紀天主教來臺傳教士（1859～1900）

中文譯名	姓名	在臺時間
洪保祿	Rev. Angel Bofurull, O.P.	1859～1859
郭德剛	Rev. Fernando Sainz, O.P.	1859～1869
安東	Rev. Mariano Anton, O.P.	1861～1862
黎茂格	Rev. Miguel Limarques, O.P.	1862～1863
楊眞崇	Rev. Andres Chinchon, O.P.	1862～1883
良方濟	Rev. Francisco Herce, O.P.	1864～1892
李嘉祿	Rev. Ramon Colomer, O.P.	1866～1903
江味增德	Rev. Vicente kang, O.P.	1868～1869
杭若望	Rev. Juan Hang Chang-ding, O.P.	1868～1892
高賢明	Rev. Federico Jimenez, O.P.	1869～1892
嚴達道	Rev.Manuel Tarazona, O.P.	1872～1874
吳萬福	Rev.Vicente Gomar, O.P.	1872～1880
王靈牧	Rev. Jose Nebot, O.P.	1874～1884
何安慈	Rev. Celedonio Arranz, O.P.	1879～1905
黎克勉	Rev. Isidoro Clemente	1883～1900
高熙能	Rev. Francisco Giner, O.P.	1886～1946
黃神父	Rev. Francisco Pitarch, O.P.	1886～1887
吳義烈	Rev. Pedro Aquirre, O.P.	1887～1890

雷賽逸	Rev. Blas Saez Adana, O.P.	1890～1895
林茂德	Rev. Nemosio Fernandez, O.P.	1890～1895
白若瑟	Rev. Jose M. Alvarez, O.P.	1895～1904
良加略	Rev. Leon Gallo, O.P.	1895～1896
鐘利默	Rev. Thomas Masoliver, O.P.	1895～1903
馬守仁	Rev. Manuel Prat, O.P.	1898～1916
多瑪斯	Rev. Thomas Pascual, O.P.	1898～1912
洪羅烈	Rev. Angel Rodriguez, O.P.	1898～1936
陶神父	Rev. Toribio Toval, O.P.	1898～?
良伯鐸	Rev. Pedro Prat, O.P.	1898～1908

資料來源：江傳德編纂，《天主教在臺灣》（臺南：聞道出版社，2008 年），頁 219～
226。

表二：十九世紀後期英國長老教會來臺傳教士（1864～1900）

中文譯名	姓名	在臺時間
馬雅各醫生	James L. Maxwell	1864～1871
李庥牧師	Rev. Hugh Ritchie	1867～1879
德馬太醫生	Dr. Matthew Dickson	1871～1876
甘為霖牧師	Rev. William Campbell	1871～1917
巴克禮牧師	Rev. Thomas Barclay	1875～1935
施大闢牧師	Rev. David Smith	1876～1882
安彼得醫生	Peter Anderson	1879～1910
涂為霖牧師	Rev. William Thow	1880～1894
買雅各牧師	Rev. James Main	1882～1884
佟牧師	Rev. W.R. Thompson	1883～1887
余饒理牧師	Rev. George Ede	1886～1896
萊約翰醫生	John Lang	1885～1887
盧嘉敏醫生	Gavin Russell	1888～1892
宋忠堅牧師	Rev. Duncan Ferguson	1889～1923
金醫生	W. Murray Cairns	1892～1895
梅監務牧師	Rev. Campbell N. Moody	1895～1931
蘭大衛醫生	David Landsborough	1895～1939

廉得烈牧師	Rev. A. B. Neilson	1895～1928
費仁純先生	E. R. Johnson	1900～1908
馬雅各醫生二世	J. Laidlaw Maxwell	1900～1923

資料來源：鄭連明，《臺灣基督長老教會百年史》（臺南：臺灣教會公報社，1984 年），
頁 469～471。

表三：十九世紀後期加拿大長老教會來臺傳教士（1872～1900）

譯名	姓名	在臺時間
偕叡理牧師	Rev. George Leslie Mackay	1872～1901
華雅各醫生	Rev. J. B. Fraser	1875～1877
閏虔益牧師	Rev. K. F. Juner	1878～1882
黎約翰牧師	Rev. John Jamieson	1883～1891
吳威廉牧師	Rev. William Gauld	1892～1923

資料來源：鄭連明，《臺灣基督長老教會百年史》（臺南：臺灣教會公報社，1984 年），
頁 473。

參考書目

一、官方檔案與教會文獻

1. 不著撰人，1971, *British Parliamentary Papers: Essays and Consular Commercial Reports*. Shannon: Irish University Press.

2. Campbell, William 著、阮宗興譯校注，2004，《臺南教士會議事錄》。臺南：教會公報社。

3. 中央研究院近代史研究所編，1862，《中法越南交涉檔》第六輯。臺北：中央研究院近代史研究所。

4. 中央研究院近代史研究所編，1974～1977，《教務教案檔》一至五輯。臺北：中央研究院近代史研究所。

5. 中國第一歷史檔案館編，1996，《光緒朝硃批奏摺》。北京：中華書局。

6. 淡新檔案校註出版編輯委員會，1995，《淡新檔案・第一編 行政（二）》。臺北：國立臺灣大學圖書館。

7. 陳冠州、Gamble, Louise（甘露絲）主編，2015，《北臺灣宣教報告——馬偕在北臺灣之紀事 1868～1901》。臺北：明燿文化事業有限公司。

8. 臺南長老大會，2003～2004，《南部大會議事錄》2 冊。臺南：教會公報出版社。

9. 臺灣史料集成編輯委員會編，2011，《新竹縣制度考；安平縣雜記；苑裡志；嘉義管內采訪冊》。臺南：國立臺灣歷史博物館。

10. 臺灣教會公報社編，1884～1901，《臺灣教會公報全覽》，臺南：教會公報出版社。

11. 臺灣教會公報社編，2006，《使信月刊》（*The Presbyterian Messenger*）。臺南：教會公報出版社。

12. 臺灣銀行經濟研究室編，1987，《同治甲戌日兵侵臺始末》。臺北：大通書局。

13. 寶鋆等纂，1971，《同治朝籌辦夷務始末》。臺北：文海出版社。

二、傳教士與相關人士史料

1. Band, Edward, 1948, Working *His* Purpose Out : The History of the English Presbyterian Mission. 1847-1947. London : Office of the Presbyterian Church of England.

2. Barclay, Thomas，2005，《巴克禮作品集》。臺南：教會公報出版社。

3. Campbell, William, 1915, *Sketches from Formosa.* London : New York : Marshall brothers.

4. Campbell, William,1996, *An Account of Missionary Success in the Island of Formosa.* Taipei : SMC Pub.

5. Campbell, William 著、林弘宣等譯，2009，《素描福爾摩沙》。臺北：前衛出版社。

6. Campbell, William 著、陳復國譯，2007，《臺灣佈教之成功》。臺南：教會公報出版社。

7. Davidson, James W., 1972, *The Island of Formosa：Past and Present.* Taipei : Ch'eng-wen publishing company.

8. Davidson, James W.著、陳政三譯，2014，《福爾摩沙島的過去與現在》。臺南：國立臺灣歷史博物館。

9. Dodd,John, 1972, *Journal of a Blockaded Resident in North Formosa, During the Franco-Chinese War, 1884~1885.* Taipei : Ch'eng Wen Publishing Company.

10. Fernandez, Pablo O.P., 1994, *One Hundred Years of Dominican Apostolate in Formosa.* Taipei : SMC Publishing Inc.

11. Fernandez, Pablo O.P.著、黃德寬譯，1991，《天主教在臺開教記》。臺北：光啓出版社。

12. G. Eorge Psalmanaazaar 著、薛絢譯，2005，《福爾摩沙變形記》。臺北：大塊文化出版。

13. Jean L.著、鄭順德譯，2004，《孤拔元帥的小水手》。臺北：中央研究院臺灣史研究所。

14. Le Gendre C. W.; Douglas L. Fix and John Shufelt edit, 2012, *Notes of Travel in Formosa.* National Museum of Taiwan History.

15. Le Gendre C. W.著、費得廉（Douglas L. Fix）、羅效德（Charlotte Lo）編譯，2013，《李仙得臺灣紀行》。臺南：國立臺灣歷史博物館。

16. Mackay, George Leslie, 1872-1901，〈馬偕日記手稿〉。臺北：眞理大學史料館藏。

17. Mackay, George Leslie, 1895, *From Far Formosa.* New York : Fleming.

18. Mackay, George Leslie 著、王榮昌等譯，2012，《馬偕日記》。臺北：玉山出版社。

19. Mackay, George Leslie 著、林晚生譯，2007，《福爾摩沙紀事：馬偕臺灣回憶錄》。臺北：前衛出版社。

20. Moody, Campbell N, 1907, *The Heathen Heart: An Account of the Reception of the Gospel among the Chinese of Formosa.* Edinburgh: Oliphant, Anderson & Ferrier.

21. Moody, Campbell N, 1932, *The king's guests: a strange Formosan fellowship.* London: H. R. Allenson, Ltd..

22. Pickering, W.A, 1898, *Pioneering in Formosa : recollections of adventures among mandarins, wreckers, & head-hunting savages.* London : Hurst & Blackett.

23. Pickering, W.A.著、陳逸君譯述，2010，《歷險福爾摩沙》。臺北：前衛出版社。

24. Ricci, Matteo（利瑪竇）著，劉俊餘、王玉川合譯，1986，《利瑪竇全集1》。臺北：光啓出版社。

25. 古偉瀛，2009，《臺灣天主教史料彙編》。臺北：國立臺灣大學出版中心。

26. 沈葆楨，1987，《福建臺灣奏摺》。臺北：大通書局。

27. 季茉莉譯註，2013，《北圻回憶錄：清法戰爭與福爾摩沙》。臺南：國立臺灣歷史博物館。

28. 費得廉（Douglas L. Fix）、羅效德（Charlotte Lo）編譯，2006，《看見十九世紀臺灣》。臺北：如果出版社。

29. 馮用編，1968，《劉銘傳撫臺前後檔案》。臺北：臺灣銀行經濟研究室。

30. 劉敖，1987，《巡臺退思錄》。臺北：大通書局。

31. 劉銘傳，1987，《劉壯肅公奏議》。臺北：大通書局。

32. 蔡青筠，1964，《戴案紀略》。臺北：臺灣銀行。

三、專書論著

1. Edward W. Said、王志弘等譯，2012，《東方主義》。新北：立緒文化。

2. Immanuel Wallerstein et al, 1996, *Opening the Social Science.* Standford: Standford University Press.

3. 王東，1996，《客家學導論》。上海：上海人民出版社。

4. 古偉瀛，2009，《臺灣天主教史研究論集》。臺北：國立臺灣大學出版中心。

5. 江傳德編纂，2008，《天主教在臺灣》。臺南：聞道出版社。

6. 艾馬克（Mark A. Allee）著、王興安譯，2003，《十九世紀北部的臺灣：晚清中國的法律與地方社會》。臺北：播種者文化。

7. 吳學明，2003，《從依賴到自立──終戰前臺灣南部基督長老教會研究》。臺南：人光出版社。

8. 吳學明，2006，《臺灣基督長老教會研究》。臺北：宇宙光出版社。

9. 吳學明，2007，《近代長老教會來臺的西方傳教士》。臺北：日創社文化。

10. 呂實強，1973《中國官紳反教的原因（1860～1874）》。臺北：中央研究院近代史研究所。

11. 那思陸，1982，《清代州縣衙門審判制度》。臺北：文史哲出版社。

12. 周雪香編，2007，《多學科視野中的客家文化》。福建：福建人民出版社。

13. 房學嘉，1996，《客家源流探奧》。臺北：武陵出版社。

14. 林文慧，1989，《清季福建教案之研究》。臺北：臺灣商務印書館。

15. 林正慧，2015，《臺灣客家的形塑——清代至戰後的追索》。臺北：臺大出版中心。

16. 林昌華，2006，《來自遙遠的福爾摩沙》。臺北：日創社文化。

17. 林滿紅，1997，《茶、糖、樟腦業與臺灣之社會經濟變遷：1860～1895》。臺北：聯經出版公司。

18. 洪伯祺，2005，《宣教者梅監務》。臺南：教會公報出版社。

19. 洪健榮，2015，《龍渡滄海：清代臺灣社會的風水習俗》。臺北：花木蘭文化出版社。

20. 徐正光主編，2007，《客家研究概論》。臺北：行政院客家委員會。

21. 張妙娟，2005，《開啟心眼：臺灣府城教會報與長老教會的基督徒教育》。臺南：人光出版。

22. 莊吉發，2004，《清史論集（十四）》。臺北：文史哲出版社。

23. 黃子寧，2006，《天主教在屏東萬金的生根發展（1861～1962）》。臺北：臺灣大學出版委員會。

24. 黃武東、徐謙信合編，1995，《臺灣基督長老教會歷史年譜》。臺南：人光出版。

25. 許功明主編，2001，《馬偕博士收藏臺灣原住民文物——沉寂百年的海外遺珍》。臺北：順益臺灣原住民博物館。

26. 陳宏文譯，1997，《北部臺灣基督長老教會的歷史》。臺南：人光出版社。

27. 陳俊宏，2000，《重新發現馬偕傳》。臺北：前衛出版社。

28. 陳嘉陸譯，1960，《天主教來臺傳教壹百年簡史》。高雄：天主教高雄教區出版。

29. 湯泳詩，2012，《一個華南教會的研究——從巴色會到香港崇真會》。香港：基督教中國宗教文化研究社。

30. 董芳苑，1989，《宗教與文化》。臺南：人光出版社。

31. 臺灣基督長老教會總會，2014，《認識臺灣基督長老教會》。臺北：使徒出版社有限公司。

32. 飯島典子，2007，《近代客家社会の形成：「他称」と「自称」のはざまで》。東京都：風響社。

33. 楊士養，1994，《信仰偉人列傳》。臺南：人光出版。

34. 楊嘉欽，2014，《從歐洲到臺灣：道明會玫瑰省臺灣傳教研究》。新北：花木蘭文化出版社。

35. 蔡蔚群，2000，《教案：清季臺灣的傳教與外交》。臺北：博揚文化出版。

36. 鄭仰恩，2001，《宣教心、臺灣情：馬偕小傳》。臺南：人光出版社。

37. 鄭連明主編，1984，《臺灣基督長老教會百年史》。臺南：臺灣教會公報社。

38. 賴永祥，1990，《教會史話（一）》。臺北：人光出版社。

39. 賴永祥，1994，《教會史話（二）》。臺北：人光出版社。

40. 賴永祥，1995，《教會史話（三）》。臺北：人光出版社。

41. 賴永祥，1998，《教會史話（四）》。臺北：人光出版社。

42. 賴永祥，2000，《教會史話（五）》。臺北：人光出版社。

43. 戴炎輝，1979，《清代臺灣之鄉治》。臺北：聯經出版公司。

44. 戴寶村，1984，《清季淡水開港之研究》。臺北：國立臺灣師範大學歷史研究所。

45. 謝重光，2001，《客家形成發展史綱》。廣州：華南理工大學出版社。

46. 羅香林，1992，《客家研究導論》。臺北：南天出版社。

四、期刊論文

1. 王政文，2013，〈十九世紀臺灣基督徒的社會形象與地位〉，《海洋文化學刊》15：33～58。

2. 古偉瀛，2011，〈乙未之際的臺灣天主教——以傳教員張德潤為中心〉，《成大歷史學報》40：155～174。

3. 白長川，1991，〈宜蘭先賢陳輝煌協臺評傳〉，《臺灣文獻》42（3.4）：215～232。

4. 吳文星，1986，〈日據時期臺灣的放足斷髮運動〉，《中央研究院民族學研究所專刊乙種之十六》：69～108。

5. 吳學明，1999，〈臺灣基督長老教會入臺初期的一個文化面向——「靠番仔勢」〉，《鄉土文化研究所學報》1：101～130。

6. 吳學明，2012，〈引言〉，《臺灣文獻》63（4）：1～2。

7. 吳學明，2012，〈終戰前在臺基督教派關係之研究〉，《臺灣文獻》63（4）：101～035。

8. 林正慧，2015，〈19世紀西方人眼中的臺灣 Hakka〉，《臺灣文獻》63（1）：107～159。

9. 林昌華，2005，〈「焚而不燬」——清法戰爭時期的馬偕牧師與「耶穌聖教」〉，《臺灣風物》55（3）：43～79。

10. 林昌華，2012，〈「醫者」或「患者」馬偕：探討馬偕博士與疾病的糾結關係〉，《臺北文獻》180：209～243。

11. 林金水，1983，〈利瑪竇在中國的活動與影響〉，《歷史研究》1：25～36。

12. 林美容，1988，〈由祭祀圈到信仰圈：臺灣民間社會的地域構成與發展〉，《歷史月刊》9：59～63。

13. 施添福，2011，〈「客家」到客家：一個族群稱謂的歷史性與地域性分析〉，專題演講於中央研究院臺灣史研究所主辦，《第三屆族群、歷史與地域社會學術研討會》。

14. 施添福，2011，〈從「客家」到客家（二）：客家稱謂的出現、傳播與蛻變〉，專題演講於《第三屆族群、歷史與地域社會研討會》。

15. 施添福，2013，從客家〉到客家（三）：臺灣的客人稱謂和客人認同，發表於國立交通大學主辦客家學院主辦，《「族群、社會與歷史：臺灣在地研究的實踐與開展》莊英章教授榮退研討會》（。

16. 施添福，2013，〈從「客家」到客家（一）：中國歷史上本貫主義戶籍制度下的「客家」〉，《全球客家研究》1：1～56。

17. 施添福，2014，〈從「客家」到客家（二）：粵東「Hakka‧客家」稱謂的出現、蛻變與傳播〉，《全球客家研究》2：1～114。

18. 施添福，2014，〈從「客家」到客家（三：）臺灣的客人稱謂和客人認同（上篇）〉，《全球客家研究》3：1～110。

19. 查時傑，1994，〈光復初期臺灣基督長老教會的一個家族——以臺南高長家族之發展為例〉，《國立臺灣大學歷史學報》18：157～178。

20. 洪健榮，2010，〈清季淡水開港後西教傳佈與傳統風水民俗的衝突〉，《臺北文獻》172：43～68。

21. 洪健榮，2011，〈清代臺灣方志中的「西學」論述〉《臺灣文獻》62（2）：105～144。

22. 洪健榮，2012，〈十九世紀後期來臺傳教士對風水民俗的態度〉，《輔仁歷史學報》29：169～210。

23. 胡家瑜，2006，〈博物館、人類學與臺灣原住民展示——歷史過程中文化再現場域的轉型變化〉，《國立臺灣大學考古人類學刊》66：94～124。

24. 翁佳音，1990，〈室藏資料《臺灣府城教會報》介紹〉，《臺灣史田野研究通訊》17：47～49。

25. 翁佳音，1991，〈府城教會報所見日本領臺前後歷史像〉，《臺灣風物》41（3）：83～100。

26. 陳壬癸，1982，〈馬偕博士與臺灣〉，《臺灣文獻》33（2）：111～119。

27. 陳東昇，2014，〈馬偕眼中的清代臺灣官員〉，《臺北文獻》189：171～207。

28. 陳東昇，2017，〈十九世紀後期西方傳教士對臺灣漢人的看法〉，《臺灣文獻》48（2）：1～37。

29. 陳俊安，2012，〈日治時期日人對臺灣客家的社會印象之研究〉，《臺灣文獻》63（3）：263～302。

30. 陳俊宏，2009，〈馬偕牧師的艋舺之役——從一塊禮拜堂的門匾說起〉，《臺北文獻》168：131～157。

31. 陳偉智，2009，〈自然史、人類學與臺灣近代「種族」知識的建構：一個全球概念的地方歷史分析〉，《臺灣史研究》16（4）：1～35。

32. 陳麗華，2008，〈從忠義亭到忠義祠——臺灣六堆客家地域社會的演變〉，《歷史人類學學刊》6：147～171。

33. 陳麗華，2011，〈談泛臺灣客家認同——1860～1980 年代臺灣「客家」族群的塑造〉，《臺大歷史學報》48：1～49。

34. 張維正，2014，〈邁向「文明」：日治前期臺灣漢人的婚俗變遷（1895～1920）〉，《臺灣文獻》65（1）：129～175。

35. 黃德銘，2007，〈日治時期臺灣南部基督教長老教會「牽羊」問題研究〉，《臺南科技大學通識教育學刊》6：113～139。

36. 黃學堂，2009，〈晚清外國觀點下的臺灣客家〉，《竹塹文獻》44：143～157。

37. 楊佳霖，2011，〈從祛疾避疫到狂歡暴動的「蒙昧惡俗」：論臺灣端午節的石戰習俗〉，《臺灣文獻》62（2）：245～274。

38. 葉慧雯，2007，〈英國長老教會在東部的宣教——蟳廣澳、觀音山、石牌教會的建立與焚燬（1877～1896）〉57（4）：77～102。

39. 廖秋娥，2009，〈從《臺灣府城教會報》看晚清臺灣東部的交通〉，《臺灣史學雜誌》7：3～35。

40. 潘繼道，2002，〈花蓮大庄「舊人」後山移民史〉，《史耘》8：1～22。

41. 潘繼道，2009，〈「加禮宛事件」後奇萊平原與東海岸地區的原住民族群活動空間變遷探討〉，《臺灣原住民族研究季刊》2（3）：25～60。

42. 潘繼道，2012，〈晚清「開山撫番」下臺灣後山奇萊平原地區原住民族群勢力消長之研究〉，《臺灣風物》52（4）：39～94。

43. 蔡蔚群，2000，〈建省以前臺灣北部的教案（上）（1872～1885）〉，《臺北文獻》133：171～210。

44. 蔡蔚群，2000，〈建省以前臺灣北部的教案（下）（1872～1885）〉，《臺北文獻》134：231～256。

45. 鄭仰恩，2000，〈英國乞丐？臺灣的保羅？梅監務牧師小傳〉，《新使者雜誌》60：22～27。

46. 鄭仰恩，2006，〈梅監務的初代基督教研究〉，《臺灣神學論刊》28：17～52。

47. 鄭仰恩，2007，〈試論梅監務的臺灣宣教研究〉，《玉山神學院學報》14：13～40。

48. 鄭仰恩，2012，〈蘇格蘭啓蒙運動對早期臺灣基督教的影響：從馬偕的現代化教育理念談起〉，《臺灣文獻》63（4）：137～164。

49. 鄭淑蓮，1998，〈臺灣教案之試析（1859～1868）〉，《弘光學報》31：245～265。

50. 戴寶村，1988，〈臺灣的石戰舊俗〉，《歷史月刊》7：122～123。

51. 盧啓明，2012，〈臺灣基督長老教會對「異教」的觀點與實踐〉，《臺灣文獻》63（4）：33～65。

52. 蘇梅芳，1996，〈劉銘傳的自強維新思想與抱負〉，《成大歷史學報》22：129～161。

五、學位論文

1. 王政文，2009，〈天路歷程：臺灣第一代基督徒研究（1865～1895）〉。臺北：國立臺灣師範大學歷史研究所博士論文。

2. 林正慧，2013，〈臺灣客家的形塑歷程——清代至戰後的追索〉。臺北：國立臺灣大學歷史學研究所博士論文。

3. 洪健榮，2003，〈清代臺灣社會的風水習俗〉。臺北：國立臺灣師範大學歷史研究所博士論文。

4. 侯淇晨，2004，〈福音與滅鬼歌:從庶民文化分析民教衝突〉。臺北：東吳大學歷史研究所碩士論文。

5. 黃昭榮，2003，〈巴克禮在臺灣的傳教研究〉。臺南：國立臺南大學鄉土文化研究所碩士論文。

6. 陳東昇，2015，〈十九世紀後期西方傳教士眼中的臺灣漢人社會〉。臺北：國立臺灣師範大學臺灣史研究所碩士論文。

7. 陳德智，2006，〈羈縻與條約：以臺灣樟腦糾紛爲例（1867～1870）〉。臺北：國立臺灣師範大學歷史研究所碩士論文。

8. 張大偉，2013，〈馬雅各醫生在臺的傳教工作（1865～1871）〉。臺北：國立臺灣大學歷史學研究所碩士論文。

9. 楊惠娥，2003，〈天主教在臺灣中部之傳教——以羅厝教會爲例〉。臺南：國立成功大學歷史學研究所碩士論文。